TESI GREGORIANA
Serie Teologia
──────── 121 ────────

Stampa: Maggio 2005

presso la tipografia
"Giovanni Olivieri" di E. Montefoschi
Roma • tip.olivieri@libero.it

GAIA DE VECCHI

L'ETICA O *SCITO TE IPSUM* DI PIETRO ABELARDO

Analisi critica di un progetto
di teologia morale

EDITRICE PONTIFICIA UNIVERSITÀ GREGORIANA
Roma 2005

Vidimus et approbamus ad normam Statutorum Universitatis

Romae, ex Pontificia Universitate Gregoriana
die 14 mensis decembris anni 2004

R.P. Prof. SERGIO BASTIANEL, S.J.
R. Prof. SERGIO P. BONANNI

ISBN 88-7839-032-1
© Iura editionis et versionis reservantur
PRINTED IN ITALY

GREGORIAN UNIVERSITY PRESS
Piazza della Pilotta, 35 - 00187 Rome, Italy

PREFAZIONE

Risi di cuore quando — la prima volta — lessi la bustina di Umberto Eco intitolata «come scrivere un'introduzione»[1]. Egli afferma che «una ricerca senza debiti è sospetta e qualcuno va sempre e in qualche modo ringraziato» e così, con la abituale ironia, si industria in un improbabile e nutrito elenco di ringraziamenti. La mia ricerca, se fosse giudicata solo per i ringraziamenti reali, non sarebbe quindi sospetta. Molti sono coloro che, dal cielo e dalla terra, in modo diretto o in modo indiretto, hanno favorito il presente lavoro dottorale. A tutti e a ciascuno un generico grazie scritto che sarà personalizzato da una parola espressa a voce e da una preghiera silenziosa.

Un debito professionale e personale non colmabile da nessuna parola, né scritta né orale, tantomeno silenziosa, che mi perseguiterà, sarà quello verso i due accompagnatori di questo lavoro, senza i quali mai sarei giunta alla meta.

Al professor Bastianel, direttore della tesi, che fin dal primissimo incontro ha fatto ruotare il nostro rapporto attorno alla fiducia, solo in parte chiesta, in massima parte donata, il mio grazie per avermi sempre mostrato come non porre distanze tra l'ideale di me stessa e tutto il diverso, diffidandomi dal moltiplicare il senso del potere ricercando il compromesso.

Al professor Bonanni, seconda guida, il mio grazie per una lettura della mia tesi — e soprattutto della mia persona — che si è sempre dimostrata sovrabbondante di passione e attenzione. Di quella passione che dice coinvolgimento e compromissione con l'amato. Di quella attenzione che è discernimento, interazione capace di distanza: la distanza sempre necessaria per una più nitida e una più matura contemplazione.

---

[1] U. ECO, «Come scrivere un'introduzione», in *Il secondo diario minimo*, 105-106.

Ogni dono di Dio richiede un impegno della libertà umana. Spesso, durante gli anni di ricerca dottorale, la fatica, la stanchezza, la disillusione, la noia si sono intrufolate nella mia libertà e hanno tentato di prendere sopravvento. Ho rischiato di offuscare il mio impegno e dimenticare il prezioso dono che è e rimane questo dottorato, anche — se non soprattutto — in quelli che sono stati i momenti difficili. Ecco perché, ora che è terminato, ho deciso di dedicarlo a quel dono di Dio dove, al contrario, la mia libertà, fin dalla mia nascita, ha sempre trovato uno spazio lieve, gioioso, amante e anelante a una presenza costante. Nella vita e nella morte. Questo dottorato è dedicato a Fabio, a Renato, a Tiziana.

Tre giorni prima che io dicutessi pubblicamente la presente ricerca, Arrigo è tornato alla casa del Padre. Non ho fatto in tempo a salutarlo e a esprimere il mio "grazie" perché questa ricerca porta profondamente la sua impronta, come quella di tutti coloro che, pur lontano dai banchi universitari, in particolare a *Maria Regina Pacis*, nel piccolo, eroico e inestimabile quotidiano, mi indicano il Signore e delicatamente mi insegnano ad amarLo. Ora lo sa.

INTRODUZIONE

Annus Domini 1100: due albori stanno per dischiudersi. Il XII secolo, che dispiegherà nel corso dei suoi anni forti peculiarità. L'altrettanto originale percorso intellettuale di un giovane studente, di nome Pietro Abelardo, che proprio in quell'anno si reca a Parigi perché «in questa città più che in ogni altro luogo fiorivano già da molto tempo gli studi di dialettica»[1].

Quanto le caratteristiche del XII secolo abbiano influito sul percorso intellettuale di Abelardo e, di contro, quanto Abelardo abbia contribuito a delineare le coordinate del XII secolo, è questione difficile da definire. Abelardo è nel contempo debitore e promotore del fermento del XII secolo[2].

1. Il XII secolo: alcune coordinate

Panorama complesso, non senza contraddizioni, spesso definito come «rinascita medievale»[3], il XII secolo presenta effettivamente forti spinte innovatrici in diversi ambiti. Tuttavia non si tratta di innovazioni rivoluzionarie, improvvise, non presenti — almeno germinalmente — negli anni precedenti. Gli studi recenti invitano a rileggere il XII secolo con il termine di «progresso» nel senso di «ripresa» e «sviluppo»[4].

---

[1] Cfr. P. ABELARDO, *Historia calamitatum mearum*, 2, in ID., *Lettere*, 57.

[2] Sul rapporto tra Abelardo e il XII secolo, si veda: G. BALLANTI, *Pietro Abelardo*; K.M. STARNES, *Peter Abelard*.

[3] Tra le opere di carattere generale e di introduzione alla complessità del XII secolo, e alla sua rinascita, richiamo, fra le più importanti: J. DE GHELLINCK, *Le mouvement*; M.-D. CHENU, *La teologia*; C.H. HASKINS, *La rinascita*; R.L. BENSON – G. CONSTABLE, ed., *Renaissance*.

[4] «All'idea di *rinascita*, dunque — soprattutto sotto l'aspetto specifico degli studi teologici — sembrerebbe dover essere sostituita quella di *progresso*: ossia di *ripresa* e *sviluppo* dei germi precedentemente fecondati nella sapienza del Medioevo monasti-

Molti gli ambiti in cui si respiravano correnti promotrici di cambiamento: dai fecondi contatti commerciali al conseguente impulso artigiano, dal nuovo ruolo della città — fenomeno noto come urbanesimo — alla struttura sociale rinnovata: basti pensare a come mutò il ruolo padrone/vassallo. Non meno degno di nota il mutato rapporto tra potere temporale e potere spirituale: si può ricordare — a puro titolo esemplificativo — il Concordato di Worms, del 1122. Il campo intellettuale — che è quello che più da vicino interessa la presente ricerca — non rimase impermeabile a questi impulsi e agli intrinseci cambiamenti che essi proponevano o imponevano; al contrario, accolse tali spinte ma sempre nella linea di quella «ripresa» e «sviluppo» ricordata in precedenza.

La formazione culturale[5], lentamente, si decentrò dal monastero — inteso come unico luogo di formazione intellettuale — per trovare spazio in altre strutture:

> Per quanto concerne le istituzioni e gli strumenti di formazione culturale basterà fornire qualche dato generale: tra il 1000 e il 1150 circa il primo posto lo tennero i monasteri, ma dal 1000 al 1200 ebbero una loro importanza anche le scuole annesse alle cattedrali; dal 1050 al 1150 svolsero un loro ruolo i precettori o maestri individuali, mentre dal 1150 (in Italia) e dal 1200 (in Francia) prevalsero le università. Tutti questi tipi diversi di educazione avevano un corrispettivo negli esponenti dei vari ceti che li praticavano[6].

Evidentemente questi «tipi diversi di educazione» sottintendevano anche interessi speculativi, stili di ricerca, tensioni di attenzione differenti.

---

co, proprio per giustificare l'applicazione al dodicesimo secolo dell'idea di umanesimo culturale. Non si può d'altronde negare che da un'attenta considerazione dei più rilevanti aspetti della vita sociale, politica, religiosa e culturale negli anni che vanno dalla morte di Anselmo alla nascita delle grandi università emerga un panorama complessivo assai complesso alquanto instabile, caratterizzato dai segni della trasformazione in atto, non sempre serena e pacifica, di alcuni fra i caratteri fino ad allora dominanti nella concezione della vita umana: il che conferma che una vera crescita, anche nella storia delle civiltà, non può avvenire senza traumi e senza la rinuncia, talora drammatica, ad alcuni dei sostegni su cui poggiavano i sistemi concettuali precedentemente vigenti. Questa constatazione sembra allora consentire una possibilità di recupero del migliore significato dell'idea di *rinascita* alla luce del principio generale per cui ogni apertura ad una *nuova* dimensione di vita può anche, parallelamente, essere il risultato naturale di una *crisi*, che impoverisce o frantuma alcuni tra i più importanti valori tradizionali» (G. D'ONOFRIO, «Gli studi teologici», 13).

[5] Per una panoramica generale circa il tema dell'insegnamento nel XII secolo, cfr. G. PARÉ – A. BRUNET – P. TREMBLAY, *La renaissance*. Si veda, inoltre, l'articolo di P. DELHAYE, «L'organisation».

[6] D. KNOWLES, *L'evoluzione*, 109.

INTRODUZIONE

Quindi: negli anni in cui Abelardo si trovò a pensare, il chiostro, con l'insegnamento ivi impartito, conservava la sua importanza ma iniziava a subire la «concorrenza» di insegnamenti e scuole di pensiero differenti. Questo non è un dato secondario nella rilettura della tumultuosa vicenda intellettuale di Abelardo ed in particolare del testo qui in oggetto, l'*Ethica*, che subì la condanna al concilio di Sens (1140), concilio ordito da Bernardo[7] di Chiaravalle, un abate, appunto, appartenente ad un'altra tradizione e indole intellettuale.

I monasteri, nel pieno di un rinnovamento spirituale, alimentavano gli studi con la Scrittura e l'assimilazione dei Padri, diffidando di un uso troppo frequente della dialettica. Al centro dell'interesse delle scuole monastiche vi erano la storia della salvezza (in particolare i misteri di Cristo), il tema dell'unione dell'anima con Dio e le questioni correlate. Si trattava maggiormente di una penetrazione ed esplicazione del patrimonio di fede più che di un suo sviluppo, di una fedeltà alla tradizione più che di un suo ampliamento. In particolare ritenevano che l'eredità spirituale ricevuta dai Padri dovesse essere mantenuta avulsa da qualsiasi influsso proveniente da istanze pagane e profane. Emblematico è il giudizio di Bernardo verso un metodo che ricerchi una conciliazione tra le affermazioni della fede con le affermazioni di filosofi e poeti pagani: si tratta per lui di «stultilogia»[8] e non di teologia.

Accanto ai monasteri, diverse scuole cattedrali, comunque, iniziarono ad assumere connotati propri e il più brillante di questi centri, nel XII secolo, fu Parigi, fulcro attorno cui gravitò spesso l'attività intellettuale del Maestro Palatino.

Quanto alle materie di insegnamento, è noto che propedeutiche allo studio della teologia erano le sette arti liberali[9] (liberali precisamente nel

---

[7] «Lo scontro tra Bernardo ed Abelardo non fu dunque casuale, ma era, per così dire, inevitabile; e fu lo scontro tra una teologia essenzialmente conservatrice e volta alla stabilizzazione della tradizione patristica da una parte e una teologia piena di fermenti culturali e filosofici dall'altra, tra un atteggiamento di fede inteso come umile accettazione della rivelazione da un lato e una fede intesa come attiva penetrazione razionale dall'altro, e più in generale tra una cultura essenzialmente ispirata alla pietà ed una largamente aperta ai contributi della tradizione classica e pagana» (P. ABELARDO, *Conosci te stesso*, ed. M. Dal Pra, 1976, XXVI-XXVII).

[8] *Epistola* 190, PL 182, col. 1061B.

[9] La divisione delle materie di studio e di insegnamento non sempre segue lo schema del settenario delle arti. Inoltre le diverse scuole pongono l'accento su differenti ambiti. Di fatto due sono gli schemi base attorno a cui ruotano poi le differenti modulazioni. Una prima classificazione, di stampo platonico, si suddivide in etica (sottodivisa nelle quattro parti che corrispondenti alle virtù cardinali: prudenza, giu-

senso che avrebbero dovuto liberare dagli affanni materiali in vista dello studio delle cose celesti) suddivise nel *trivium* (grammatica, retorica e dialettica) e nel *quadrivium* (aritmetica, musica, geometria, astronomia).

La grammatica corrisponde a quello che noi oggi chiameremmo «letteratura»: gli autori latini conosciuti al tempo erano oggetto di studio. Dagli scritti di Abelardo si evince che egli studiò questi autori. Nella sola *Ethica* troviamo citazioni di Cicerone, Virgilio, Ovidio, Orazio e Seneca. Probabilmente possedeva anche nozioni rudimentali di greco ed ebraico, necessarie ad un primo approccio alla Scrittura. Fu educato indubbiamente anche alla retorica, l'arte del bel parlare, verso cui possedeva una spiccata indole naturale. Nel XII secolo grande importanza assunse la dialettica, la quale, secondo una definizione che Rabano Mauro diede circa due secoli prima, è: «la disciplina delle discipline, che insegna a insegnare, fa imparare a imparare e nella quale la ragione scopre e mostra ciò che essa è, ciò che vuole, ciò che vede»[10]. La dialettica è quindi quella parte della logica che è strumento per raggiungere la verità, in modo dialogico, in un continuo confronto. La dialettica è arte di ragionare, è arte di discutere. *Disciplina disciplinarum*, è la definizione che Abelardo le impone, citando Agostino[11].

Vale la pena spendere qualche parola circa il metodo dell'insegnamento di allora, per comprendere l'effettivo ruolo della dialettica nel suo contesto storico. L'insegnamento non era distinto dalla ricerca: il professore esponeva lo stato della ricerca e — a partire da essa — si creavano reazioni, interrogativi, interpretazioni... Infatti punto di partenza era la lettura di un testo, la cosiddetta *lectio* (preceduta eventualmente da alcune lezioni introduttive in cui si spiegavano le circostanze di stesura del testo e alcune note sull'autore). Alla lettura del testo[12] seguiva il commento articolato in tre punti:

---

stizia, fortezza e temperanza), fisica e logica. La seconda classificazione, di origine aristotelica, si suddivide in: filosofia teoretica (comprendente: la fisica, la matematica e la teologia, ovvero la metafisica), scienze produttive e filosofia pratica (ripartita in: politica — studio della vita cittadina e pubblica —, economica — riguardante le norme familiari, domestiche e private —, etica — che traccia le linee della condotta personale secondo le istanze della prudenza). Per uno sguardo approfondito circa la classificazione delle scienze, si veda: J. MARITAIN, *Le problème de la classification*.

[10] *De institutione clericorum* III, 20, PL 107, col. 397.

[11] Cfr. P. ABELARDO, *Dialogus*, 1460.

[12] La lettura del testo era distinta in quattro livelli, secondo un ritornello in esametri così esplicitato: «Littera gesta docet / Quid credas allegoria / Moralis quid agas / Quo tendas anagogia». Cfr. H. DE LUBAC, *Exégèse Médiévale*, 23-24. Il distico è stato tramandato spesso come opera di Nicola di Lira, che lo richiama verso il 1300 nella

INTRODUZIONE

– la lettera, ovvero la spiegazione grammaticale;
– il senso, ovvero l'intelligenza del testo;
– il senso profondo, ovvero il contenuto dottrinale.

Il risultato d'insieme dei commenti costituiva la *glossa*. Uno studio siffatto provocava uno scambio dialogico tra il professore e gli studenti (*disputatio*), soprattutto nella terza fase. Questo scambio dialogico poteva sfociare in una *quaestio disputata*, la quale nel XII secolo si estese a tutte le scienze profane e sacre, per essere definitivamente assunta a livello universitario nel XIII secolo. Gilberto Porretano ci ricorda che «non ogni contraddizione è comunque una *quaestio*»[13]: essa deve presentare una contraddizione le cui posizioni avverse possiedano entrambe argomenti di verità. Oltre alle *quaestiones disputatae* tra professore e studenti, spesso si poteva assistere a questo confronto — non sempre sereno — tra maestri.

Non c'è da stupirsi, dunque, nel sapere del giovane Abelardo — poco più che ventenne — in cammino verso Parigi per potere ricevere il migliore insegnamento di dialettica disponibile: non solo per acquisire una formazione di alto profilo, ma anche per il suo carattere così battagliero — talora quasi saccente — naturalmente incline ad una coinvolgente e accesa disputa intellettuale. Infatti si recò dal migliore maestro di dialettica del tempo, Guglielmo di Champeaux, con cui non tardarono a mostrarsi le prime violente divergenze.

Quanto alle materie per così dire «scientifiche», «positive», le materie del *quadrivium*, esse non suscitarono mai il reale interesse di Abelardo: a questo riguardo, appare sintomatica la sua difficoltà nel seguire le lezioni di matematica di Teodorico di Chartres[14].

---

sua *Postilla* sulla lettera ai Galati; in realtà l'autore è un altro domenicano, Agostino di Dacia, morto intorno al 1228.

[13] *Expositio in Boethii librum primum De Trinitate*, 1.3 , N.M. HÄRING, ed., 78.

[14] «According to a humourous anecdote recorded in the second half of the twelfth century, Abelard once tried to listen to Thierry lecture on mathematics, but became despondent at finding the subject hard to follow. This fits in with Abelard's admission in his *"Dialectica"* that he had listened without profit to lectures on Boethius' *Arithmetica*» (C. J. MEWS, «Philosophy and Theology 1100-1150: the Search for Harmony», in ID., *Reason*, 159-203. Mews studia l'aneddoto a cui si riferisce nell'articolo «In Search of a Name and its Significance: a Twelfth Century Anecdote about Thierry and Peter Abaelard», contenuto nello stesso volume dell'articolo appena citato, alle pagine 171-200). Il passo della *Dialectica* in cui Abelardo confessa i suoi limiti rispetto alle questioni della matematica, è un brano in cui sta trattando i problemi della quantità sulla base delle autorità, nella fattispecie Aristotele e Boezio: «Cuius quidem obiectionis, etsi multas ab arithmeticis solutionem audierim, nullam

Tale suddivisione delle arti in *trivium* e *quadrivium* lascia aperto lo spazio della collocazione dell'etica, problema che affronterò più avanti[15].

Vero fulcro di interesse e di studio, in ogni modo, erano la filosofia e la teologia. Spesso, nelle lettura recenti dell'*Ethica*, Abelardo viene definito maggiormente come filosofo che come teologo. Lasciando al momento opportuno una maggiore chiarificazione di questa interpretazione che non mi vede consenziente, è tuttavia utile al momento chiarire il rapporto tra filosofia e teologia nel XII secolo.

Non è operazione facile distinguere nettamente i confini tra filosofia e teologia. Benché l'iniziale tendenza in teologia a distinguere la sfera della natura da quella della grazia, della ragione da quella della rivelazione ebbe favorito una tendenziale «autonomia» della filosofia nei confronti della teologia, la subordinazione della prima nei confronti della seconda rimase assai forte. *Philosophia ancilla theologiae.* Nella grande maggioranza dei casi la filosofia era considerata il preambolo necessario e via verso la teologia[16], nonché suo strumento critico, interpretativo e apologetico.

Una seconda caratteristica della filosofia medievale è la deferenza nei confronti della filosofia antica. Da notare che in questo periodo circolano le opere di Platone e Aristotele[17]. La filosofia degli antichi fu accolta come un tesoro, un *corpus* di verità razionali, suscettibili certo di chiarificazione e migliore esposizione, ma dotate di validità «perenne», oggettiva.

La terza caratteristica va compresa alla luce di quanto già esposto: il metodo della *quaestio* e *disputatio* non era volto solo all'apprendimento ma anche alla ricerca. Ecco quindi che il patrimonio lasciato in eredità dagli antichi ben si prestava a questa struttura intellettuale. Non troviamo un pensatore medievale che abbia costruito *ex novo* un proprio sistema filosofico, prescindendo dai contenuti della filosofia classica.

Ma la deferenza verso il mondo antico — e nel caso specifico dei Padri –, la consapevolezza di avere in possesso un patrimonio — quantitativo e qualitativo — senza precedenti, nonché l'esigenza di raccogliere i

---

tamen a me proferendam iudico, quem eius artis ignarum omnino recognosco» (*Dialectica*, ed. L. M. De Rijk, 59).

[15] Si veda, a tal proposito, l'articolo di P. DELAHYE, «La place de l'éthique».

[16] Cfr. l'opera di J. DE GHELLINCK, *Le mouvement théologique*, in cui si analizzano l'evoluzione e le dottrine teologiche.

[17] Di Platone erano diffusi: il *Timeo*, il *Fedone*, la *Repubblica*, mentre di Aristotele circolava parte dell'*Organon*. Altre opere erano conosciute soprattutto attraverso compendi o commenti di autori latini (ad es. Cicerone) o medievali (ad es. Boezio).

nuovi risultati delle ricerche — da non dimenticare l'influsso di Anselmo di Aosta e del suo *fides quaerens intellectum* — spinsero anche la teologia a cercare una nuova sistematizzazione del materiale. Due le preoccupazioni alla base di tale ricerca:

> Da una parte l'esigenza sistematica, in base alla quale i maestri si propongono di mettere ordine in quanto già acquisito e di dare efficacia, mediante questo riordinamento, ai loro predecessori, sia di età patristica, sia medievali. Dall'altra il difficile dialogo e il confronto, che raggiunge punte drammatiche, tra l'ambizione razionalistica, che proprio dalle suggestioni provenienti da tale patrimonio è sollecitata a continuare e ad approfondire le indagini, e il conservatorismo religioso, preoccupato di assicurare il possesso delle altezze raggiunte dai Padri e di esortare ad una meditazione sulla fede di natura affettiva e intuitiva, alternativa al ricorso, pericolosamente prediletto dagli eretici, all'indagine logico-dimostrativa in materia di fede[18].

Se tra il 1140 e il 1150 iniziarono ad emergere i primi risultati di questa sistematizzazione nelle opere di collettori di *Sententiae*, per giungere — tra il 1154 e il 1158 — alla più fortunata e decisiva di queste raccolte, il *Liber Sententiarum* di Pietro Lombardo, che tanto peso ebbe nelle riflessione seguente, fu perché fin dai primi anni del secolo diversi pensatori tentarono questa organizzazione. «Questa breve raccolta offre senza fatica a colui che ricerca ciò che chiede, affinché non sia obbligato a consultare un gran numero di libri»[19] ebbe a dire lo stesso Pietro Lombardo del suo testo. Due sono i poli principali cui si può fare riferimento: la scuola di Laon e lo stesso Abelardo.

La scuola di Laon[20] era indirizzata soprattutto verso l'approfondimento esegetico del testo biblico e dei Padri della Chiesa. L'indirizzo conservatore della scuola, sebbene in linea con quello monastico, si caratterizzò per la raccolta sistematica delle *sententiae*, in distinzione dal taglio più mistico dello studio portato avanti nei monasteri. Il tentativo di riorganizzazione del materiale si perfezionò nel corso degli anni ma rimase abbastanza costante uno schema di base: la dottrina trinitaria, la creazione, il passaggio alle questioni cristologiche e soteriologiche tramite la sottesa domanda anselmiana: *cur Deus homo*? Accanto al-

---

[18] G. D'ONOFRIO, «Gli studi teologici», 17-18.
[19] P. LOMBARDO, *Sententiae in IV libris distinctae, Prologus*, 4.
[20] Tra i cui esponenti è possibile ricordare: Anselmo di Laon († 1117) e suo fratello Radulfo († 1131/1133) come fondatori, mentre tra i discepoli: Gualtiero di Montagne († 1174), Alberico di Reims († 1141), Guglielmo di Champeaux († 1122), Ugo di Amiens († 1164), Ugo Metello († 1150), Gilberto l'Universale († 1134).

la riorganizzazione del materiale, si aggiunsero lentamente i commenti dell'autore (o del compilatore), nonché le eventuali risposte/obiezioni emerse dal confronto tra il *magister* e i discepoli. Si assistette così ad un progetto che si precisò nella sua organizzazione, ma anche una crescente indipendenza — seppure mai totale — dalle *auctoritates*. Tuttavia va rilevato che nella scuola di Laon le *sententiae* ebbero sempre un ruolo privilegiato rispetto alla *quaestio*: questo dato indica che alla problematizzazione e alla teorizzazione di una proposizione di fede — il più delle volte patristica — si preferì la raccolta, talora senza un'adeguata sistematizzazione e senza ordine. Dottrine o opinioni di Padri contrastanti o relative a materie differenti si trovavano spesso accostate.

Un vaglio critico delle *auctoritates*, secondo un metodo esplicitato nel *Prologo* del testo stesso, fu la proposta di Abelardo, esposta nel suo *Sic et non*. Partendo dalla constatazione di alcune evidenti contraddizioni dei Padri, il Maestro Palatino tramite una serie di analisi — che potremmo chiamare «testuali», «contestuali», «semantiche» — invitò ad una ricerca sempre più profonda della verità, ricerca in cui la ragione è chiamata fortemente in causa: è essa a dover valutare quale detto di una *auctoritas* sia meglio argomentata e quindi più credibile. Significativa in tal senso è la dichiarazione contenuta nel *Prologo* del *Sic et non*: «attraverso il dubbio giungiamo alla ricerca, per mezzo della ricerca comprendiamo la verità»[21].

Durante il XII secolo, Abelardo fu sicuramente fra quelli che con più determinazione operarono in favore di un'alleanza tra fede e ragione. In questo campo, attendendo san Tommaso, egli sorpassò il grande iniziatore della nuova teologia, sant'Anselmo, che nel secolo precedente aveva lanciato la sua formula feconda: *fides quaerens intellectum*. Il Maestro Palatino stesso dichiara: «non era mia abitudine raggiungere risultati migliori attraverso una lunga pratica, bensì solo con l'ingegno»[22].

Negli stessi anni, a San Vittore, sorse una scuola canonicale, fondata da Guglielmo di Champeaux, retta quindi da chierici regolari. I più noti maestri vittorini furono Ugo († 1141) e Riccardo († 1173). La caratteristica di questa scuola può essere còlta nello sforzo di integrazione degli stimoli provenienti dal mondo classico con le nuove istanze del rigore logico. Avendo assunto come criterio di classificazione delle materie la divisione aristotelica, gli ambiti di interesse furono la logica, la filosofia

---

[21] «Dubitando enim ad inquisitionem venimus; inquirendo veritatem percipimus», PL 178, col. 1349 B.
[22] *Historia calamitatum mearum*, III, 59.

teoretica, le scienze produttive e la filosofia pratica: proprio in quest'ultima disciplina trovava spazio l'etica. Essa si suddivideva ulteriormente in solitaria (riguardante il comportamento dei singoli), economica o pratica (concernente la condotta di una famiglia o casa), politica o pubblica (relativa alla vita di una città o di uno stato).

La scuola di San Vittore si distinse per il tentativo di promuovere una sintesi tra gli stimoli provenienti dalla tradizione cristiana e quelli della tradizione pagana, tra «scritture divine» e «scritture secolari». Ma all'interno di questo quadro, i Vittorini sentirono sempre l'esigenza di richiamare con forza l'insufficienza degli strumenti offerti dalla tradizione filosofica, di fronte al Mistero sempre più grande manifestato con la Verità Rivelata. Ugo in particolare, non si stancava di invitare alla prudenza chiunque si sentisse chiamato ad esercitare la *ratio* nelle questioni teologiche: la *pia mens*, la mente formata alla *lectio* delle Scritture e all'ascolto della Tradizione, non deve mai dimenticare che la logica è più adeguata alla comprensione del mondo finito dell'esperienza, che non all'indagine delle cose divine. Scrive Dal Pra, con uno schematismo forse eccessivo, ma utile a cogliere alcune coordinate del quadro in cui si muove l'autore dello *Scito te ispum*:

> Un legame evidente stringe tra loro [...] il misticismo fideistico di Bernardo, l'orientamento letterale e sentenziale della scuola di Laon, e la cauta pura teologia di Ugo di San Vittore: ed è un legame che oppone questi tre indirizzi alla teologia filosofica di Pietro Abelardo. Le differenza tra quei tre orientamenti così rappresentativi di una parte rilevante della cultura della prima metà del XII secolo non mancano; ma quello che hanno in comune è l'avversione e l'estraneità ad un uso della *ratio*, intesa principalmente come disciplina logica e come utilizzazione delle dottrine filosofiche pagane, nella trattazione dei problemi teologici e religiosi. Essi hanno un concetto del patrimonio della fede cristiana per cui non soltanto lo considerano autonomo da ogni altra tradizione culturale, ma ritengono anche che esso debba essere affrontato ed approfondito con metodi e procedimenti specifici, quali già erano stati usati e definiti dai Padri. Ai loro occhi pertanto lo sforzo abelardiano di istituire una sorta di continuità tra filosofia e verità cristiana non poteva che risultare un tradimento di quest'ultima ed un suo asservimento ad una cultura estranea e profana[23].

---

[23] P. ABELARDO, *Conosci te stesso*, ed. M. Dal Pra, 1976, XXXIV-XXXV.

Evidentemente anche i tempi erano pronti per un nuovo tipo di indagine speculativa[24]. Quando si afferma che è stato Abelardo[25] a coniare il termine «teologia» non si intende una semplice invenzione lessicale (anche perché il termine già esisteva, sebbene designasse lo studio della religione pagana), quanto più radicalmente una nuova metodologia[26] e epistemologia[27].

Se questo era valido per la teologia *tout-court*, ancora di più lo era per la teologia morale. Infatti l'argomento morale, fino a quel momento, era stato solo oggetto di riflessioni occasionali e pratiche, sebbene frequenti[28].

2. Lo *status* della Teologia Morale

I secoli che vanno dal 600 al 1200 sono, per la teologia morale, un periodo infruttuoso. In sostanza i teologi si limitavano ad ordinare insieme, sotto certi punti di vista pratici, il materiale offerto loro dai Padri della Chiesa (così faceva ad esempio Isidoro di Siviglia). Una buona miniera per lo studio della teologia morale di questo tempo — e ciò vale, del resto, anche per altri periodi storici — sono le prediche, i decreti dei Papi, dei Vescovi e dei Concili, i quali, volgendosi contro certi inconvenienti morali, mantengono incorrotto l'ideale morale. La novità di questo tempo, e che assumerà grande importanza per lo sviluppo successivo della morale, è costituita dai libri penitenziali (*libri poenitentiales*) che appaiono dapprima in

---

[24] «Come teologo, Abelardo fu il primo a considerare la teologia come settore unitario del sapere e a concepire la possibilità di offrire ai suoi studenti una visione generale di tutta la tematica teologica; così facendo diede un contributo importante alla messa a punto della metodologia appropriata all'insegnamento teologico» (D. KNOWLES, *L'evoluzione*, 175).

[25] A. CROCCO, *Abelardo l'altro versante*.

[26] G. ROBERT, «Abélard créateur de la méthode».

[27] «Quant au mot "theologia", c'est précisément Abélard qui l'utilise le premier pour désigner soit l'étude de la religion chrétienne selon une méthode inspirée des arts profanes, soit un livre qui en traite» (J. JOLIVET, *Abélard, ou la philosophie*, 13); dello stesso autore si veda anche: «Sur quelques critiques»; per il termine «teologia» si consulti : H. SANTIAGO-OTERO, «El termino *theologia*».

[28] «È opportuno tenere presente che, fino alla traduzione e alla diffusione dell'Etica Nicomachea di Aristotele, cioè fino almeno a tutto il XII secolo, nella cultura medievale le problematiche di carattere etico vengono considerate, in prima istanza, parte integrante della formazione connessa allo studio delle arti liberali. In particolare nel contesto della grammatica, la lettura e lo studio degli autori classici — come Virgilio, Lucano, Ovidio, Giovenale, Orazio, Stazio, Cicerone — si accompagna normalmente a considerazioni di carattere morale» (M. PARODI, «L'etica abelardiana», 166).

INTRODUZIONE

Irlanda, poi anche in Germania e in Francia. Sono indicazioni per i sacerdoti che confessano, sul modo con cui debbono misurare le penitenze da dare [...]. Nessuno tuttavia pensava di poter trovare in questi *libelli sacerdotum* una dottrina morale cattolica. Ma la mancanza di una Teologia Morale costruita diede a queste opere una grande importanza pratica. Esse si distinguono dai manuali di casistica delle recenti teologie morali per la quasi totale assenza di princìpi fondamentali e per il loro carattere di esclusiva indicazione della penitenza[29].

Fin dall'inizio della storia della Chiesa non mancarono certo esortazioni, parenesi, prediche, omelie, trattatelli, e in seguito anche trattazioni dell'argomento morale legato ai sacramenti (a partire dal IV sec. relativamente al battesimo e dal VII relativamente alla penitenza), sia da parte di singoli e ragguardevoli autori, sia da parte di «scuole di pensiero». Tuttavia l'argomento morale venne sempre affrontato a partire dalle situazioni pratiche della vita (verginità, digiuno, elemosine, partecipazione al potere,...), in vista di una santificazione (virtù personali, preghiera, martirio...) e mai in maniera organica, ovvero all'interno di un sistema di pensiero che fosse compendio della morale o della teologia. È raro trovare accenni di morale fondamentale: per esempio alle condizioni dell'atto umano, al senso della legge, al ruolo della coscienza. Solo Lattanzio, nelle *Istituzioni divine*, ci ha lasciato un vero trattato di morale.

Per verificare l'effettiva portata dell'*Ethica* di Abelardo, occorre soffermarsi un attimo sullo *status* della Teologia Morale.

La distinzione compiuta in precedenza tra le scuole monastiche e i nuovi stimoli provenienti da altri luoghi di insegnamento, si rivela quanto mai preziosa a delineare il quadro. Infatti la Teologia Morale venne intesa e sviluppata — e collocata all'interno dell'insegnamento — secondo metodi differenti, corrispondenti alle caratteristiche «di base» delle varie scuole.

I monasteri, nel pieno di un rinnovamento spirituale — come visto in precedenza — alimentavano gli studi con la Scrittura e lo studio dei Padri, diffidando di un uso troppo frequente della dialettica. Al centro dell'interesse delle scuole monastiche vi erano la storia della salvezza, il tema dell'unione dell'anima con Dio e i relativi temi correlati. Da questo conseguì una elaborazione della morale corrispondente. Guglielmo di

---

[29] B. Häring, *La legge di Cristo*, I, 16-17.

Saint-Thierry († 1148), che si occupò essenzialmente della Trinità, elaborò una morale essenzialmente trinitaria[30].

L'uomo, per tutti i monaci, era visto come colui che, creato ad immagine e somiglianza di Dio, deturpato dal peccato, può tornare al Creatore purificato dall'esercizio dell'umiltà e delle virtù; anche il tema della coscienza venne pertanto letto in questa prospettiva. Una teologia così impostata necessariamente tocca argomenti di morale e spirituale, ma è evidente che la prospettiva è più spirituale, mistica, parenetica, che scientifica[31]. Elredo di Rievaulx, ad esempio, colse il punto centrale della morale nella restaurazione dell'immagine di Dio nell'uomo ad opera della carità[32].

I testi biblici vennero interpretati secondo il metodo esegetico avviato nell'Alto Medio Evo, seguendo le innovazioni di San Gregorio Magno. Per quanto riguarda i Padri, i testi presi in esame furono particolarmente: le *Collationes* di Giovanni Cassiano, la *Regola* di San Benedetto, le *Etimologie* di Sant'Isidoro di Siviglia, le opere di Beda il Venerabile, e di San Basilio ma in particolare i *Moralia* di San Gregorio Magno. San Bernardo[33] († 1153) elaborò una morale attenta ai temi politici e sociali — nella considerazione delle condizioni della pace e di una promozione di determinate classi lavoratici quali quelle dei contadini e degli artigiani[34].

---

[30] Le opere di Guglielmo di Saint-Thierry si trovano in PL 180, coll. 205-726.

[31] «Dalla teologia monastica, quindi, apprendiamo una morale chiaramente evangelica e "cristiana": ed è un apporto prezioso. Eppure non possiamo dire che vi siano progressi nella sua elaborazione scientifica: troppo energico è il rifiuto ad accogliere i nuovi fermenti razionali che andavano allora diffondendosi e ne dovevano essere il necessario strumento» (G. ANGELINI – A. VALSECCHI, *Disegno storico*, 85).

[32] Tutte le opere di Elredo di Rievaulx si raccolte trovano in PL 195, coll. 209-798, tranne i due trattati: *In adventu Domini* e *De Jesu puero duodeni*, che si trovano in PL 184, coll. 817-826. 849-868.

[33] Per un ulteriore approfondimento, cfr.: C. MARABELLI, «Confronto»: in esso si delineano i punti di convergenza e di divergenza tra i due pensatori sull'insegnamento etico. Per una panoramica più generale sul confronto tra Bernardo e Abelardo, si consultino: P. RAGNISCO, «Pietro Abelardo e San Bernardo di Chiaravalle»; J. VERGER – J. JOLIVET, *Bernard-Abélard*; P. LASSÈRE, *Un conflit religieux*; A. BORST, «Abälard und Bernhard»; J.R. SOMMERFELDT, «Abelard and Bernard»; R. PADELLARO DE ANGELIS, *Dialettica*; A.V. MURRAY, *Abelard and saint Bernard*; T.J. RENNA, «Abelard versus Bernard»; ID., «Bernard versus Abelard»; H. SANTIAGO-OTERO, «La cätedra»; J. LECLERQ, «L'uomo medievale».

[34] L'*opera omnia* di Bernardo di Chiaravalle si trova in PL 182-185: i temi richiamati non sono raccolti in un unico testo, ma si snodano attraverso tutti gli scritti.

Rappresentarono una vera e propria eccezione — rispetto alla scuola di appartenenza — Tommaso di Perseigne, Isacco della Stella, Edmond di Froidmont, cistercensi del XII secolo, nel loro fare riferimento ad autori pagani (Cicerone, Platone e lo Pseudo-Dionigi) e nel loro tratteggiare le facoltà dell'anima, aprendo così la strada ai trattati sugli atti umani.

Nelle raccolte di *Sententiae* della scuola di Laon trovarono spazio anche alcune sentenze di carattere morale, senza tuttavia mai diventare il vero centro di interesse. Diverse *Sententiae Anselmi* sono dedicate al peccato, alla virtù, ai precetti del decalogo, ai problemi matrimoniali. Anselmo, benché basasse totalmente il suo pensiero sulla Scrittura, rimandò anche alla ragione. La questione della obbligazione morale è rinvenibile nel *De Veritate*, mentre nel *De Libertate arbitrii* appaiono interessanti stimoli circa il trattato sugli atti umani.

La scuola di San Vittore, come abbiamo visto, malgrado gli intenti non riuscì a concepire la *ratio* come reale strumento di indagine teologica e nutrì dei pregiudizi verso le discipline filosofiche, ritenute inadeguate e insufficienti al pensiero cristiano. Tale giudizio si ripercosse anche sulla ricerca etica: l'«etica dei filosofi» per Ugo di San Vittore è «tronca e senza vita», e benché se ne riconosca in parte il valore, essa non è adatta ad una vera conversione che sappia restaurare l'immagine divina che l'uomo ha offuscato[35]. Per Goffredo di San Vittore i precetti dell'etica producono sì frutti, ma parziali, mentre la morale cristiana offre un'erba sempre verde[36]. Tuttavia, se da una parte i Vittorini affermarono che solo una morale fondata sulla Scrittura saprebbe rendere conto dell'istanza

---

[35] «Legiumus artes et studia et disciplinas et rationum praecepta plurima quae illi (Graeci) [...] invenerunt, et scripta inventa et legenda posteris tradiderunt, logicam et ethicam et mathematicam et physicam, de forma ratiocinationum et vitae et morum pro insituto naturae decentium [...]. Et inavulerunt in parte hac [...] Ethicam quoque scripserunt gentilium philosophi in qua quasi membra quaedam virtutum de corpore bonitatis truncata pinxerunt [...] Sola autem illa Scriptura iure divina appellatur quae per Spiritum Dei aspirata est [...] hominem divinum facit [...]» (UGO DI SAN VITTORE, *De scripturis et scriptoribus sacris*, PL 175, lib. 1, c.1, coll. 9-29).

[36] «Siquidem moralia instituta et secundum saeculi huius formam tradita, dum sui observatores sublimes et robustos in via morum et frustuosos aliis et laudabiles fama bonae opinionis faciunt, non iam quasi herbae virentes sed quasi ligna pomorum odoriferorum ferantia sunt. Quia tamen ad aeternitatem non perveniant, eorum quasi pomorum transeuntium fructus et odor praetereunt, hinc est quod antiqui moralium preceptorum doctores et observatores [...] omnes quidem in vita sua quasi odorifera poma longe lateque redolentia fuerunt sed nunc aromantum fumus evanuerunt» (GOFFREDO DI SAN VITTORE, *Microcosmus*, Codice di Parigi, Biblioteca Nazionale, fondo latino 14.515, fogli 21^r-22^v).

cristiana, dall'altra parte non elaborarono testi significativi in tal senso. L'opera più importante della scuola è il *De sacramentis christianae fidei* di Ugo[37], dove peraltro non è lasciato spazio alle questioni concrete della condotta cristiana. La diversa impostazione di metodo tra Ugo e Abelardo, portò anche a posizioni contrastanti circa le dottrine contenute[38]. Il pensatore che voglia occuparsi dell'argomento morale, deve rivolgersi principalmente al testo sacro ed in particolare ai libri che trattano direttamente l'argomento. Modello di interpretazione della Parola di Dio era, ancora una volta, il *Moralia su Giobbe* di Gregorio Magno.

Altro tentativo di riscoprire l'insegnamento morale dell'antichità, in vista di una sintesi cristiana superiore, fu quello compiuto nelle scuole urbane, dove si componevano dei *Florilegi*, ovvero delle raccolte antologiche. Il maestro (o commentatore) leggeva le opere degli antichi, le commentava capitolo per capitolo, seguendo le regole dell'allegoria, che consentivano un maggior spazio all'interpretazione. In seguito alla lettura di diversi autori, il maestro compilava il proprio *Florilegio*, inteso come raccolta di stralci di testi dei diversi autori, ordinato secondo o un piano personale o un piano tradizionale — come ad esempio quello quadripartito delle virtù cardinali. Il più celebre, il *Florilegium Gallicanum*[39], è ricco di indicazioni e accanto ai testi vengono nominati gli autori: questo ci consente di conoscere tutta una serie di indicazioni morali di Orazio sulla povertà, sull'ubriachezza, sul buon rapporto coniugale...

---

[37] PL 176, coll. 173-617.

[38] «Circa la natura del peccato originale, per esempio, Ugo si attiene molto fedelmente alla dottrina agostiniana ed è più preoccupato di spiegare la trasmissione di una "colpa" originale da Adamo ai suoi discendenti che di distinguere la responsabilità della colpa nel primo progenitore e nei suoi discendenti. Il *vitium* dell'origine ha intaccato la natura con una duplice corruzione: la corruzione dell'ignoranza ha intaccato la mente e la corruzione della concupiscenza ha intaccato la carne. Si tratta di due mali che in Adamo furono "colpa attuale" e "pena della colpa precedente", mentre nei suoi successori sono "colpa e pena originale" [...]. Anche circa la questione del valore delle azioni esterne Ugo di San Vittore assume una posizione di aperto contrasto con quella di Abelardo; egli è infatti persuaso che alla volontà debba tenere dietro l'azione esterna e che la prima non si possa dire meritoria se non si esplica nella seconda; il merito pertanto viene accresciuto dall'azione esterna. Infine sulla questione del potere delle chiavi, Ugo polemizza apertamente con coloro che ritenevano, come Abelardo, che ai sacerdoti fosse conferita una semplice funzione dichiarativa del già avvenuto scioglimento del peccatore dalla colpa per merito del pentimento fruttuoso» (P. ABELARDO, *Conosci te stesso*, ed. M. Dal Pra, 1976, XXXIII-XXXIV).

[39] Notizie relative al *Florilegium Gallicanum*, sono rintracciabili in: E. RAUNER, «Florilegien» (più precisamente nella col. 567) e in ID., «Moralium dogma philolosophorum».

L'uso dell'etica greco-romana in una scuola urbana fu introdotto a Chartres: in essa si assistette al passaggio dalla semplice raccolta antologica a riflessioni personali dense di citazioni. Guglielmo di Conches († 1145), ad esempio, sulla linea di Sant'Ambrogio, seppure con maggiore flessibilità, nel suo *Moralium dogma philosophorum* analizzò e arricchì il *De Officiis* di Cicerone. Inoltre, nel testo *Philosophia mundi*[40], considerò l'etica come il rimedio contro l'ignoranza e la concupiscenza: strumento della battaglia sono le virtù. Tuttavia tra le virtù egli nominò solo la prudenza, la giustizia, la forza e la temperanza, senza il minimo riferimento alla carità. Si tratta di una carenza dovuta al fatto che l'analisi delle virtù (e la loro definizione) procede dal *De inventione rethorica* di Cicerone. Giovanni di Salisbury († 1180) celebrò l'etica, considerata *facultas, ars* e tenne in grande considerazione coloro che considera i suoi fondatori: Socrate e Platone. Stimò le loro parole come lezioni estremamente preziose, da seguire tranne quando esse si oppongono chiaramente al dato di fede cristiano. Nelle pagine del *Polycraticus*[41], del *Metalogicus*[42] e delle *Epistolae*[43], numerosi sono i riferimenti ai pensatori e moralisti antichi, denominati semplicemente *ethici*[44]. La sua speculazione morale si fondò sull'idea del bene e della virtù. Sia l'influsso degli *ethici*, sia il pensiero cristiano sono rinvenibili; egli suddivise i doveri dell'individuo in quattro ambiti: la ricerca del bene proprio; il disprezzo del mondo; il rispetto del prossimo; la religione verso Dio. Sono reperibili, nella sua opera, riflessioni di morale familiare e politica.

Da questa panoramica sullo stato della teologia morale — meglio scienza morale — appare come

---

[40] *Moralium dogma philosophorum*, ed. J. Holmberg, Uppsala 1992. Il testo della *Philosophia mundi* è in PL 172, coll. 39-101 (fra le opere di Onorio Augustudunense); G. Maurach ha poi preparato l'edizione critica pubblicando in un primo momento il primo volume (Pretoria 1974) e l'opera completa (Pretoria 1980). Il testo del primo libro pubblicato da Maurach nel 1974, è tradotto in italiano nel volume: TEODORICO DI CHARTRES – GUGLIELMO DI CONCHES – BERNARDO SILVESTRE, *Il divino*, 211-240.

[41] PL 199, coll. 379-822.

[42] PL 199, coll. 823-944.

[43] PL 199, coll. 1-378.

[44] «*Ethicus*, en effet, est un terme qui ne désigne que des auteurs païens, les plus nombreux et les plus variés d'ailleurs : Horace ici, Sénèque là, ou encore Perse et quelque autre classique. Le terme s'emploie substantivement de la même manière que *philosophus, dialecticus, comicus*. *Ethicum* est une sentence de moraliste et se dit au neutre comme *comicum, satiricum* ou même *socraticum*» (P. DELAHYE, *La place*, 35).

L'affermarsi di un preciso interesse teorico della teologia scolastica per l'argomento morale è solo successivo al terzo ingresso di Aristotele, e strettamente legato ad esso. Opera in tal senso l'ingresso dell'*Etica a Nicomaco*, nel repertorio dei testi della cultura cristiana; è questa una delle prime opere della storia della filosofia che propone una sintesi organica dell'argomento morale. Nella *prima scolastica* il tema morale non appare ancora quale tema meritevole di considerazione unitaria. C'è qualche eccezione. La più notevole è quella del già ricordato Abelardo che scrisse un'opera dedicata espressamente all'argomento morale: *Ethica seu liber dictus Scito te ipsum* [...]. La prima scolastica in genere non mostra ancora un interesse *teorico* per l'argomento morale, un interesse precisamente volto all'obiettivo della formalizzazione dei concetti che consentono di intendere la verità iscritta nelle forme dell'esperienza morale immediata. L'interesse per il profilo morale del mistero cristiano è certo presente da sempre nella teologia di scuola, come in tutta la tradizione cristiana; si tratta però in prima battuta di un interesse soltanto *pratico*[45].

3. Abelardo: note biografiche

Ci troviamo di fronte a un pensiero affascinante e tormentato che si inserisce in una vita altrettanto affascinante e tormentata, di cui abbiamo il resoconto di Abelardo stesso, nella sua *Historia Calamitatum mearum*. Indubbiamente il racconto risulta di parte e talora sfacciatamente fazioso, ma è un documento prezioso per ricostruire le vicende terrene e intellettuali, non solo del Maestro Palatino, ma del XII secolo stesso.

«Sono nato a Palais, una cittadina sui confini della Bretagna Minore, a circa otto miglia ad est di Nantes»[46], così inizia il racconto di Abelardo. Palais: da qui il soprannome di Maestro Palatino o *Peripateticus Palatinus*, come lo chiama Giovanni di Salisbury. L'anno è molto probabilmente il 1079. Primogenito, figlio di un distinto cavaliere, in possesso di diverse proprietà, di nome Berengario e di sua moglie Lucia, destinato alla carriera delle armi, Abelardo preferì di gran lunga lo studio e abbandonò «per sempre i campi di Marte per essere educato tra le braccia di Minerva»[47].

Questo comportò il lasciare ai fratelli (probabilmente Raul o Dagoberto) il diritto di primogenitura. Tuttavia questo fatto si svolse presumibilmente in un clima di serenità familiare: il padre stesso nutriva una sincera passione per gli studi e aveva avviato tutti i figli allo studio. Ancora di

---

[45] G. ANGELINI, *Teologia morale fondamentale*, 128-129.
[46] *Historia calamitatum mearum*, I, 41-43.
[47] *Historia calamitatum mearum*, I, 41-43.

più trapela dalle parole dell'autobiografia: «mio padre mi amava in modo particolare perché ero il suo primogenito e per questo si interessava in modo particolare alla mia istruzione»[48].

Fin dall'infanzia Abelardo, quindi, dimostrò una sincera passione verso gli studi. Le prime scuole che frequentò furono quelle di Tours e Loches, dove fu anche discepolo di Roscellino di Compiègne. Il fatto che Abelardo non nomini Roscellino nelle suo libro biografico è probabilmente dovuto al fatto che i due ebbero diversi scontri circa la questione degli universali: una piccola forma di ripicca da parte di Abelardo. D'altro canto è lo stesso Roscellino a ricordare Abelardo, per lungo tempo in ascolto delle sue lezioni, «come il più piccolo dei miei alunni»[49].

Nel 1100 Abelardo si incamminò alla volta di Parigi. «Finalmente giunsi a Parigi!»[50]. È in quel *tandem*, «finalmente» che si può cogliere la passione per lo studio del Maestro Palatino. Parigi, ai tempi, non era una grosso centro urbano, se consideriamo la descrizione di un testo dell'epoca: «Parigi in quei tempi era molto piccola»[51]. Ma era a Parigi che si trovavano le più accreditate scuole di dialettica allora disponibili: che era appunto quello che Abelardo andava cercando. Scelse come maestro Guglielmo di Champeaux «poiché era considerato il migliore in questa disciplina per cultura e per fama»[52]. Le prime tensioni con il maestro non tardarono ad arrivare, provocando una prima presa di posizione tra coloro che erano presenti. Vi fu chi si schierò con Guglielmo, contro Abelardo e chi con Abelardo, contro Guglielmo, non solo per questioni di carattere intellettuale. Fanatica ammirazione e feroce disprezzo, entusiasmi e critiche verso la sua persona vanno di pari passo. Questo episodio, comunque, è quanto il Maestro Palatino stesso considera: «l'inizio delle mie sventure, che continuano ancora oggi»[53].

Tuttavia il successo riscosso dallo scontro con Guglielmo, lo spinse ad aprire una scuola propria a Melun (1102) e a insegnare a Corbeil. Nel 1105 fu costretto per motivi di salute — molto probabilmente a causa di quello che noi oggi chiameremmo «esaurimento nervoso» e che Abelar-

---

[48] *Historia calamitatum mearum*, I, 41-43.
[49] *Epistola XV*, PL 178, coll. 357-372: in realtà la lettera, indirizzata proprio ad Abelardo, provocatoria, beffeggiante e talora anche volgare, testimonia, in diversi passaggi, la conoscenza tra i due pensatori.
[50] *Historia calamitatum mearum*, II, 43.
[51] Espressione contenuta in *Moniage Guillaume*, «chanson de geste» del XII secolo, citato in R. PERNOUD, *Eloisa e Abelardo*, 6.
[52] *Historia calamitatum mearum*, II, 45.
[53] *Historia calamitatum mearum*, II, 45.

do giustifica come «immoderata passione per lo studio» — a rientrare in Bretagna. Nondimeno la sua passione lo condusse nuovamente, e non appena possibile, a Parigi, ancora una volta ad ascoltare le lezioni di Guglielmo di Champeaux. Ancora una volta lo scontro fu inevitabile e ancora più violento del precedente. È a questo periodo che vanno fatte risalire le *Glosse letterali* (commenti letterali all'*Isagoge* di Porfirio, alle *Categorie* e al *De Interpretatione* di Aristotele e al *De Divisione* di Boezio). Ed è sempre in questo periodo che — dopo un breve periodo a Melun — si fissa la data della fondazione della sua scuola sulla collina di Sainte Geneviève, alla periferia della Parigi di allora, sulla riva sinistra della Senna, dove in seguito sarebbe sorto il *quartier latin*, ovvero il quartiere degli studenti e delle scuole.

Nel 1113, desideroso di seguire lezioni di *divinitas*, di teologia, il Maestro Palatino si recò a Laon per imparare da Anselmo di Laon. La delusione per l'insegnamento di Anselmo è quanto mai evidente: come già con Guglielmo[54], anche con Anselmo, Abelardo non esitò ad esprimere la propria insoddisfazione e le proprie critiche. Venne quindi sfidato a cimentarsi con il commento ad un passo oscuro di Ezechiele. Di fatto Abelardo non era avvezzo alla «scienza sacra», ma accettò la sfida dal momento che ritenne che avrebbe potuto affrontare la questione con l'ingegno. Questo episodio è di notevole importanza: dimostra quanto l'uso della *ratio* fosse importante nel sistema di pensiero abelardiano, anche relativamente a questioni teologiche, in contrasto con l'insegnamento allora predominante. L'*Expositio in Hezechielem prophetam* — oggi perduta — è una serie di lezioni che procurò al Maestro Palatino grande successo, ma anche aumentò l'avversione di Anselmo di Laon.

Al culmine del successo, Abelardo cercò nuove sfide: la conquista di Eloisa così venne inizialmente intesa. Gli eventi tuttavia incalzarono, fino al macabro epilogo, cui seguì l'entrata di Abelardo — come monaco — nel monastero di Saint-Denis e quella di Eloisa nel monastero di Argenteuil. Sebbene sia l'episodio più noto della vita del Maestro Palatino, in cui si intrecciano realtà e leggenda, esso ha scarsa importanza ai fini di questa ricerca: indubbiamente influì sulla vita di Abelardo, ma non al punto da ritenerlo centrale in una vita sempre e comunque estranea alla mediocrità.

A cavallo degli eventi con Eloisa vanno fatte risalire la *Dialectica* e la *Logica Ingredientibus*.

---

[54] Cfr. E. BERTOLA, «Le critiche».

In seguito ad alcuni contrasti con i monaci della comunità di Saint-Denis il Maestro Palatino si ritirò in un eremo indipendente dall'abbazia stessa. È in questo periodo, probabilmente tra il 1118 e il 1120, che mise mano alla stesura della *Theologia Summi Boni*. Abelardo stesso, in una lettera a Gerberto, vescovo di Parigi[55], spiegò che l'intento del suo testo era quello di confutare l'eresia triteista di Roscellino. Fu però la *Theologia Summi Boni* ad essere condannata «senza alcun esame delle accuse»[56], in un concilio convocato a Soisson, nel 1121. Pena conseguente alla condanna, oltre il dare alle fiamme il testo, una reclusione perpetua nel monastero di Saint-Médard, da cui però a breve fece ritorno all'abbazia di Saint-Denis. La prima stesura del *Sic et non*, nonché l'avvio della *Theologia Christiana*, sono da collocarsi in questo periodo.

Nuove polemiche all'interno della comunità di Saint-Denis, tra il 1123 e il 1124, costrinsero il Maestro Palatino a recarsi a Quincey, nella diocesi di Troyes, in un luogo solitario, dove, oltre a fondare un oratorio e una scuola dedicate alla «Santissima Trinità» (in seguito ribattezzato «Il Paracleto»), egli trovò la concentrazione che gli permise di completare la *Logica Nostrorum*, nonché una nuova stesura sia del *Sic et non* sia della *Theologia Christiana*.

Il rimettere continuamente mano alle opere, stilando nuove redazioni, è sintomo di un pensiero vivace e che non si accontenta dei risultati ottenuti, ma vive di una costante tensione verso la verità[57].

> Uno dei caratteri che distingue il modo di scrivere e di lavorare di Abelardo è, oltre a quello di rivedere e di rielaborare a più riprese e in tempi successivi le sue precedenti e iniziali trattazioni, anche quello di rinviare frequentemente da uno all'altro dei suoi scritti principali, sia per richiamare questioni esaminate in contesti diversi, sia per rimettere una più adeguata e approfondita indagine di problemi importanti alle opere in cui più propriamente dovevano essere collocati[58].

Nel 1125 ottenne la nomina di abate del monastero di Saint-Gildas, in Bretagna, «in un paese barbaro dove si parlava un dialetto incomprensibile, tra monaci la cui vita corrotta e insofferente di ogni freno era a tutti notissima, in mezzo ad una popolazione selvaggia e senza legge»[59], che si rivelò ben presto fonte di numerose difficoltà. Nel 1129 Eloisa e le sue

---

[55] Cfr. P. ABELARDO, *Lettere*, 288-289.
[56] *Historia calamitatum mearum*, X, 111.
[57] Cfr. J. COTTIAUX, «La conception».
[58] P. ABELARDO, *Conosci te stesso*, ed. M. Dal Pra, 1976, V.
[59] *Historia calamitatum mearum*, XIII, 139.

consorelle furono cacciate dal monastero di Argenteuil: Abelardo propose loro di risiedere al Paracleto di cui divenne abbadessa la stessa Eloisa. A loro è dedicata la «Lettera VIII» del carteggio tra Abelardo ed Eloisa[60], nota come *Institutio seu Regula Sanctimonialium*, che è una vera e propria regola per le monache. Nel frattempo un'ostilità sempre crescente da parte dei monaci di Saint-Denis, che non accettarono i tentativi di riforma di Abelardo — ostilità che giunse fino ad attentare alla vita stessa di Abelardo nell'avvelenare il calice della messa — costrinsero il Maestro Palatino a rinunciare all'incarico. Gli studi — in una situazione così tesa — non erano la preoccupazione primaria del Maestro Palatino. L'*Historia calamitatum mearum*, che si conclude proprio con le sofferenze di Abelardo circa questa situazione fallimentare, è presumibilmente composta in questo periodo.

Evidentemente i fatti della vita di Abelardo che seguirono sono giunti a noi in modo meno definito e preciso, sebbene sia possibile ricostruire gli eventi principali.

Al periodo di sterilità intellettuale del monastero di Saint-Gildas, seguì un periodo di intensa produzione e di rinnovati consensi. Abelardo riprese sia l'insegnamento, «chiaro Maestro, ammirabile e sommo fra tutti»[61] — Giovanni di Salisbury afferma di essere stato suo discepolo a Parigi, a Mont-Sainte-Geneviève, nel 1136: «ai suoi piedi ricevetti i primi rudimenti dell'arte logica e assorbii con appassionata avidità tutto ciò che veniva dalla sua bocca»[62] — sia la stesura di trattati. Sono questi gli anni in cui compilò i *Commentaria in Epistolam Pauli ad Romanos*, l'*Expositio in Hexaëmeron* ma soprattutto la *Theologia Scholarium*.

Nel 1139 Guglielmo di Saint-Thierry[63] segnalò a Bernardo di Chiaravalle alcune affermazioni pericolose contenute negli scritti di Abelardo. Tra queste affermazioni ve ne sono alcune contenute nell'*Ethica seu Scito te ipsum*: si può quindi presumere che la composizione dell'*Ethica* risalga a prima del 1139. Ma sulla questione della datazione dello *Scito te ipsum* e sulla veracità delle accuse, mi soffermerò oltre. Abelardo si difese dagli attacchi di Bernardo con l'*Apologia contra Bernardum*. Questo tuttavia non fu sufficiente a sospendere il sinodo delle provincie ecclesiastiche di Sens e Reims, che si aprì nel giugno del 1140. Quello che dove-

---

[60] P. ABELARDO, *Lettere*, 417-536.
[61] GIOVANNI DI SALISBURY, *Metalogicus*, PL 199, col. 867 B.
[62] GIOVANNI DI SALISBURY, *Metalogicus*, PL 199, col. 867 B..
[63] Per i rapporti tra Abelardo e Guglielmo di Saint Thierry, cfr. J.M. DÉCHANET, «L'amitié».

va essere un confronto si dimostrò ben presto un monologo: Bernardo lanciò una serie di accuse ad Abelardo, il quale abbandonò il sinodo, incamminandosi verso Roma, appellandosi all'autorità del papa. Bernardo fu più celere di Abelardo e riuscì ad ottenere la condanna da parte Innocenzo II. Abelardo ne fu informato quando era ancora nel sud della Francia: questa condanna comportò sia la scomunica per il Maestro Palatino che la messa al bando dei suoi libri come eretici.

Abelardo quindi si rifugiò a Cluny e si rimise sotto la protezione di Pietro il Venerabile, il quale ottenne di togliere la scomunica al suo protetto e si impegnò anche in un'opera di riavvicinamento tra Abelardo e Bernardo. A Cluny Abelardo riprese sia ad insegnare che a scrivere: la *Confessio fidei ad Heloïssam* ma soprattutto il *Dialogus inter philosophum, iudaeum et christianum*. «Continuava a insegnare [...]. Con il suo pensiero, la sua parola e la sua opera rivolte alla teologia, alla filosofia e al magistero, continuamente ricercava, insegnava, spiegava»[64]. Per motivi di salute fu costretto a trasferirsi a Saint-Marcel, nei pressi di Chalon-sur-Saône, affiliata di Cluny. Morì il 21 aprile, molto probabilmente del 1142. Il corpo venne tumulato al Paracleto, secondo un suo desiderio. Pietro il Venerabile scrisse ad Eloisa per informarla. Tra le parole di consolazione, la certezza del loro nuovo incontro nell'aldilà: «dove, lasciate indietro le voci di questo mondo, regna la pace»[65].

Ma quella pace auspicata per l'anima di Abelardo non coinvolse il suo pensiero: anche dopo la sua morte, avversari e sostenitori si fronteggiarono. Contro Abelardo non si pronunciò negativamente solo Bernardo. Altri contemporanei non risparmiarono critiche, e d'altro canto altri lo sostennero apertamente[66].

Guglielmo di Saint-Thierry, che pure in principio fu legato ad Abelardo da amicizia, non solo si allarmò per le enunciazioni etiche che lesse e iniziò quel processo di indagine che portò al Concilio di Sens, ma scrisse anche una *Disputatio adversus Petrum Abaelardum*[67]. Tommaso di Morigny[68] gli fece eco con la *Disputatio Catholicorum Patrum adversus Dogmata Petri Abaelardi*[69]. Ad essi si unirono anche alcuni che furono discepoli dello stesso Maestro Palatino: Goffredo di

---

[64] PIETRO IL VENERABILE, *Epistulae* IV, 21, PL 189, coll. 346 D-353 A.
[65] PIETRO IL VENERABILE, *Epistulae* IV, 21, PL 189, coll. 346 D-353 A.
[66] Cfr. S.P. BONANNI, «Pietro Abelardo», 107-112.
[67] PL 180, coll. 249-282.
[68] E.M. BUYTAERT, «Thomas of Morigny».
[69] PL 180, coll. 283-328.

Auxerre[70], ad esempio. Vanno ricordati anche Clarembaldo di Arras[71] e Gerhoh di Reichersberg[72].

Tra i sostenitori vanno ricordati innanzi tutto Pietro il Venerabile[73], che si adoperò per la serenità di Abelardo negli anni che vanno dal Concilio di Sens alla morte del Maestro Palatino, cercando di mettere in atto le condizioni interiori ed esteriori affinché riprendesse a studiare e pensare. L'ammirazione e la devozione di Pietro il Venerabile emergono in diverse lettere: «Era celebre ovunque per la gravità e profondità del suo sapere, e la sua fama era universale»[74].

Il più pertinace sostenitore fu comunque Berengario di Poitiers, già discepolo del Maestro Palatino, che compose un appassionato *Apologeticus pro Petro Abaelardo*[75]. In esso possiamo leggere il racconto dettagliato dello svolgimento del Concilio di Sens, per quel che concerne la parte formale. Sarebbe dovuta seguire la parte di analisi dello svolgimento, ma l'opera non fu mai conclusa, probabilmente per le aspre polemiche che suscitò quanto già apparso. Il testo in nostro possesso, quindi, non riesce neppure ad affrontare la difesa della dottrina morale del Maestro Palatino. Tuttavia è rinvenibile un passaggio significativo, in cui Berengario, commentando una affermazione di San Girolamo[76], organizza il discorso seguendo non solo la linea, ma anche il metodo logico di Abelardo[77].

Altri sostenitori furono: Guido di Castello (papa Celestino II), Giacinto Boboni (papa Celestino III). Rolando e Ognibene[78], maestri di

---

[70] GOFFREDO DI AUXERRE, *S. Bernardi vita prima*, III, PL185, coll.310-312 (*Caput V: De erroribus Petri Abaelardi, et Gilberti Porretani opera sancti Bernardi confutatis*).

[71] Cfr. CLAREMBALDO DI ARRAS, *Commento*, 48.

[72] Cfr. GERHOH DI REICHERSBERG, 131-525.

[73] *Pierre Abélard – Pierre le Vénérable*, «Actes du Colloque de Cluny 1972», Paris 1972 : contiene relazioni di J. Monfrin, J.F. Benton, M.M. McLaughlin, P. Dronke, P. Zerbi, P. Von Moos.

[74] PIETRO IL VENERABILE, *Epistulae* IV, 21, PL 189, coll. 346 D-353 A.

[75] PL 178, coll. 1857-1870. Per le indicazioni circa i manoscritti e la loro storia, cfr. D. LUSCOMBE, *The school*, 29, nota 4.

[76] PL 178, col. 1869 B.

[77] «Ma Berengario può essere utilmente ricordato non soltanto per l'impeto polemico con cui difese Abelardo dagli attacchi di Bernardo di Chiaravalle, ma anche per l'esaltazione che [...] fa della "disputandi disciplina", di quella disciplina logica che è forse l'elemento determinante e del tutto caratteristico della dottrina morale abelardiana» (P. ABELARDO, *Conosci te stesso*, ed. M. Dal Pra, 1976, XXIV).

[78] Cfr. D. LUSCOMBE, *The school*, 253-260, nota 34.

Bologna, continuarono a seguire la linea di Abelardo e a prendere spunto da essa per la loro elaborazione, malgrado la condanna del Concilio di Sens.

4. L'*Ethica seu Scito te ipsum*

Nel 1139 Guglielmo di Saint-Thierry lanciò quindi il primo allarme circa le dottrine morali di Abelardo. La stesura dell'*Ethica*, di conseguenza, va collocata prima di tale data. Un rimando al terzo libro della *Theologia Scholarium* interno all'*Ethica*[79], ci consente di precisare ulteriormente la data. La *Theologia Scholarium* ebbe diverse redazioni e il terzo libro apparve per la prima volta nella terza stesura, cui seguirono una quarta e una quinta: tutte queste composizioni risalgono agli anni tra il 1133 e il 1139. La critica recente[80] tende a collocare la redazione dell'*Ethica* in questo lasso di tempo, spostando così di circa un decennio la data che Cottiaux, ed altri, avevano fissato attorno al 1128: in questo modo, l'Ethica e la *Scholarium* risultano cronologicamente vicine. Ma anche a prescindere dal dato, senz'altro importante, offerto dalla cronologia, ritengo che l'*Ethica* possa essere considerata come il naturale sbocco antropologico e morale della riflessione avviata con la *Theologia*.

«Eccezione»: così Angelini[81] definisce il testo di Abelardo. Dalla ricostruzione storica appena percorsa è possibile confermare il giudizio: Abelardo è il primo — e l'unico in questo periodo — a dedicare alla morale non solo un trattato indipendente, ma anche a cercare dei fondamenti e dei principi che esulino da situazioni immediatamente pratiche.

---

[79] «Sed utrum nos illa fecisse uelimus quae bene ordinata esse a Deo scimus [...] questio est alia quam pro uiribus nostris tectio "Theologiae" nostrae libro absoluimus» (*Ethica, Vtrum penitentes gemitum sui doloris hinc secum deferant*, p. 96, rr. 28-29.31-32; cfr. Ilg., p. 65, rr. 1687-1692).

[80] Cfr. C. MEWS, «On dating works of Peter Abelard». Nella tavola cronologica preparata per il volume del *Corpus Christianorum* contenente l'edizione della *Summi Boni* e della *Scholarium*, Mews ipotizza che Abelardo completi il terzo libro della *Scholarium* ed elabori il primo libro dello *Scito te ipsum* nello stesso periodo, ossia fra il 1137 e il 1139 (cfr. CCCM 13, p. 22 dell'introduzione generale). Che le due opere appartengano alla stessa fase dell'opera abelardiana, e che dunque — date anche le revisioni della *Scholarium* rese necessarie proprio in quegli anni dalle accuse che portarono al concilio di Sens — la loro stesure risultino in qualche modo intrecciate o comunque contigue, è dato ormai largamente condiviso: citiamo, a titolo esemplificativo, i recenti lavori di J. MARENBON (cfr. p. 21 della sua edizione delle *Collationes*) e U. NIGGLI (p. 2 dell'introduzione a *Peter Abaelard*), che fissano la composizione della *Ethica* intorno al 1138.

[81] Cfr. p. 22 del presente lavoro.

Accanto a queste considerazioni va notato come il Maestro Palatino utilizzi anche fonti non cristiane per l'elaborazione del suo trattato etico. D'altro canto ho assunto come chiave ermeneutica del XII secolo, di cui come visto Abelardo è figura di primo piano, i termini di D'Onofrio: «ripresa» e «sviluppo». L'*Ethica* quindi è sì un'«eccezione» ma precisamente nella linea della «ripresa» e «sviluppo».

Il materiale di riferimento appartiene alla tradizione, non solo cristiana ma anche pagana: le fonti sono sia la Scrittura che i Padri, ma anche diverse citazioni di autori pagani[82]. Le citazioni di ambito cristiano, tuttavia, sono ben superiori alle citazioni di autori latini.

L'*Ethica* è stata più volte definita opera filosofica[83]. La presente ricerca parte invece dal principio che sia un'opera teologica[84], ferme restando alcune precisazioni.

a. Il carattere religioso, teologico della trattazione è evidente fin dalle prime pagine. Il primo libro dell'*Ethica* si occupa della «conoscenza e della correzione dei peccati»[85], del male. In esso non viene mai affrontato il problema del male naturale, ma solo quello del male morale. Esso è il peccato, definito esplicitamente e ripetutamente come «disprezzo di Dio»[86]. A tale mia affermazione si può controbattere sottolineando che in questo periodo la filosofia — in un modo o nell'altro — affronta la que-

---

[82] «A titolo puramente informativo segnaliamo il numero di citazioni delle fonti [...]: Bibbia 143, Agostino 12, Gregorio Magno 7, Gerolamo 2, Cicerone 2, Ambrogio 1, Seneca 1, Virgilio 1, Ovidio 1, Orazio 1» (P. ABELARDO, *Etica*, ed. M. Parodi – M. Rossini, 14). È possibile rinvenire anche una citazione di Origene.

[83] «L'*Ethica* è, insieme all'opera logica, il lavoro più filosofico del Maestro Palatino proprio in forza dell'assunzione del criterio di discussione che è appunto quello razionale» (M.T. FUMAGALLI BEONIO BROCCHIERI, *Introduzione*, 80); «Credo, fin d'ora, di potere aderire al giudizio, sicuramente espresso dal De Ruggiero, che la parte migliore della filosofia di Abelardo sia l'etica» (G. DE GIULI, «Abelardo e la morale», 34); «La più notevole è quella del già ricordato Abelardo che scrisse un'opera dedicata espressamente all'argomento morale: *Ethica seu liber dictus Scito teipsum*; si tratta però di un'opera di carattere esclusivamente filosofico» (G. ANGELINI, *Teologia morale fondamentale*, 128).

[84] Sulla medesima linea si trovano sia Dal Pra «è dunque fuorviante considerare lo *Scito te ipsum* uno scritto di orientamento razionalistico, se con questa espressione si ipotizza una costruzione filosofica autonoma dalla problematica e dall'interesse religioso» (P. ABELARDO, *Conosci te stesso*, ed. M. Dal Pra, 1976, XXXVI); sia Luscombe: «Abelard's *Ethica* is a theological monograph upon the moral aspects of the Christian religion» (D. LUSCOMBE, *Peter Abelard's ethics*, Oxford, 1971, XXXI).

[85] *Ethica, Incipit Secundus*, p. 128, rr. 1-2; cfr. Ilg., p. 85, rr. 2231-2232.

[86] «The definition of sin is unashmedly theological» (J. MARENBON, *Early Medieval Philosophy*, 160).

stione di Dio: non esistono sistemi che si ergano senza un riferimento alla divinità (come avverrà, invece, molti secoli più tardi). Indubbiamente tale notazione è vera. D'altro canto il Dio cui Abelardo fa riferimento è senza ombra di dubbio il Dio di Gesù Cristo e il contesto cui fa riferimento è esplicitamente il contesto ecclesiale. Da una parte il riferimento al decalogo, ai gradi del peccato, alla valutazione dell'interiorità, dall'altra il pentimento, la confessione, la soddisfazione e ancora di più il problema legato al potere delle chiavi, impediscono di leggere il testo come se non vi fosse alcun riferimento al pensiero cristiano.

b. Per potere definire come «filosofica» un'opera del XII secolo andrebbero distinti gli ambiti filosofici e teologici: si è visto come non sempre sia facile porre una netta cesura.

c. Il giudizio non terrebbe inoltre conto del fatto che nel medesimo periodo Abelardo si occupa di precise e specifiche questioni teologiche. È impensabile che il sistema etico non tenga conto dei risultati raggiunti negli altri ambiti teologici: sarebbe una crasi non sostenibile sia per quanto riguarda l'unità[87] del pensiero cristiano, sia per quanto riguarda l'unità interna di Abelardo.

d. Il testo in diversi passaggi si rivela debitore della tradizione cristiana dei padri: Agostino, in particolare, è presente in diverse sfumature. Un conto è citare e confrontarsi con autori pagani, altro è riprendere e sviluppare la tradizione cristiana, benché entrambe le operazioni sostengano e stimolino il pensiero del Maestro Palatino.

e. Il titolo di per sé — *Ethica seu Scito te ipsum* — non è motivo sufficiente a catalogare come «filosofica» la riflessione morale di Abelardo.

---

[87] «Come teologo, Abelardo fu il primo a considerare la teologia come settore unitario del sapere e a concepire la possibilità di offrire ai suoi studenti una visione generale di tutta la tematica teologica; così facendo diede un contributo importante alla messa a punto della metodologia appropriata all'insegnamento teologico» (D. KNOWLES, *L'evoluzione*, 175); «Uno degli aspetti più singolari e caratteristici dell'opera abelardiana è la compattezza teorica: i rimandi interni da opera a opera, ma anche da un settore di studi all'altro sono il segno, prezioso per gli studiosi, di un'unità di intenzioni e di progetti che vuole realizzarsi in ambiti diversi (a volte sentiti dai contemporanei di Abelardo come estranei e diversi tra di loro)» (M.T. FUMAGALLI BEONIO BROCCHIERI, *Introduzione*, 7); «Although it is complex and in some respects changing, it is presented clearly within the body of theological writings to which it gives direction and internal coherence» (J. MARENBON, *The philosophy*, 214). Cfr. anche: M.T. FUMAGALLI BEONIO BROCCHIERI, «Sull'unità».

Egli non è l'unico a conoscere e ad utilizzare il precetto delfico all'interno della cultura cristiana[88].

Tutto questo non significa misconoscere il tratto logico allo *Scito te ipsum*: indubbiamente l'analisi rigorosa e concatenante del testo si differenzia dallo stile dei trattati morali tendenzialmente spirituali e parenetici dei monasteri benedettini, o compilatori della Scuola di Laon. Anche in questa caratteristica si tratta di un testo che è «eccezione». Tuttavia nella lettura dell'*Ethica* non si devono dimenticare quelle che sono le caratteristiche di Abelardo, pensatore che come pochi altri ha tentato il connubio tra *fides* e *intellectum*, che come pochi altri ha inteso la *ratio* come strumento privilegiato per la ricerca teologica, che come pochi altri ha inteso il rigore intellettuale fertile per la fede stessa[89].

Questo non significa, tuttavia, che l'*Ethica* sia opera sempre coerente, snodantesi estrinsecamente dal suo contesto storico: spesso troviamo riflessioni affiancate su piani di diversi livelli. Accanto a questioni teoretiche compaiono anche problemi legati al contesto culturale in cui viene elaborato il testo: ad esempio, la questione del peccato legata alla questione del potere delle chiavi.

D'altro canto l'originalità metodologica di Abelardo portò anche a soluzioni originali[90]. Negli anni in cui iniziava a circolare il testo etico del Maestro Palatino alcune linee di pensiero erano in circolazione.

1) L'ascetismo con la sua visone negativa del corpo e della materialità. Abelardo non giunse ad una piena rivalutazione del corpo ma sottolineò comunque la bontà della creazione (e quindi del Creatore) e pose gli

---

[88] San Bernardo, Guglielmo di Saint-Thierry, Riccardo di San Vittore conoscono e utilizzano l'espressione. Per una panoramica si legga, ad esempio, la rassegna di P. COURCELLE, *Connais-toi toi-même*; o l'articolo di E. BERTOLA, «Il socratismo». La stessa polemica di Bernardo non si rivolge tanto all'espressione *scito te ipsum* considerata in se stessa, ma al metodo di Abelardo: «Per lui [Abelardo] non c'è nulla "in specchio ed enigma", ma vede tutto apertamente, e si muove tra realtà più grandi e mirabili di sé. Sarebbe stato meglio se, sèguendo il titolo di un suo libro, si fosse fermato a conoscere se stesso e non avesse oltrepassato i suoi limiti, accontentandosi di conoscere con misuratezza» (*Epistola ad Magistrum Guidonem de Castello*, n° 192 in *Le lettere contro Pietro Abelardo*, 159).

[89] T. HEITZ, «La philosophie et la foi»; ID., *Essai historique*; M. BRASA DIEZ, «Metodología».

[90] «L'*Ethica* insomma è, nello stesso tempo, un'opera di grande originalità logica per lo svolgimento coerente e unitario che la pervade ed un'opera di grande originalità etica per i contenuti che volta per volta mette in evidenza ed assume nella costruzione dialettica» (P. ABELARDO, *Conosci te stesso*, ed. M. Dal Pra, 1976, XL).

istinti (in particolare quelli legati alla gola e alla sessualità) ad un livello di indifferenza.

2) Abelardo si pose contro anche alla tendenza opposta, quella dei goliardi, per i quali il corpo è fonte di ogni iniziativa. Abelardo nei suoi anni giovanili entrò quasi sicuramente in contatto con il mondo dei goliardi: gioco, vino, amore sono i tre poli attorno cui ruotava la loro visione del mondo[91].

La corporeità, per il Maestro Palatino, in sé non è costitutiva del bene o del male. Lo spostamento della moralità è evidente: l'iniziativa è interiore, non determinata da una natura fallata o dai desideri esteriori. Il rischio comunque di considerazioni larvatamente dualistiche, con un netto sbilanciamento sulla parte interiore, spirituale, è presente: nel corso del presente lavoro si verificherà come vengano risolte. Il corpo con i suoi appetiti gioca comunque un ruolo determinante ai fini della moralità. Ugualmente si verificherà la questione da un altro punto di vista: quello del rapporto tra l'intenzione e l'azione esteriore. A tal proposito va ricordato come e quanto fosse presente una linea di legalismo legata al sacramento della penitenza e alle sue tariffe. È solo apparente — come verificherò — una coincidenza netta tra interiorità e moralità.

D'altro canto l'originalità metodologica non impedisce ad Abelardo di impostare la sua riflessione secondo uno schema tradizionale: il primo libro si occupa del male e delle questioni connesse (peccato, vizi,...), mentre il secondo, di cui ci è giunto solo un frammento, avrebbe dovuto occuparsi del versante positivo: il bene nelle sue diramazioni. Rimane mia convinzione personale il fatto che Abelardo non abbia mai posto mano alla effettiva stesura del secondo libro, a causa soprattutto delle polemiche insorte attorno al primo libro. Tuttavia egli completa la

---

[91] A puro titolo esemplificativo, riporto alcuni versi goliardi, tratti da *La confessione di Golia*, in *I canti dei Goliardi o Studenti vaganti del medioevo*, ed. C. CORRADINO, Milano 1928², citato in J. LE GOFF, *Gli intellettuali*, 29-31: «Son materia, son cenere / Composta d'elementi / Vili, son come foglia / Con cui giocano i venti [...] Qual nave che nel pelagio / Non ha nocchiero, o quale / Augel che via per l'aria / Batte smarrito l'ale, / Io non sono stretto a vincoli / Né a luogo alcun mi lego [...] Mi struggono delle vergini / Le grazie e il candore, / Se non posso con l'opera / Le stupro almeno con il cuore [...] Il gioco accuso in seguito; / Ah i casi non sono radi / In cui m'avviene di perdere / Anche le vesti ai dadi! / Ma se pel freddo ho i brividi, / Nell'imo petto ho ardori, / È allora che mi sgorgano / dal cor gli inni migliori [...] È mio saldo proposito / morir dal taverniere: / quivi qui muore ha prossimo / Alle labbra il bicchiere, / E ode i cori degli angeli / Che pregano: — Signore / Deh accogli nell'Empireo / Questo buon bevitore! [...] Cerco il piacere fra gli uomini / E non oltre le stelle, / Non curo affatto l'anima / Ma curo assai la pelle».

sua riflessione morale lasciandoci in eredità un terzo testo destinato a risultare decisivo per la riflessione che intediamo sviluppare: le *Collationes* o *Dialogus inter Philosophum, Iudaeum et Christianum*.

Prima di affrontare lo *status quaestionis* degli studi che si sono occupati dello *Scito te ipsum* occorre soffermarsi brevemente sulla storia del manoscritto. Soltanto avendo questa sullo sfondo è possibile tentare di capire i prolungati silenzi o alcune interpretazioni parziali che hanno caratterizzato il corso del pensiero relativo all'interpretazione dell'*Ethica* abelardiana.

5. Vicissitudini di un testo

Presumibilmente apparso tra il 1132 e il 1133, il contenuto dell'*Ethica* iniziò a destare sospetti circa l'ortodossia[92] nel 1139, quando a Guglielmo di Saint Thierry capitò tra le mani un libro intitolato *Theologia Petri Abaelardi*. Allarmato da posizioni ritenute audaci scrisse a Bernardo di Chiaravalle e a Goffredo vescovo di Chartres[93], per sollecitare il loro intervento, specificando i punti incriminati. È assai probabile, tuttavia, considerati gli errori sottolineati da Guglielmo di Saint Thierry (di cui solo quattro relativi a materia morale), che nelle sue mani sia capitato solo uno stralcio dell'*Ethica*, raggruppato con altre opere del Maestro Palatino.

La risposta di San Bernardo fu dapprima cauta[94], dichiarante di avere bisogno di impegno per giudicare la questione. L'abate di Chiaravalle quindi affrontò la questione sia studiando le opere abelardiane, sia incontrando Abelardo — dapprima da solo e in seguito di fronte a due o tre testimoni — infine affrontando gli scolari del Maestro Palatino, per spingerli ad abbandonare posizioni pericolose. Avendo riscontrato errori nella dottrina abelardiana e non avendo ottenuto la ritrattazione né dell'autore, né dei suoi scolari, nel 1140 San Bernardo scrisse alla Curia romana[95]. Fu un discepolo di Abelardo a proporre un contraddittorio da tenersi a Sens davanti ad un'assemblea di teologi e vescovi. Il Maestro Palatino accettò, sicuro di conquistare una volta di più l'uditorio.

---

[92] La ricostruzione degli eventi che portarono al Concilio di Sens, da cui prende essenzialmente spunto la presente sezione, è riportata in: P. ABELARDO, *Conosci te stesso*, ed. M. Dal Pra, 1976, X-XXIV.
[93] *Epistola 316*, PL 182, col. 531.
[94] *Epistola 327*, PL 182, col. 533.
[95] *Epistola 188*, PL 182, coll. 351-353.

INTRODUZIONE 35

L'elenco dei punti di accusa di San Bernardo fondamentalmente coincide con quello già segnalato da Guglielmo di Saint Thierry. Tuttavia tra le accuse di San Bernardo troviamo la questione del potere di sciogliere o legare, che è svolta nell'ultima parte dello *Scito te ipsum*. Pertanto: se la critica è abbastanza concorde nell'affermare che sia Guglielmo che Bernardo ebbero tra le mani le stesse opere di Abelardo, sembra altrettanto probabile che Bernardo abbia avuto modo di leggere e studiare su un testo dello *Scito te ipsum* più completo di quello di Guglielmo. Allo stato attuale della ricerca non è possibile stabilire con precisione su quale testo, su quale manoscritto dell'*Ethica* si siano fondate le accuse che portarono al Concilio di Sens[96].

A Sens, quindi, si incontrarono San Bernardo e Abelardo, per quello che doveva essere un contraddittorio. Il due giugno del 1140 «oltre ai vescovi e agli abati c'erano molti religiosi, maestri di scuole cittadine e chierici letterati; presenziava anche il re»[97]. Questo è segno del carattere pubblico della questione[98] e di come non abbiano influito solo questioni di carattere accademico ma anche politico. Di fatto, San Bernardo, la notte precedente l'apertura dei lavori, convocò i vescovi per consegnare un incartamento completo: in esso Abelardo appariva come pericoloso eretico. L'uditorio divenne così concilio e Abelardo da avversario divenne accusato. Questi il giorno dopo non poté che negare la

---

[96] È possibile trovare l'elenco delle diciannove proposizioni incriminate in DS 712-739, il cui ordine, tuttavia, differisce leggermente da quello contenuto nei *Capitula haeresum Petri Abelardi* (E.M. BUYTAERT: CCCM 12, 473-480; PL 182, coll. 1049-1054). Le sei relative ad argomenti di morale sono la ottava: «quod non contraximus culpam ex Adam, sed poenam tantum»; la nona: «quod non peccaverunt qui Christum ignorantes crucifixerunt»; la undicesima: «quod potestas ligandi atque solvendi Apostolis tantum data sit, et non successoribus eorum»; la dodicesima: «quod propter opera nec melior, nec peior efficiatur homo»; la quindicesima: «quod diabolus immittat suggestiones per appositionem lapidum vel herbarum»; la diciannovesima: «quod neque opus, neque voluntas, neque concupiscentia neque delectatio, quae movet eam, peccatum sit, nec debemus eam velle estingui». Si vedano anche: J. RIVIÈRE, «Les "capitula" d'Abélard»; L. GRILL, «Die neunzehn "capitula"»; E.M. BUYTAERT, «The anonimous Capitula»; N.M. HÄRING, «Die vierzehn Capitula».

[97] BERNARDO DI CHIARAVALLE, *Epistola 189*, PL 182, col. 356.

[98] Il Tosti ci informa che erano presenti: Elia vescovo di Orléans, Ugo di Auxerre, Attone di Troja, Manasse di Meax, Sansone arcivescovo di Reims con alcuni suoi suffraganei, un gran numero di Abati e Maestri, presieduti da Goffredo vescovo di Chartres in qualità di legato pontificio. Vollero inoltre essere presenti: Luigi re di Francia detto il Giovane, Teobaldo conte di Sciampagna, Guglielmo conte di Nevers e molti appartenenti alla baronia (cfr. L. TOSTI, *Storia di Abelardo*, 221).

competenza dell'assemblea e appellarsi al Papa, rifiutando di difendersi e di proferire alcuna parola. I vescovi trasmisero a Roma una condanna assai blanda. Abelardo si incamminò personalmente verso Roma. Tuttavia San Bernardo lo batté in celerità: il suo segretario portò ad alcuni cardinali, devoti all'abate di Chiaravalle, lettere che strapparono al papa, Innocenzo II, la condanna di Abelardo. I suoi libri furono arsi in San Pietro, con un cenno del papa a quel suo discepolo che più difese il Maestro Palatino: Berengario di Poitiers. Abelardo apprese la notizia durante il viaggio verso Roma.

Soltanto nel 1616, ad opera di Duchesne e D'Ambroise, apparve la prima edizione delle opere di Abelardo: *Petri Abealardi, philosophi et teologi, abbatis Ruyensis et Heloisae coniugis eius, primae Paraclitensis abbatissae, opera,...*. Tuttavia questa edizione non solo fu messa all'indice, ma il riferimento all'*Ethica* che riporta è solo indiretto. Infatti Duchesne dichiarò di sapere dell'esistenza del manoscritto, ma di non averlo trovato, malgrado minuziose indagini[99].

Più di un secolo dopo, nel 1721, apparve il testo dello *Scito te ipsum*, per opera di un monaco benedettino, Pez[100], che dichiarava di averlo edito in base al ritrovamento di un codice, da parte di un altro monaco benedettino, Boneto, nel monastero di S. Ermanno a Ratisbona. Il testo edito comprendeva solo il I libro dell'*Ethica* e poche annotazioni.

Cousin, un secolo dopo, intraprese la ricerca e la raccolta di tutte le opere abelardiane. Nel 1849 apparve il primo volume e nel 1859 il secondo. In quest'ultimo appare anche il testo dello *Scito te ipsum*, secondo l'edizione del Pez, con l'aggiunta di un frammento del secondo libro. Per quest'ultimo si rifece ad un manoscritto del «Balliol College» di Oxford. Rispetto all'edizione precedente si rilevano alcune correzioni; ma non manca qualche errore tipografico.

Poco tempo dopo, nel 1885, Migne pubblicò il 178° tomo del *Patrologiae Cursus completus*, riservato alle opere del Maestro Palatino. Vi compare anche l'*Ethica*, secondo l'edizione del Pez. Tuttavia va rimarcato che la frequenza degli errori tipografici ne compromette la lettura.

Nel 1931, in un articolo[101] apparso in *Rivista di cultura*, Ottaviano, rifacendosi al manoscritto su cui lavorò anche Cousin, diede alcune in-

---

[99] PL 178, col. 143 B: «quamvis diligentissime perquisita, nec inventa adhuc nec reperta est».
[100] *Thesaurus anecdotorum novissimus*.
[101] C. OTTAVIANO, «Frammenti».

dicazioni circa la parte conclusiva del primo libro e la parte iniziale del secondo libro[102].

Soltanto nel 1971 apparve l'edizione di Luscombe. Vale la pena soffermarsi sulla composizione del testo, non solo in quanto opera criticamente stabilita[103], ma anche in quanto testo di riferimento per le traduzioni nelle lingue correnti. Lo stesso Dal Pra utilizzò il testo ricostruito da Luscombe per la seconda edizione italiana dello *Scito te ipsum*.

Cinque[104] sono i manoscritti dello *Scito te ipsum* antecedenti il 1500. Solo due di essi risalgono al XII secolo e sono entrambi custoditi nella Biblioteca di Stato di Monaco. Il primo, cui si rifece anche Pez, è il manoscritto Clm 14160, che ai fogli 39 v-67 r riporta l'*Ethica*. Luscombe lo contrassegna con la lettera A. Il secondo è il manoscritto Clm 28363, riportante il testo in questione ai fogli 103 r-132 v, che Luscombe denomina con la lettera B.

Sempre nella Biblioteca di Stato di Monaco è possibile rintracciare il manoscritto Clm 18597, fogli 4 r-51 v, del secolo XV, contrassegnato da Luscombe con la lettera E. Nella Biblioteca di Stato di Magonza, invece, contrassegnato da Luscombe con la lettera D, si trova il manoscritto lat.76 (fogli 292 v-320 v). Questo manoscritto, così come il manoscritto 296 del Balliol College di Oxford, fogli 61 r-79 v, contrassegnato con la lettera C, risale al XIV secolo.

Oltre a contrassegnare i manoscritti con delle lettere, Luscombe li suddivise in due gruppi, per le particolarità che li caratterizzano. Al primo gruppo appartengono A ed E, al secondo B e C, mentre D non

---

[102] Tale lavoro, tuttavia, non pare determinante ai fini della ricostruzione del manoscritto, dal momento che Dal Pra nella prima edizione italiana dell'*Ethica* afferma: «Dal 1885 in poi, ch'io mi sappia, non fu più tentata una edizione completa delle opere di Abelardo e nemmeno si ebbero edizioni parziali dell'*Ethica* che tentassero in qualche modo di ovviare alle più gravi tra le deficienze delle precedenti» (P. ABELARDO, *Conosci te stesso*, ed. M. Dal Pra, 1940, VII). Tale silenzio è parzialmente rotto nella seconda edizione della medesima opera, del 1976, quando Ottaviano viene citato nella introduzione storica all'opera. Benché più benevolo del silenzio di Dal Pra, anche il commento di Luscombe non sembra attribuire un peso eccessivo al lavoro di Ottaviano: «Ottaviano's contribution is not wholly reliable. R. Blomme in his excellent study of Abelard's doctrine of sin also utilized, apparently in ignorance of Ottaviano's article, the further fragments found in the Balliol manuscript» (D. LUSCOMBE, *Peter Abelard's ethics*, LIII).

[103] Cfr. D. LUSCOMBE, *Peter Abelard's Ethics*, XXXVIII-LXI.

[104] Per ulteriori notizie storiche circa la provenienza dei manoscritti dell'*Ethica* si consulti: D. LUSCOMBE, *The school*, 60-102.

rientra né in uno, né nell'altro. I due gruppi non si discostano per grosse rilevanze, ma divergono su diverse serie di varianti minori.

Benché il manoscritto C contenga il testo più completo, Luscombe preferì scegliere il manoscritto A per due motivi. Innanzi tutto perché A richiese meno correzioni di quante ne avrebbe richieste C; in secondo luogo perché A riportava i titoli dei capitoli che mancavano completamente in C (così come in B, anche se lì vi troviamo il posto riservato dall'amanuense).

Pertanto il testo di Luscombe, mentre fa essenzialmente capo al manoscritto A, si avvantaggia dei manoscritti B e C quando la loro lezione risulta preferibile; e del manoscritto C laddove tutti gli altri manoscritti si interrompono. Tuttavia l'apparato critico offre di volta in volta le motivazioni e le opzioni dei testi analizzati, nonché le connessioni tra i due gruppi di manoscritti.

Concretamente è il manoscritto C quello che ha fatto la differenza nella storia delle edizioni dell'*Ethica*. Il manoscritto C, oltre che per l'unica presenza del frammento del II libro di cui siamo in possesso, risulta prezioso per altre integrazioni. Infatti: laddove gli altri manoscritti hanno termine con la formula *explicit iuxta exemplar*, il C riporta una raschiatura e prosegue con alcune proposizioni che completano il I libro. Non solo, quindi, è un testo più completo, ma Luscombe, in base allo stile e al contenuto, ritiene si tratti di un dettato abelardiano e non di un'aggiunta successiva. È probabile che l'amanuense, mentre stava per concludere il lavoro, sia venuto in possesso di un testo più completo e che, quindi, abbia deciso di integrare l'opera.

Relativamente alle differenze tra i vari manoscritti, Luscombe giunse ad una affermazione assai interessante. La diversità non sarebbe dovuta, secondo lo studioso inglese, a diverse e successive redazioni, quanto, piuttosto, alle divisioni fatte dallo stesso Abelardo nell'incaricare della stesura gli amanuensi o a formulazioni differenti dovute ai copisti. Inoltre, la risonanza delle dottrine abelardiane e il sospetto di eterodossia avrebbero intimorito i copisti (tranne quello del manoscritto C) a tal punto da far sospendere il lavoro in un punto in cui l'*Ethica* non sembrava sconfinare in posizioni non ortodosse.

Nel 2001 è apparso il CXC volume del *Corpus Christianorum Continuatio Mediaevalis*[105], a cura di R.M. Ilgner. Ilgner propone un testo

---

[105] P. ABELARDO, *Scito te ipsum*, ed. R.M. Ilgner.

latino basato su una diversa combinazione dei manoscritti abelardiani, descritta e giustificata nella lunga introduzione[106] al detto libro.

Benché il testo di Ilgner sia più recente, per il presente lavoro è stato mantenuto quello di Luscombe, utilizzato fin dalle prime battute del presente dottorato. La scelta è motivata, innanzi tutto, dal fatto che le differenze[107] tra le due ricostruzioni testuali si collocano essenzialmente in ambito filologico e non intaccano la mia tesi teologica di fondo, né riguardano passaggi o brani qui analizzati direttamente. In secondo luogo perché la traduzione italiana di Dal Pra fa riferimento al testo di Luscombe e non a quello di Ilgner. Ciò nonostante verranno riportate in nota le differenze tra le due ricostruzioni testuali, laddove sarà necessario. Il testo latino di Luscombe verrà citato con il riferimento alle pagine e alle righe dell'edizione già segnalata.

6. La letteratura sull'*Ethica* di Pietro Abelardo

Pare assai evidente, da quanto appena esposto, quanto travagliato sia stato il percorso del manoscritto dell'*Ethica*. Pare altresì evidente come molti malintesi, ma anche molti silenzi, circa la dottrina etica abelardiana, possano nascere da una edizione incompleta o erronea del testo stesso. Nell'analisi delle opere che si sono occupate dell'*Ethica*, pertanto, l'*iter* storico non può essere considerato come un dato secondario.

Non appare, quindi, come motivo di stupore il fatto che gli studi monografici riguardanti lo *Scito te ipsum* siano rimasti a lungo relativamente pochi. Se si prescinde dagli anni più recenti e si guarda alla storia della letteratura su Abelardo nella sua globalità, si può affermare che scarsi sono i testi che si sono occupati dello *Scito te ipsum* nel suo insieme; poco più numerosi gli studi — in particolare articoli — che si sono occupati di uno o due temi della dottrina etica abelardiana. Più consistenti quanto al numero, invece, gli studi generali sul pensiero abelardiano che esaminano anche l'*Ethica*, seppure sempre in maniera secondaria.

Nell'ultimo secolo la saggistica avente di mira il pensiero del Maestro Palatino si è concentrata piuttosto su altre questioni. G. Allegro, nell'introduzione al suo testo *La teologia di Pietro Abelardo fra letture e pregiudizi*, afferma che negli ultimi decenni si è affermato un:

---

[106] P. ABELARDO, *Scito te ipsum*, ed. R.M. Ilgner, IX-LXIX.
[107] Ilgner segnala le differenze tra la sua ricostruzione e quella di Luscombe, nell'apparato critico, alle pagine: 3, 48, 66, 73, 82.

interesse sempre crescente nutrito verso Abelardo da parte degli studi critici di indirizzo laico, i quali hanno rimarcato i lati meno «dottrinali» del suo pensiero e si sono impegnati a discuterne e a valutarne gli elementi che maggiormente avrebbero potuto mettere in luce la sua statura intellettuale, l'originalità delle sue convinzioni filosofiche e di vita e, infine, la tendenza appunto «laica» della sua libera ricerca in ogni campo (anche quello tradizionale della fede), emblema, quest'ultima, della cosiddetta «rinascita» del XII secolo. La tradizionale storiografia «cattolica», che si era invece costantemente impegnata a considerare la *theologia* come punto centrale e del pensiero e dell'opera abelardiana, ne aveva al contempo però ridotto l'indagine a valutazione critica sull'ortodossia di impostazione e di contenuti, o meglio — specie nella letteratura della seconda metà dell'1800 e dei primi decenni del 1900 — a valutazione critica semplicemente dell'eterodossia di impostazione e di contenuti, posta come dato di partenza accettato a priori più che come questione interpretativa da affrontare[108].

Di fatto il testo di Allegro si snoda attraverso un'ampia panoramica della bibliografia su Abelardo — dalla seconda metà del 1800 fino al 1990, data di pubblicazione del libro — analizzata e schedata per temi. Già dall'indice appare evidente come la dottrina etica abelardiana non sia fra i primi interessi delll'autore, sia per una scelta metodologica, sia per la reale scarsità bibliografica. Basti notare che l'opera (introduzione, note, commento) di Dal Pra è citata solo in nota, e che relativamente all'edizione del testo di Luscombe il commento è: «l'edizione dell'*Ethica* abelardiana non ci interessa in questa sede che per alcune riflessioni che sono contenute, nell'introduzione, sulla teologia abelardiana»[109].

La posizione di Allegro è paradigmatica della storia della letteratura dell'*Ethica* nell'ultimo secolo e lo è tanto più se si considera che la sua ricerca, il suo percorso attraverso la bibliografia abelardiana ha questo scopo: «un vero e proprio riesame globale che dovrebbe avere luogo, oltre che nell'ambito degli studi medievali, nel campo dell'attuale speculazione teologica. La dottrina abelardiana potrebbe costituire un originale e fecondo capitolo "nuovo" nella considerazione contemporanea dello sviluppo storico-dogmatico dell'autoriflessione della teologia»[110].

Ecco quindi espresse le due carenze di cui soffre lo *Scito te ipsum*: una tendenziale mancanza di interesse da parte degli studiosi e una cesura — talora troppo netta — tra l'ambito propriamente teologico e

---

[108] G. ALLEGRO, *La teologia di Pietro Abelardo*, 10.
[109] G. ALLEGRO, *La teologia di Pietro Abelardo*, 112.
[110] G. ALLEGRO, *La teologia di Pietro Abelardo*, 14.

l'ambito morale. Se da una parte è vero che la mia ricerca vuole situarsi in questa duplice carenza, dall'altro carenza non significa totale assenza di riferimenti. Pur avendo lavorato principalmente sui testi abelardiani, ritengo che la lettura di alcuni lavori sia indispensabile per chi voglia affrontare sensatamente lo studio dell'*Ethica*. D'altra parte la lettura di queste — e altre — opere è stata decisiva per la mia presa di posizione. Naturalmente la mia comprensione dell'*Ethica* non si è avvalsa solo della letteratura riguardante direttamente l'opera in questione, ma anche di opere attinenti altri ambiti della riflessione abelardiana — che appariranno, di volta in volta o in nota o nella bibliografia generale. Tuttavia, in questa sede, mi limito a comporre lo *status quaestionis* riguardante la letteratura che direttamente analizza lo *Scito te ipsum* e che direttamente ha influenzato la mia ricerca. Non sarà quindi una raccolta bibliografica completa.

Il primo testo di riferimento da citare è quello di David Luscombe, *Peter Abelard's Ethics*. Si tratta di un'opera preziosa per il già nominato studio sui manoscritti, che consente la lettura di testo in latino più attendibile di quello precedente. Il libro è suddiviso in tre parti: una breve introduzione su Abelardo e la situazione intellettuale nel XII secolo, cui segue una sostanziosa parte di analisi sui manoscritti in nostro possesso e sul lavoro metodologico di ricostruzione stesso. La terza parte è composta dal testo latino, con traduzione a fronte in inglese, corredata di numerose note filologiche e tecniche che consentono al lettore di comprendere le scelte dello studioso inglese e di entrare direttamente nelle ricostruzione del testo, a partire dai manoscritti stessi. Il libro di Luscombe segna quindi una svolta negli studi sull'*Ethica*: non tanto per le note introduttive e le sottolineature filosofiche o teologiche, quanto per l'aspetto filologico, per la sua edizione critica. Dei testi apparsi prima del 1971 vale la pena ricordare quello di Blomme[111] e quello di Lottin[112]. La tesi dottorale di Blomme dedica un'ampia parte alla dottrina morale ed in particolare al tema del peccato in Abelardo e alla sua scuola. Rispetto a questo tema resta un'opera attraverso cui il confronto deve necessariamente passare, ma — avendo la tesi stessa il limite del tema del peccato — non sempre offre una prospettiva esauriente circa la dottrina morale abelardiana. Tuttavia vanno segnalati gli interessanti confronti con le altre scuole allora esistenti ed in particolare quelle di Guglielmo di Laon, di Guglielmo di Champeaux e i Vittorini. Va se-

---

[111] R. BLOMME, *La doctrine*.
[112] O. LOTTIN, *Psychologie et morale aux XIIe et XIIIe siècles*.

gnalata anche l'imponente e minuziosa opera di Lottin, *Psychologie et morale aux XIIe et XIIIe siècles*, che rimane valido (e praticamente unico) riferimento, per una completa storia della teologia morale del XII secolo, ma risulta spesso datata, sbrigativa e superata nella parte relativa ad Abelardo.

A cavallo con l'edizione critica di Luscombe, è la traduzione italiana di Dal Pra, che esiste in due versioni: una del 1941[113] e una del 1976[114]. Dal Pra non si limita ad una traduzione: in entrambe le edizioni la traduzione è arricchita da importanti introduzioni e note alla traslazione dal latino. La seconda edizione si avvale — appunto — del testo in latino nell'edizione critica di Luscombe — riportato in appendice. Quindi, sebbene per la presente ricerca dottorale io abbia preso essenzialmente come riferimento la traduzione e il testo del 1976, è interessante mettere in sinossi le due edizioni di Dal Pra, sia per verificare — da un altro punto di vista — il lavoro di Luscombe, sia per notare l'evoluzione del pensiero di Dal Pra. Nella edizione del 1976, la cui introduzione e il cui apparato critico sono completamente rivisti, il filosofo italiano segnala, di volta in volta, i cambiamenti — sia a livello di traduzione, sia a livello di interpretazione — che la nuova edizione critica ha proposto o imposto.

Una delle opere che ha più contribuito a questa ricerca dottorale è senza ombra di dubbio il testo di Marenbon, intitolato *The philosophy of Peter Abelard*. L'opera si suddivide in tre parti: nella prima viene analizzato il progetto teologico globale del Maestro Palatino, nella seconda si analizzano alcuni aspetti della filosofia abelardiana, mentre nella terza è l'etica (analizzata nelle differenti opere di Abelardo) ad essere al centro dell'interesse. A dispetto del titolo del libro, l'autore in diversi passaggi nota l'unità interna del pensiero abelardiano e sottolinea la teologia implicita nell'elaborazione del sistema etico. È evidente come la presente tesi dottorale consideri *The philosopy of Peter Abelard* uno dei suoi interlocutori privilegiati, tenuto conto delle prerogative della stessa.

Il testo di A. Schroeter-Reinhard, *Die Ethica des Peter Abaelard*, si distingue per la minuziosità dell'analisi sullo *Scito te ipsum*. Si tratta probabilmente del lavoro più completo attualmente disponibile sul testo abelardiano in questione, prezioso soprattutto per l'analisi del contesto — storico, sociale, intellettuale — in cui si colloca l'opera.

---

[113] P. ABELARDO, *Conosci te stesso – etica*, ed. M. Dal Pra, 1941.
[114] P. ABELARDO, *Conosci te stesso o etica*, ed. M. Dal Pra, 1976.

INTRODUZIONE   43

Tra gli articoli segnalo solo alcuni di quelli apparsi dopo il 1971, ovvero dopo l'edizione critica di Luscombe. Il limite degli articoli che hanno come oggetto lo *Scito te ipsum* è quasi sempre quello segnalato, ovvero quello di considerare spesso solo un unico aspetto della dottrina dimenticando il quadro generalo dato dallo *Scito te ipsum* e — più radicalmente — quello del pensiero abelardiano. Quattro articoli, tuttavia, si distinguono sia per nuove interpretazioni circa la dottrina morale abelardiana (ad esempio quello di Van Den Berge, «La qualification morale de l'acte humain: ébauche d'une réinterprétation de la pensée abelardienne», che si oppone all'interpretazione soggettivistica dello *Scito te ipsum*), sia per il tentativo di dare più ampio respiro all'*Ethica*, ricollocando testo e autore nel loro contesto. Spesso questi articoli forniscono delle intuizioni interessanti ma — a causa dei limiti stessi di ogni articolo — non esplicitano o argomentano sufficientemente le intuizioni di base. Detti articoli sono quello già citato di Van Den Berge, di Bertola, «La dottrina morale di Pietro Abelardo», quello di Gneo, «L'educazione morale di Pietro Abelardo "ortodosso ribelle"», e infine quello di De Rijk, «Abelard and moral philosophy». Con ciascuno di questi articoli la presente ricerca dottorale si è confrontata — soprattutto nei primi momenti di riflessione — anche se non sempre appare in nota il riferimento preciso ad una o all'altra posizione di ogni singolo autore.

Ulteriori indicazioni bibliografiche saranno di volta in volta segnalate in nota o nella bibliografia generale.

7. La presente ricerca

7.1 *Attenzione e scopo della ricerca*

La presente ricerca dottorale ha per oggetto principale il testo di Abelardo intitolato, *Ethica seu scito te ispum*, compreso all'interno dell'opera teologica del Maestro Palatino. Non si tratta tanto di una puntuale e puntigliosa analisi del testo in questione, quanto piuttosto di una proposta di lettura, all'interno di una tensione i cui fuochi sono — da una parte — le coordinate teologiche rinvenibili nel III libro della *Theologia Scholarium*, — dall'altra — un tentativo di sintesi del sistema etico abelardiano, a partire dalle pagine del *Dialogus inter philosophum, iudaeum et christianum*. La finalità della tesi consiste precisamente in questa lettura — supportata da una selezione di citazioni in lingua originale — mirante a cogliere essenzialmente il carattere squisitamente teologico della proposta etica abelardiana.

Fin dalle prime letture, del testo stesso e della bibliografia di supporto, si sono concretizzate due domande, che hanno accompagnato e indirizzato l'intera riflessione, esplicitatasi successivamente. Il sistema abelardiano gode di una profonda unità interna, come segnalato da diverse voci? È lecito presentare Abelardo come «filosofo» (e non come «teologo»), come dichiarato da parecchi studiosi, a seguito della lettura dello *Scito te ipsum*? Esse sono diventate il punto di attenzione e di interesse del presente lavoro. Su questa linea è stata letta anche la tesi dottorale di Sergio Paolo Bonanni[115], che ha per oggetto una riflessione sulla natura della Trinità nei tre libri della *Theologia Scholarium*, e che ha offerto lo spunto concreto per l'impostazione del presente lavoro, proprio sullo sfondo delle due domande già emerse in precedenza.

Infatti: se da un lato lo *Scito te ipsum* offre elementi nodali sufficienti ed uno sviluppo logico coerente a determinare non solo il pensiero etico del Maestro Palatino, ma anche a sintetizzare alcuni concetti e intuizioni teologici dell'intero sistema di pensiero, dall'altro lato è evidente che l'*Ethica* si inserisce in un progetto teologico ben più complesso e completo. Nel corso della ricerca è andata progressivamente a esplicitarsi una certezza: anche a voler prescindere dalla cronologia, che sembra comunque testimoniare una effettiva prossimità quanto ai tempi di stesura delle due opere, dal punto di vista teoretico l'elaborazione dell'*Ethica* presuppone, e in un certo qual modo completa, lo sviluppo della *Theologia Scholarium*, ed in particolare il terzo libro di quest'ultima.

Il presente lavoro vorrebbe mettere in luce come l'unitarietà dell'opera abelardiana significhi anche questo: non solo trovare gli elementi tralasciati, o apparentemente assenti, di un dato testo in opere precedenti o successive, ma si tratta soprattutto della proposta di una riflessione che rimanda di continuo da un'opera all'altra, in un duplice percorso, che non può soffermarsi su di un unico dato.

D'altro canto il ricollocare l'*Ethica* nel complesso del pensiero abelardiano, nell'ottica della presente analisi, non ha lo scopo di semplificare o impoverire il testo in un incasellamento delle proposte, in una riduzione del pensiero tranquillizzante per il lettore, per lo studioso, o, più radicalmente, per il credente. Anzi: lo scopo è proprio quello di mantenere viva la tensione tra finito e infinito, tra progetto divino e risposta umana, tra complessità del reale e semplicità di Dio, tra creato e storia, che Abelardo esperisce nel quotidiano, sottolinea nel suo pensiero, tra-

---

[115] S.P. BONANNI, *Parlare della Trinità*.

smette nelle sue opere e che si dimostra quanto mai imponente, e non risolvibile, proprio nella riflessione etica. Non ultimo dalla indagine presente stessa — ove alcune questioni non sono risolte e non possono essere risolte proprio a motivo della non risoluzione nel sistema etico abelardiano stesso — emerge come il pensiero del Maestro Palatino sia un pensiero vivo e sempre alla ricerca di soluzioni.

Ugualmente le nuove acquisizioni e le nuove riflessioni sopravvenute durante gli anni di ricerca non hanno eliminato le due domande di fondo, ma anzi le hanno illuminate, esplicitate e confermate. In ultimo si può affermare che la seconda domanda, ovvero quella sulla identità della figura di studioso di Abelardo, è stata assorbita dalla prima. Abelardo è e rimane profondamente teologo, affascinato dalla unità e trinità divina, anche nella stesura dello *Scito te ipsum*, proprio in forza di quella profonda coesione interna che caratterizza il suo pensiero. Come esplicitato in precedenza, è in questa lettura e riproposizione del testo che consiste la finalità della presente riflessione.

7.2 Struttura della ricerca

La ricerca si presenta suddivisa in tre capitoli. Centrale, non solo fisicamente, ma anche come attenzione, è il secondo, quello che affronta direttamente lo *Scito te ipsum*. Il primo capitolo è propedeutico al secondo, mentre il terzo è un tentativo di fare sintesi, mettendo in evidenza le linee portanti dell'intero sistema etico abelardiano. Anche schematicamente il terzo capitolo risulta essere concepito e tracciato in simmetria alle due parti precedenti, come aiuto alla sintesi.

Nel dettaglio: il primo capitolo («Il soggetto Dio: Sommo Bene») affronta il III libro della *Theologia Scholarium*, per far emergere i tratti caratteristici del volto del Dio trino. Dio agisce armoniosamente in forza della sua unità, ma l'armonia non deve offuscare le caratteristiche delle proprietà divine. Dio, Padre, Figlio e Spirito Santo agisce armonicamente (in quanto Uno) in potenza, sapienza e benignità (in quanto Trino). E l'uomo, creato ad immagine e somiglianza di Dio, deve, in qualche modo, riflettere tale fisionomia: agendo, ovvero, in armonia di potenza, sapienza (*ratio*) e benignità (*voluntas*). In questo primo capitolo, pertanto, ci si sofferma sulle caratteristiche divine, da porre, in seguito, in analogia con quelle umane. Si apre così lo spazio per una lettura dello *Scito te ipsum* profondamente teologica. Non una giustapposizione di dati ma una loro profonda integrazione e rimando, al fine di una comprensione che sia sempre più penetrante e semplice nel contempo.

Il secondo capitolo («Il "soggetto" uomo: partecipazione al Sommo Bene») affronta la lettura dello *Scito te ipsum* ed è a sua volta suddivisa in tre sezioni. La prima («l'analogia creaturale») riprende e sviluppa gli spunti sostenuti nel primo capitolo: in essa si vuole mostrare come il legame tra il Creatore e la creatura sia intrinseco, anche — se non addirittura soprattutto — nell'attività etica dell'uomo. L'analogia creaturale risulta essere dato primario nella interpretazione etica del pensiero del Maestro Palatino. In essa si pone attenzione a come si presentino, nell'uomo, la potenza, la sapienza e la benignità, rimandanti al tema teologico classico dell'*imago Dei*. La seconda e la terza sezione del secondo capitolo invece analizzano «come» si presenta, nella storia, questa attività etica umana, quali sono i suoi limiti e le sue possibilità. La seconda sezione («l'analogia alla prova») analizza da vicino l'analogia tra le proprietà divine e quelle umane, volendo mettere l'accento sia sulla responsabilità morale del singolo, sia sui reali limiti storici della sua attività etica. La terza sezione («la tensione nella storia») esamina l'impatto dell'attività etica sulla storia umana (e, di contro, della storia sulla comprensione e sulla possibilità etica del singolo e della comunità). In questo secondo capitolo le due seconde sezioni non sono immediatamente deducibili dalla prima: l'ambito etico partecipa del piano antropologico, ma non dipende meccanicamente da esso; ugualmente la riflessione etica non è *tout-court* determinata dalla antropologia soggiacente. Ecco perché, lo *Scito te ipsum* — come nelle intenzioni della presente riflessione — deve essere letto sia nella continuità e nella coerenza di tutta l'opera abelardiana, sia nella sua propria originalità. È necessario non omettere alcun dato e alcuna speculazione di Abelardo per poter cogliere in pieno la ricchezza e la dinamica interna della sua ricerca etica, e nel contempo, riconoscere l'originalità del metodo e degli strumenti utilizzati per affrontare questo specifico ambito di ricerca.

Il terzo capitolo («Verso la sintesi dei temi esplorati»), a partire dai risultati ottenuti nelle precedenti pagine, affronta la lettura del *Dialogus*. Infatti dell'*Ethica* non possediamo il secondo libro — che avrebbe dovuto affrontare la questione delle virtù e del bene. Tuttavia i temi sono affrontati nel *Dialogus* anche se il genere letterario è differente. È una lettura che vuole sia completare alcune lacune dell'*Ethica*, sia aiutare a compiere un'iniziale sintesi del pensiero etico del Maestro Palatino. La scelta di concludere con il *Dialogus* non è solo dovuta alla risonanza dei temi, ma anche al genere letterario del testo che consente un punto d'osservazione differente del tema qui in oggetto. Il *Dialogus* è quindi preso in considerazione sia per completare quei temi assenti nello *Scito te ipsum*, sia per un confronto rispetto a quei temi affrontati nel primo testo.

7.3 *Metodo e strumenti della ricerca*

Gli strumenti sono rappresentati essenzialmente dalla bibliografia già descritta. La carenza di letteratura di supporto, che forse sarebbe stata utile nella fase iniziale, per un approccio allo scritto, ha, di contro, favorito la lettura del testo abelardiano in sé. Talora la forzatura dei testi e della speculazione soggiacente è stata forte tentazione, soprattutto laddove il pensiero del Maestro Palatino non è di immediata comprensione o di lineare riflessione. Ma la lettura continua del testo abelardiano ha sovente corretto interpretazioni superficiali o facili. La lettura ha quindi sempre più dovuto epurarsi, per modularsi su un testo del XII secolo, senza, nel contempo, dimenticare il contesto storico — e le domande ad esso soggiacenti — in cui mi trovo a vivere e a pensare.

Fondamentalmente la presente ricerca dottorale, pertanto, si è svolta in un duplice ritmo: ruminazione del testo e epurazione della lettura (spesso pregiudicata dal contesto storico differente in cui mi trovo a riflettere), in continuo rimando.

Pertanto, dietro quanto appare in questa ricerca e quanto il lettore avrà a disposizione, sono state compiute una serie di operazioni, che non possono trasparire direttamente nella stesura definitiva, ma che le sono necessarie. Prima fra tutte la ricollocazione del testo nel suo contesto storico. Ad essa si aggiungano una minuziosa ricerca interna ed esterna al testo per verificare la portata semantica e concettuale di termini chiave (ad esempio, il termine *voluntas*); la lettura di altre opere abelardiane, utili a definire e stabilire l'effettiva unitarietà di pensiero; una attenzione alla traduzione dal latino, etc. Laddove possibile e fedele al testo originale, la traduzione latina delle opere abelardiane è stata riportata da altre fonti (ad esempio, per lo *Scito te ipsum* mi sono avvalsa essenzialmente della traduzione di Dal Pra, come già dichiarato). Negli altri casi — come esplicitamente poi segnalato in nota — la traduzione (o la revisione della traduzione) è stata compiuta direttamente per il lavoro in oggetto.

7.4 Limiti della ricerca

Ethica, Theologia Scholarium e *Dialogus* sono i testi presi in considerazione, con un'evidente attenzione privilegiata allo *Scito te ipsum*. Non si tratta quindi di una ricerca avente la pretesa di verificare la sua ipotesi di fondo in ogni singola opera abelardiana. Si tratta piuttosto di una proposta di lettura.

Ugualmente non ogni testo che in un modo o nell'altro contiene indicazioni relative alla dottrina etica abelardiana è stato analizzato: ad esempio, il carteggio con Eloisa contiene diversi spunti, che non sono oggetto di analisi nella presente ricerca. Similmente i *Commentaria in Epistolam Pauli ad Romanos*, che pure riecheggiano molti temi presenti nell'*Ethica*, non rientrano nella analisi della presente riflessione.

Punto focale della ricerca è stata la struttura morale del credente così come proposta dal Maestro Palatino, nel complesso della sua riflessione teologica, nella riproposizione originale di un materiale tradizionale, e non la sua esplicitazione in ogni singolo punto della sua *opera omnia*.

Sullo sfondo di questi presupposti, definire se si tratti di una ricerca di teologia morale o di storia della teologia, è abbastanza disagevole. Sarebbe forse più puntuale chiedere alla tesi dottorale in questione se la forza della tradizione, della *paradosis*, si erge in tutta la sua vitalità — dove con *paradosis* si intende il fondamentale principio epistemologico della fede. *Paradosis* è la tensione tra quella gratuità e quella responsabilità cui l'etimologia del termine stesso rimanda e cui ogni ricerca teologica è strettamente correlata. È invito evangelico cui rispondere in libertà, responsabilità, consapevolezza: «come un padrone di casa che estrae dal suo tesoro cose nuove e cose antiche» (Mt 13,52).

7.5 Nota alla presente pubblicazione

Riguardo alle citazioni e alle traduzioni dei testi abelardiani, alcune avvertenze preliminari e sintetiche già sviluppate nel corso dell'introduzione.

I tre testi abelardiani analizzati con più puntualità durante la presente ricerca dottorale — come ripetutamente annunciato — sono la *Theologia Scholarium*, l'*Ethica seu liber dicitus Scito te ipsum* e il *Dialogus inter Philosophum et Christianum*.

Per la presente pubblicazione, ho scelto di eliminare il testo latino delle opere appena citate, tranne dove strettamente necessario a comprendere gli snodi del pensiero del Maestro Palatino. In nota si trovano, tuttavia, i relativi e puntuali riferimenti bibliografici.

Desidero tuttavia ricordare che per il III libro della *Theologia Scholarium* l'edizione latina citata è quella del CCCM e la traduzione quella S.P. Bonanni. Per l'*Ethica* il testo latino su cui ho lavorato è quello di D. Luscombe (cui sono state aggiunti — per la presente pubblicazione — i riferimenti dell'edizione di R.M. Ilgner) e la traduzione è quella di M. Dal Pra (nell'edizione del 1976). Per il *Dialogus* il testo latino di riferimento è quello di R. Thomas, citato dalla edizione italiana con testo a fronte e, pertanto, la traduzione è quella di C. Trovò. In bibliografia si trovano i dati completi delle edizioni utilizzate.

Delle opere abelardiane, che non siano quelle appena nominate, si trova in nota il testo latino, tratto dalle edizioni citate in bibliografia.

CAPITOLO I

Il Soggetto Dio: Sommo Bene

Il progetto del III libro della *Theologia Scholarium*, che è la riflessione più sviluppata di Abelardo sulla Trinità, è chiaro:

> A questo punto, sarà bene spingere ancora più in alto la mente nello slancio della contemplazione, per cogliere la perfezione di questo Sommo Bene [...]. E quanto più sarà manifesta la perfezione di questo Sommo Bene, tanto più grande risulterà la forza del desiderio con cui potrà attirare ogni uomo verso di sé. A questo scopo, sarà necessario ricapitolare prima il nostro pensiero sulla sostanza divina, poi quello sulla trinità delle persone. E così, se nei libretti precedenti abbiamo elaborato una riflessione utile alla difesa della nostra professione di fede, ora dobbiamo impegnarci a consolidarla[1].

Ma anche all'*Ethica seu liber dicitus Scito te ipsum,* il cui titolo rimanda senza ambiguità al contenuto, soggiace un intento simile:

> Il precedente libretto della nostra Etica ha avuto di mira la conoscenza o la correzione dei peccati ed ha distinto gli stessi peccati dai vizi che si dicono contrari alle virtù. Ora non resta che seguire l'ordine adatto, secondo il detto del Salmista: «Evita il male ed opera il bene»; e poiché abbiamo trattato della fuga dal male, volgiamo la penna della nostra dottrina al compimento del bene[2].

La conoscenza, in vista di una professione di fede più salda, o in vista di una distinzione certa tra il bene e il male, è lo scopo sottostante alle due opere abelardiane in questione. La conoscenza — e la ricerca ad es-

---

[1] *TSch*, III, 1.
[2] *Ethica, Incipit Secundus*, p. 128, rr. 2-7; cfr. Ilg., p. 85, rr. 2231-2236.

sa connessa — è per Abelardo forza attrattiva, passione trainante, desiderio di attingere alla verità e di essere in essa confermato. È l'esigenza che muove Abelardo sia quando punta lo sguardo su Dio, sia quando punta lo sguardo sull'uomo. La conoscenza non è semplicemente un indizio tra gli altri, una caratteristica dell'uomo tra le altre. Essa si presenta come frutto di quella ragione che è peculiare contrassegno antropologico, proprio perché distingue l'uomo da ogni altra creatura[3] ed esprime la partecipazione della natura umana alla natura divina[4].

Il fattore unificante dell'intero itinerario intellettuale abelardiano è, pertanto, il problema della conoscenza. La prospettiva dischiusa si presta bene a diventare il «filo di Arianna» della presente ricerca: seguendo il Maestro Palatino nel suo cammino di riflessione sulla verità e sul bene, cercherò di rileggere l'*Ethica* (il cui sottotitolo, è appunto *Scito te ipsum*, «Conosci te stesso») prendendo l'avvio dalla *Theologia Scholarium*, fino ad approdare al *Dialogus*.

Lo schema del III libro della *Theologia Scholarium*[5], è il seguente:

– Dio Sommo Bene e fondamento «razionale» di tutta la creazione (1-17);
– l'onnipotenza divina (18-82);
– la sapienza divina (83-116);
– la bontà divina (117-120).

---

[3] Cfr. *TSch*, III, 87.
[4] Cfr. *TSch*, III, 3.
[5] «Per quanto riguarda i tre trattati teologici di Abelardo, essi concernono la teologia trinitaria formando tre ondate successive di una stessa ricerca: *Theologia Summi Boni, Theologia Christiana, Theologia Scholarium*. Il primo testo è un abbozzo dottrinale, benché l'essenziale vi sia espresso in modo quasi definitivo; il secondo è più sviluppato; il terzo, evidentemente il più maturo, è il più conciso, condensato e il più completo. Il metodo è costante da un testo all'altro: l'autore espone dapprima una difficoltà o una contraddizione che tenta in seguito di risolvere. Per quanto riguarda il contenuto di queste opere, molti vi hanno visto, come del resto in Anselmo, un tentativo di razionalizzazione del dogma trinitario. Ma non vi è nulla di più contrario all'intenzione del loro autore. Abelardo cerca piuttosto di costruire "similitudini", vale a dire modelli tratti dalla nostra esperienza e che mostrano come articolare intelligibilmente la tensione tra l'identità di Dio uno e la differenza di Dio trino. Notiamo che queste "similitudini" non sono di ordine formale o logico, né spirituale o riflessivo, come in Agostino, ma di ordine, per così dire, naturale» (P. GILBERT, *Introduzione*, 109-110).

1. Dio Sommo Bene e fondamento razionale di tutta la creazione

Abelardo non apre l'indagine del III libro della *Theologia Scholarium* con una domanda sull'identità di Dio, bensì con un interrogativo circa la sua conoscibilità:

> E qui si pone una prima domanda. Ci chiediamo infatti se l'altezza divina può essere indagata anche con la ragione umana, e se — grazie a questa — il creatore può essere riconosciuto a partire dalle sue creature[6]. O se è invece le cose stanno diversamente: se cioè Dio stesso, all'inizio, si sia manifestato all'uomo offrendo notizia di sé con qualche segno sensibile, [...] all'inizio è accaduto proprio questo: che il creatore stesso, invisibile, si è rivelato all'uomo in qualche forma visibile[7].

Il rapporto uomo — Dio si delinea fin dall'inizio come qualcosa che sta al cuore del mistero della genesi. L'iniziativa è di Dio e consiste, in prima istanza, nella creazione stessa, come «forma visibile». Il creato si presenta come rivelazione di Dio e possibilità della conoscenza di Dio, dal momento che la fondazione del mondo è anche fondazione della capacità umana di conoscere e ri-conoscere il Creatore[8]. Dunque, nel quadro dischiuso dall'*hexameron*, l'uomo ottiene un posto assolutamente singolare: infatti, tutte le cose custodiscono in qualche modo la traccia del loro artefice.

Ma l'uomo è paragonato all'immagine di Dio in modo particolare proprio per il contrassegno della ragione: è dunque vero che in null'altro deve fissarla più volentieri che in lui, dal momento che è grazie ad essa che gli è concesso di essere a sua immagine[9], ossia similitudine particolarmente espressiva. È infatti da credere che probabilmente la ragione mai potrà essere più incline a

---

[6] Cfr. Rm 1,19-21.

[7] *TSch*, III, 2.

[8] «La creazione ha in sé la traccia profonda dell'abbraccio trinitario da cui è generata e mantenuta in vita. La sua bontà, frutto della sintesi delle perfezioni, riflette il Sommo Bene che sta alla radice della sua stessa esistenza, e a esso rimanda come alla sua fonte e al suo destino. Abelardo è convinto che quando Dio manifesta se stesso e la sua verità, non può fare a meno di manifestarla per quello che effettivamente è: e quella divina è anzitutto verità trinitaria, verità di un Bene riconosciuto come Sommo anzitutto in forza del ritmo ternario delle sue perfezioni. Potenza, Sapienza e Benignità, appaiono come in filigrana nell'opera e rimandano al volto dell'artefice. La forma sapiente, la *ratio* continuamente ripresentata nelle creature grazie al miracolo della vita, è il tratto manifesto delle profondità nascoste della verità di Dio» (S.P. BONANNI, *Abelardo*, 23).

[9] Cfr. Gn 1,26-27.

fissarsi in nessun altro oggetto di percezione, se non in quello con cui gli è dato di essere in rapporto di maggiore somiglianza[10].

Alla domanda: «Se l'altezza divina può essere indagata anche con la ragione umana», con cui inaugura la terza e conclusiva parte della sua *Theologia*, Abelardo offre dunque una risposta affermativa. La ragione permette all'uomo di «indagare» — e quindi conoscere — l'altezza divina, proprio perché è ella a garantire la «corrispondenza» fra il Creatore e questa sua singolare opera che è l'essere umano.

Ma il passaggio ora richiamato non si limita a segnalare il dato fondamentale relativo alla presenza e al significato della *ratio* nell'ordine creaturale. In esso, Abelardo sottolinea due caratteristiche della *ratio*. La prima è che l'oggetto più connaturale della *ratio* è proprio Dio: il simile cerca il simile, e che cosa la ragione umana potrà cercare di più simile a sé, se non il modello a immagine del quale è stata fatta? La seconda è che la *ratio* non è una caratteristica tra le altre: essa non esprime semplicemente una capacità (quella logica), o una connotazione (quella intellettuale) del vivente umano; piuttosto, essa indica la partecipazione della natura umana alla perfezione della natura divina: partecipazione che sta al cuore dell'essere stesso della creatura, come ciò che ne individua l'origine e il destino, legandosi al senso profondo del dato biblico di Gen 1, 26.

Così intesa, la *ratio* non può essere ritenuta prerogativa esclusiva di alcuni uomini o gruppi religiosi: in forza della creazione, essa appartiene a ogni essere umano, ed esige di essere considerata come la cerniera che consente il rapporto, la comunicazione tra Dio e l'uomo nel suo duplice senso: dal Creatore alla creatura, e dalla creatura al Creatore. Per il Maestro Palatino questo è un dato estremamente serio, ed egli non esita a trarne tutte le conseguenze[11]:

> infatti la legge naturale medesima — che consiste nella ragione — porta a tutti notizia di lui [= di Dio] nella manifestazione stessa delle sue opere, anche a prescindere dalla scrittura[12].

---

[10] *TSch*, III, 3.

[11] È possibile rintracciare un'eco di questa posizione anche in altre opere, ad esempio: «Cum itaque dominus et per prophetas iudeis et per prestantes philosophos seu uates gentibus catholice fidei tenorem annunciauerit, inexcusabiles redduntur tam iudei quam gentes si, cum hos in ceteris doctores habeant, in salutem anime, cuius fundamentum est fides, ipsos non audiant» (*Theologia Summi Boni*, I, 63).

[12] *TSch*, III, 4.

La legge naturale[13] parla agli uomini di Dio *in ipsa operum eius exhibitione*, nella manifestazione stessa delle sue opere. Come dire che contemplando il creato, la ragione riconosce *in aliqua uisibili specie*, in qualche forma visibile, il riflesso di Dio: ma tutto questo non sarebbe possibile se la stessa legge naturale non consistesse in quella ragione che sta a fondamento di tutte le creature, proprio perché è secondo il disegno custodito nella sua eterna *ratio* che Dio ha portato a compimento l'opera della genesi. E il consiglio sapiente presupposto dall'ordine, il principio provvidente necessario a spiegare la perfetta armonia del creato, «alcuni ritennero di doverlo chiamare Dio, altri parlarono di natura stessa delle cose, altri di mente o anima, ma tutti quanti hanno compreso che si trattava del Sommo Bene»[14].

È l'armonia l'indizio della e nella creazione che consente alla *ratio* di riconoscere e giungere a dichiarare Dio come Sommo Bene[15]. Non solo. Dal momento che risultano più armonicamente disposte quelle cose che fanno capo ad un solo principio[16], il fatto che quello che regge l'universo si riveli come il migliore dei governi, lascia intendere che il Sommo Be-

---

[13] Per un analisi più approfondita del concetto di «legge naturale» in Abelardo rimando in particolare alle pagine 148-154 della presente ricerca, al paragrafo «il concetto di "legge" nello *Scito te ipsum*».

[14] *TSch*, III, 7.

[15] L'idea di Dio Sommo Bene sta al centro dell'opera abelardiana. A puro titolo esemplificativo si possono ricordare un passaggio della *Theologia Summi Boni* e uno del *Dialogus*: «His itaque rationibus patet diuinam substantiam omnino indiuidam, omnino informem perseuerare, atque ideo eam recte perfectum bonum dici et nulla re alia indigens, sed a seipso habens, non aliunde quod habet accipiens» (*Theologia Summi Boni*, II, 40); «Summum utique bonum aput omnes recte philosophantes non aliud quam Deum dici constat et credi, cuius scilicet incomparabilis et ineffabilis beatitudo tam principii quam finis ignara nec augeri potest nec minui. Summum vero malum summam cuiuscunque, sit sive hominis sive alterius creature, miseriam vel pene cruciatum autumno. Hominis autem summum bonum sive malum eius, sicut supra iam memini ac determinavi, future vite requiem vel penam perpetuam intelligo; hoc itaque inter summum bonum et summum hominis bonum referre arbitror, quod, sicut ex permissis liquet, summum bonum Deus ipse est vel eius beatitudinis summa tranquillitas, quam tamen non aliud ipsum estimamus, / qui ex se ipso, non aliunde, beatus est. Summum autem hominis bonum illa est perpetua quies sive letitia, quam quisque pro meritis post hanc vitam recipit, sive in ipsa visione vel cognitione Dei, ut dicitis, sive quoquo modo aliter contigat» (*Dialogus*, 2300-2015).

[16] «Tanto quippe maior in omnibus custoditur concordia, quanto maior tenetur idemtitas, et tanto amplius a concordia receditur, quanto ab unitate magis absceditur. Vt ergo summa sit concordia, summa teneatur idemtitas ac precipua conseruetur unitas» (*TSch*, III, 9).

ne è anche Uno ed Unico. Tutto quello che esiste, infatti, è stato fondato e portato avanti come meglio non si poteva:

> E a questa armonia di fondazione e di regime, certamente giovano l'unità e la perfetta identità del creatore: e così, anche da questo risulta che esiste un unico autore e rettore di tutte le cose, perfettamente uno e identico a se stesso. Che noi chiamiamo Dio e che giustamente professiamo essere il sommo bene. E come potremmo chiamarlo Sommo Bene, se non fosse superiore a tutti gli altri beni? Ma quello che è superiore a tutti gli altri beni, certo conviene anche che sia uno ed unico[17].

Sulla base di questa considerazione, è possibile iniziare ad accennare qualcosa su come Abelardo ci presenta l'agire di Dio: Dio, Sommo Bene, nella sua unità e semplicità, si comporta come il più autonomo ed assoluto degli artefici, e il sintomo che meglio esprime il fatto che è Lui ad operare, è precisamente l'armonia della Sua opera. Nondimeno l'unità ed unicità dell'Artefice sommamente buono, che sole possono spiegare l'armonia del creato, non devono offuscare la distinzione delle persone divine[18]. Per evitare il pericolo di un più o meno larvato unitarismo, destinato a sfociare in una confusione o in un accorpamento delle peculiari proprietà[19], il Maestro Palatino procede nella sua indagine proprio affrontando la questione della Trinità.

> Ma ora, dall'unità della sostanza divina - che abbiamo voluto porre quasi fondamento di tutto il resto -, è giusto procedere in modo ordinato alla distinzione delle tre persone che sono nella sostanza stessa: rimangono infatti da trattare con un diligente esame la divina potenza, sapienza e benignità, secondo cui, come è già stato detto, si distinguono le tre persone. Solo così sarà possibile offrire una perfetta ed integra presentazione del Sommo Bene[20].

In realtà, nella *Theologia Scholarium*, l'attribuzione delle proprietà e la loro analisi, ricalca, almeno nelle linee di fondo, quella proposta da

---

[17] *TSch*, III, 11.

[18] «In essa [nella *Theologia Scholarium*] emerge un approccio all'articolo trinitario che chiede di essere inquadrato nella linea sviluppata nell'Occidente latino da Agostino in poi: una forte accentuazione dell'unità, capita in termini di unisostanzialità, semplicità, immutabilità; all'interno di questa unità chiede poi di essere contestualizzata la distinzione tra le persone» (S.P. BONANNI, *Abelardo*, 34).

[19] «L'assunto fondamentale che sta dietro l'edifico abelardiano quasi a costituirne la chiave di volta è la convinzione che non è possibile capire chi sono veramente il Figlio e lo Spirito se non si comprende la dinamica del rapporto che lega ciascuno di loro al Padre. Entrare nel mistero trinitario non può dunque significare altro che puntare lo sguardo sulle relazioni di origine» (S.P. BONANNI, *Parlare della trinità*, 254).

[20] *TSch* III, 17.

Abelardo agli inizi del suo percorso teologico, nella *Theologia Summi Boni*[21].

> E così, in primo luogo dobbiamo trattare il problema della distinzione delle persone, cercando di capire cosa comporta tale distinzione nell'unica natura della divinità: questa stessa natura è infatti chiamata Padre, è ancora questa natura a essere chiamata Figlio, è ancora questa natura a essere chiamata Spirito [...]. Con il nome di Padre si designa certamente la potenza della Maestà Divina, con cui può fare tutto ciò che vuole [...] con il nome di Figlio o Verbo è significata la sapienza di Dio con la quale riesce a discernere tutte le cose, affinché non possa mai essere ingannato [...] con la parola Spirito Santo viene espressa la sua stessa carità o benignità: la carità con cui Dio vuole che tutte le cose siano costituite o disposte al meglio, in modo che ogni cosa possa svilupparsi quanto meglio può[22].

Le proprietà divine, pertanto, sono così definite:

Padre - Potenza
Figlio - Sapienza
Spirito - Bontà.

2. La Potenza divina

Procedendo con ordine, la prima proprietà da considerare è la potenza divina, cui, nel III libro dell'opera in questione, è dedicato ampio spazio. Tuttavia la definizione di potenza più chiara è rinvenibile nella *Theologia Summi Boni*: «La potenza indica che Dio è eterno, come è evidente per il fatto che non ha bisogno di un principio che gli dia l'esistenza»[23].

> Tutto ciò che si riferisce alla potenza è attribuito al Padre come suo proprio: aver creato tutte le cose dal nulla, disporre tutto secondo la sua volontà, comandare, attribuire potere, inviare il Figlio nel mondo, pretendere obbedienza, per cui è scritto "Obbedì al Padre"[24]. Infine è attribuito al Padre tutto ciò che si riferisce alla potenza e alla venerazione dovute all'autorità[25].

La potenza, quindi, proprietà del Padre, sembra rimandare ad un orizzonte illimitato di possibilità. Nella *Theologia Scholarium*, il Mae-

---

[21] Cfr. *Theologia Summi Boni*, I, II, 1.
[22] *TSch*, I, 28.30-32.
[23] *Theologia Summi Boni*, II, 113.
[24] Cfr. Fil 2,8.
[25] *Theologia Summi Boni*, III, 48.

stro Palatino pone piuttosto l'accento sul chiarimento che la «potenza» non è svincolata da qualsiasi riferimento: il limite della «potenza» è la «convenienza»: «Non si coglie mai la potenza di una cosa, se non in ciò che è degno di essa e ad essa conveniente»[26].

Dunque, c'è espressione adeguata della potenza, dove c'è espressione conveniente e degna del soggetto a cui quella potenza è attribuita. O, in altri termini, dove c'è espressione proporzionata alla natura del soggetto stesso. E dunque, Dio è onnipotente, nel senso che tutto quello che vuole, è in suo potere portarlo a compimento. Ma, paradossalmente, non possiamo dire che è onnipotente nel senso che può volere qualunque cosa[27]. Ci sono cose per lui sconvenienti, ossia indegne di lui, della sua natura sapiente e buona. Abelardo esplicita il paradossale passaggio, chiamando in causa il caso estremo, ma estremamente significativo, del peccato:

> E così, nessuno può presumere di poter affermare che Dio manca di una potenza, se non può peccare come invece possiamo noi: infatti questo, anche nel nostro caso, riguarda la debolezza, piuttosto che la potenza. [...] Vi sono anche cose che in alcuni sono da ritenersi espressioni di potenza, mentre in altri non lo sono affatto: e quello che in alcune cose si presenta come motivo di lode, in altre si presenta come motivo di biasimo, dal momento che le medesime qualità esprimono dignità in riferimento ad alcune cose, mentre non la esprimono affatto in riferimento ad altre[28].

Questa distinzione serve ad Abelardo per spiegare il «fare» e il «tralasciare» in Dio[29]. Il Maestro Palatino si è infatti concentrato sull'agire di Dio, sul suo comportamento, e quello che gradualmente emerge è che l'onnipotenza divina non va concepita come arbitraria: in qualche modo, anche per Dio viene a delinearsi un orizzonte «etico», in cui emerge una richiesta di coerenza, nel senso che anche il Sommo Bene ha un'esigenza di conformità a se stesso, alla propria dignità, alla pro-

---

[26] *TSch*, III, 18.
[27] Risulta abbastanza evidente il riferimento alla dottrina agostiniana presente in *De Spiritu et lettera*, 31, 53, di cui troviamo traccia anche in *TSch*, I, 30.
[28] *TSch*, III, 20.
[29] Per un'analisi più approfondita della questione del «fare» e «tralasciare» in Dio rimando al IX capitolo, intitolato *Ethics, God's power and his wisdom*, del testo di Marenbon — alla sezione sott'intitolata *God's power: ethical values and omnipotence*. In esso si trova una minuziosa indagine logica che parte dalla nozione di *possibility for*, basata a sua volta sulla distinzione della interpretazione *de dicto* e *de re* (J. MARENBON, *The philosophy*, 217-225).

pria natura. «E dunque non c'è niente che egli porti a compimento o tralasci, se non per qualche ottima e ragionevole causa, anche quando essa ci rimane nascosta»[30].

> Dio può fare solo ciò che fa, e tralasciare ciò che di fatto tralascia: per il fatto che certamente, per ogni singola cosa da fare o tralasciare, trova una causa ragionevole perché accada o venga tralasciata. Ed egli stesso, dal momento che è somma ragione, non può fare o volere nulla contro ciò che è congruente con la ragione. Infatti, nessuno può volere e agire razionalmente, se si è allontanato dalla ragione[31].

Il passaggio appena riportato è di estrema importanza ai fini della presente ricerca: in esso il Maestro Palatino intreccia «potenza», «*ratio*», «volontà». Nessuna delle proprietà divine (in quanto la *ratio* è legata alla sapienza e la volontà alla bontà) sussiste senza le altre due. Nella loro peculiarità, esse si danno in unità, armonicamente. Proprio questa armonia, questo reciproco rimando fra le tre, finisce per rivelarsi caratterizzante rispetto all'identità della natura divina: ci è dato di avvicinarci con più consapevolezza al mistero che è il Sommo Bene, nella misura in cui ci sarà possibile riconoscerlo come frutto della «ricapitolazione», della sintesi, fra potenza, sapienza e benignità. Solo in riferimento alla natura così «individuata», vanno valutate la «possibilità» o l'«impossibilità» dell'agire divino. E d'altra parte, non è così per ogni natura, compresa quella limitata delle creature?

> Per cui quando parlano di «possibile» o «impossibile», comprendono queste espressioni in riferimento alla natura delle creature: cosicché dicono «possibile» solo ciò che non ripugna alla natura di alcuna creatura. Ma quando diciamo che «è possibile che Dio faccia questo o quello», stiamo prendendo «possibile» in riferimento alla natura della divinità più che a quella delle cose create[32].

---

[30] *TSch*, III, 32.
[31] *TSch*, III, 37.
[32] *TSch*, III, 51. L'importanza dell'attribuzione della «potenza» in relazione ad una natura ben individuata, piuttosto che ad un'altra, è affrontato, e meglio esaminato, anche in *TSch*, III, 20: in esso vengono analizzati diversi casi, quale, per esempio, quello della forza fisica di un uomo nei confronti di un orso. Alle rispettive nature corrisponde una forza fisica differente. Se l'uomo superasse, quanto a forza fisica, un orso, questo sarebbe segno di grande forza fisica; non sarebbe così se il confronto relativo alla forza fisica si effettuasse tra il detto orso e un elefante o un leone. Anche la forza

Ora, se teniamo presente che la possibilità di cogliere la natura e le proprietà di un determinato soggetto, è frutto dell'intelligenza che ci è dato di maturare rispetto a quel soggetto[33], possiamo renderci conto del fatto che riusciremo a comprendere che cosa è potenza e cosa no, solo concentrando la nostra attenzione sul soggetto stesso prima ancora che sulla sua attività. Dunque non si può definire o parlare di potenza in astratto. Per comprendere che cosa effettivamente sia la potenza, è necessario il riferimento al soggetto, o, più precisamente, alla natura del soggetto. Ne consegue che anche la potenza umana dovrà essere considerata in riferimento alla natura dell'uomo, e non — ad esempio — a quella divina. Per l'uomo, analogamente, è «potenza» ciò che conviene alla sua natura; nel caso di una attività che non convenga alla sua natura, si può parlare di «debolezza». Tuttavia, come avrò modo di sottolineare, quello umano è un universo molto meno lineare di quello divino: e così, nell'ambito delle cose umane, ciò che si presenta come «debolezza» — in quanto non conveniente alla natura della creatura razionale —, rimane in qualche modo «potenza», in quanto espressione della sua capacità di autodeterminazione.

E comunque, a fronte del ben più tormentato percorso dell'*Ethica*, la *Theologia* mostra su questo punto una chiara determinazione a marcare la differenza fra il piano dell'agire divino e quello dell'agire umano: Dio può «fare solo quello che effettivamente fa e tralasciare solo quello che effettivamente tralascia; mentre perfino noi — che siamo di gran lunga più deboli — possiamo fare o tralasciare molte cose che di fatto mai facciamo o tralasciamo»[34].

La differenza tra la potenza divina e la potenza umana, lette sullo sfondo delle rispettive nature, e le attività da esse scaturenti, può altrimenti essere così espressa. La potenza divina è illimitata nel suo essere

---

fisica, come ogni attributo, compresa la «potenza», va compreso a partire dalla natura dell'individuo cui si riferisce.

[33] Il Maestro Palatino, nella *Logica Ingredientibus*, afferma: «Ita etiam credo de intrisecis formis quae ad sensum non veniunt, qualis est rationalitas et mortalitas, paternitas, sessio magis nos opinionem habere. Quaelibet tamen quorumlibet existentium nomina, quantum in ipsis est, intellectum magis quam opinionem generant, quia secundum aliquas rerum naturas vel proprietates inventor ea imponere intendit, etsi nec ipse ben excogitare sciret rei naturam aut proprietatem» (*LI sup. Por.*, 23, 18-24). Tale citazione si trova anche a p.182 del testo di S.P. BONANNI, *Parlare della Trinità*, cui rimando in questo contesto, con attenzione speciale ai capitoli IV e V, che analizzano più minuziosamente il problema dell'intelligenza delle cose e di quella «cosa» ineffabile che è Dio.

[34] *TSch* III, 46.

onnipotenza, ma è «limitata» nel suo essere secondo convenienza. Al contrario la potenza umana è limitata secondo le possibilità, secondo l'onnicomprensività, ma è illimitata secondo la convenienza, nel senso che l'uomo può anche agire in modo sconveniente, peccare. Ritorna quindi la domanda: il peccato, l'agire in modo non conveniente alla natura umana, deve essere considerato come espressione di potenza o di debolezza? «Anche nel nostro caso, le cose che possiamo fare ma non dovremmo fare, le dobbiamo attribuire più alla nostra debolezza che alla nostra potenza»[35].

Il testo colloca il peccato, quindi, tra le debolezze umane. Di fatto non può essere inteso come espressione della potenza, perché, assolutamente parlando, non è conveniente alla natura dell'uomo, che di per sé è ordinata al bene. D'altro canto, il peccato, anche se — per così dire — per converso, è segno della spiritualità dell'uomo, della libertà della sua natura: ed è in questo senso che si può dire che l'uomo ha il potere di peccare[36].

L'analisi della potenza condotta sul versante di ciò che risulta conveniente alla natura umana evidenzia la differenza, lo scarto fra il piano divino e quello creaturale. D'altro canto, proprio mentre emerge lo scarto, affiora anche il problema del rapporto fra i due piani: nel senso che, se da una parte è possibile «dare ragione» del peccato guardando il problema dal punto di vista di ciò che risulta conveniente alla natura umana, l'intero quadro si complica quando il tutto viene rapportato alla natura divina, ovvero quando emerge la domanda: perché Dio ci ha concesso il potere di peccare? Abelardo non si ritrae dalla questione e tenta di rispondere:

> Ma se consideriamo il fatto che abbiamo il potere di peccare o di fare il male, possiamo renderci conto che questo potere ci è stata concesso da Dio non senza ragione: infatti, a confronto con la nostra infermità, egli — che non può peccare affatto — appare più glorioso; e quando la smettiamo di peccare, questo non lo possiamo attribuire alla nostra natura, ma all'aiuto della grazia di lui, che dispone a sua gloria non solo i beni ma anche i mali[37].

Dio è talmente potente da ordinare alla affermazione della sua assolutezza anche i mali: il potere di peccare che abbiamo tra le mani, non mette in dubbio l'onnipotenza di Colui che vuole solo il bene, ma ci è stato concesso in vista della sua conferma. Dunque anche il peccato —

---

[35] *TSch*, III, 47.
[36] Cfr. *TSch*, III, 47.
[37] *TSch* III, 47.

il «non conveniente» — ha una sua «ragionevolezza» all'interno del piano divino ed è — in un certo qual senso — anch'esso un «potere», una possibilità che si dischiude di fronte alla creatura senza per questo riuscire a mettere in crisi la logica del bene sempre sottesa all'agire divino.

La possibile obiezione alla singolare teodicea che Abelardo va sviluppando, sulla base dell'assunto che Dio può fare solo quello che di fatto fa, e tralasciare solo quello che di fatto tralascia, è talmente evidente che il Maestro Palatino si è premurato di preparare il terreno alle affermazioni del brano che ho appena citato, facendo precedere la riflessione sulla capacità divina di ordinare anche i mali alla propria gloria da un «distinguo» decisivo: «Dunque, essendo impossibile che risulti opportuno evitare i mali che è bene che avvengano, Dio non li può evitare affatto, perché egli è colui che non può nulla contro ragione: ma non per questo si deve dire che dà il proprio consenso ai peccati»[38].

Dio non può nulla contro i «mali opportuni», perché tutto ciò che è opportuno, è secondo ragione, e Dio è colui che non può nulla contro ragione. E non può nulla contro ragione, perché non può volere quello che non è secondo ragione. Ma tutto questo non vuol dire che egli dia il proprio consenso al male, al peccato.

Lo spazio dell'etica aperto dalla concessione del potere di peccare alla creatura, lo spazio della libertà legata alla potenza finita, entra in conflitto con l'assolutezza razionale della libertà infinita dell'Onnipotente, e la mediazione sembra affidata all'idea di consenso: affiora, sullo sfondo, il volto di un Dio che «ragionevolmente» permette il male senza per questo consentire ad esso positivamente.

Queste ultime considerazioni consentono di concludere la riflessione sulla potenza divina con due annotazioni circa il tema del peccato che saranno utili, in seguito, nello studio dell'*Ethica*, dove il tema è trattato in maniera specifica:

1. Dio qui viene definito come colui che «non dà il proprio consenso»[39] (*profecto nullatenus consentire peccatis dicendus est*) al peccato, mentre nell'*Ethica* il peccato in senso stretto viene definito proprio come «consenso» (*consensus*) dell'uomo al male: qui la maggior distanza tra Dio e l'uomo;

---

[38] *TSch*, III, 44.
[39] Da notare che questo è l'unico passaggio in cui nella *Theologia Scholarium* appare il termine consenso.

2. il desistere dal peccato è frutto dell'aiuto della grazia divina, e non semplice applicazione umana; tuttavia questa affermazione non disintegra il ruolo della libertà umana:

> Infatti, quando diciamo che [un uomo] può essere salvato da Dio, riconduciamo questa possibilità alla facoltà della natura umana: ed è come se dicessimo che non ripugna alla natura umana di essere salvata: quella natura umana che è così mutevole da consentire tanto alla propria salvezza quanto alla propria dannazione, e si presenta a Dio in maniera tale da poter essere trattata ora in un modo, ora nell'altro. Ma quando diciamo che Dio può salvare colui che non deve essere affatto salvato, riconduciamo questa possibilità alla natura stessa della divinità, cosicché non dovrebbe ripugnare alla natura della divinità il procedere all'azione salvifica. Ma questo non è vero. Infatti ripugna certamente alla natura divina fare quelle cose che sono lontane dalla sua dignità, e che non conviene affatto che faccia[40].

La potenza divina risulta essere quella proprietà che consente a Dio un agire conforme alla sua propria natura[41]. Ma la natura del Sommo Bene è tale da non poter volere che secondo verità: anche quando questa verità è quella del destino di perdizione che la libertà della creatura può responsabilmente decidere per sé. Dio, sempre coerente all'eterno consiglio della sua Sapienza, non può entrare in contraddizione con se stesso, e se ha voluto l'uomo a propria immagine — padrone dei suoi atti come lui, il Creatore, è padrone dei suoi atti — anche lui dovrà «rispettare» le conseguenze del potere che ha concesso all'uomo. Risulterà dunque decisivo, per cogliere l'orizzonte dell'etica, l'orizzonte in cui si colloca il problema della scelta del bene, l'approfondimento del mistero della Sapienza divina: perché è nella Sapienza che tutto è stato ordinato e disposto in vista del bene.

---

[40] *TSch*, III, 49.
[41] Anche nella *Theologia Summi Boni* si trovano dei passaggi relativi alla questione: «Cum itaque sint indiuisa opera trium personarum, quarum nullo modo diuersa est essentia, pro diuersitate tamen personarum et operum quedam specialiter opera uni persone tanquam propria tribuuntur, quedam alii. Patri quidem proprie tribuuntur ea que ad potentiam pertinent, sicut est creasse cuncta ex nichilo, uel disponere omnia pro arbitrio suo, uel imperare, uel dare potestates, uel mittere filium in mundum, uel obedientiam impendi, unde scriptum est: obediens patri» (*Theologia Summi Boni* III, 48).

3. La Sapienza divina

«Ora proseguiamo parlando della sua Sapienza. Questa è stata chiamata da alcuni ragione o mente, quasi si trattasse di una certa forza di discernimento per conoscere integralmente tutte le cose, in modo che la divina disposizione non potesse sbagliare in nulla»[42]. Con questa definizione di «Sapienza» si apre la sezione dedicata alla seconda delle proprietà divine.

La Sapienza viene considerata in relazione alla *ratio* e all'ordinamento (ordine - *cosmos*) divino[43], alla conoscenza integrale delle cose[44], alla provvidenza[45].

Nell'affrontare questa sezione, Abelardo tocca diversi temi legati all'indagine portata avanti nell'*Ethica*. Il primo di questi è il libero arbitrio, di cui il Maestro Palatino ci offre questa definizione: «l'arbitrio è la deliberazione stessa o il giudizio dell'animo, con cui qualcuno si propone di fare o tralasciare qualcosa»[46].

Il «libero arbitrio» è subito messo in relazione con la *ratio* e con la volontà: non si può parlare correttamente di «libero arbitrio» laddove manchi la ragione dell'anima (*ratio animi*) — come nel caso degli animali che possono fare o tralasciare qualcosa solo in base alla loro volontà: «Ma non c'è affatto libero arbitrio, lì dove non c'è un'anima razionale (*ratio animi*) con cui poter deliberare e giudicare intorno a qualcosa, per decidere se sia il caso di portarla a compimento o di tralasciarla, in modo tale che sia l'una che l'altra opportunità siano in nostro potere»[47].

Ma di libero arbitrio non si può parlare nemmeno laddove la volontà segue necessariamente la decisione presa — come nel caso di Dio: «E questa definizione di libero arbitrio non si adatta affatto a Dio, ma solo a quelli che cambiano volontà, e possono inclinare verso cose contrarie; e che si trovano in condizioni tali da avere la possibilità di fare come di non fare quello che scelgono»[48].

Colto nel suo senso più specifico, il libero arbitrio si presenta come il momento di mediazione tra la ragione che decide e la volontà che porta

---

[42] *TSch*, III, 83.
[43] Cfr. *TSch*, III, 9.
[44] Cfr. *TSch*, III, 83.
[45] Cfr. *TSch*, III, 107.
[46] *TSch*, III, 87.
[47] *TSch*, III, 87.
[48] *TSch*, III, 88.

ad effetto. Ora gli animali sono privi di ragione; mentre — all'estremo opposto — Dio è volontà che segue immediatamente la decisione della ragione: il che vuol dire che il libero arbitrio considerato in questo modo è una caratteristica solamente dell'uomo. Più precisamente si tratta della caratteristica che specifica l'uomo in quanto tale e lo colloca nello spazio etico della scelta coerente (o meno) alla ragione.

Secondo questa definizione di libero arbitrio, l'uomo è sempre dotato di libero arbitrio ma non sempre è libero (infatti può usare il suo libero arbitrio in modo da ritrovarsi schiavo del peccato). Al contrario, Dio è sempre libero, ma non è dotato di libero arbitrio (dal momento che, quando la sua ragione ha preso una decisione, la volontà non può muoversi arbitrariamente rispetto al divino consiglio, a meno di non ipotizzare uno scarto nella tutt'unità spirituale del Sommo Bene: il che è assurdo).

Tuttavia accanto a questo — più specifico — significato di libero arbitrio, Abelardo ne elabora un secondo, più generico, che può essere riferito anche a Dio:

> E così, generalmente, si parla secondo verità di libero arbitrio, quando qualcuno ha deciso qualcosa secondo ragione, ed è in grado di compierla volontariamente e secondo ragione. E senza dubbio, questa libertà di arbitrio appartiene tanto a Dio quanto agli uomini: a tutti quelli che non sono privi della facoltà di retta volontà, e in particolare a quelli, come abbiamo detto, che ormai non possono più peccare in alcun modo. Sebbene infatti non siano capaci di peccare e non siano minimamente in grado di recedere dal bene che fanno (non sarebbe infatti opportuno), essi non agiscono per necessità, indotti da qualche costrizione: e dunque se non volessero fare il bene, non sarebbero affatto costretti a farlo[49].

Si tratta, in altri termini, del libero arbitrio che esprime non tanto la varietà delle opzioni possibili, quanto la libertà dell'arbitrio stesso, ossia la scelta del bene in quanto volontaria, in quanto fondata sulla libertà dello spirito e indipendente da condizionamenti esterni. Colto da questo punto di vista, il libero arbitrio può essere riferito tanto all'uomo quanto a Dio. Anzi, considerato da questo punto di vista, il libero arbitrio è perfetto solo in Dio, in quanto solamente in Lui il libero arbitrio coincide con la perfetta libertà e semplicità dello spirito. Proprio per questo, quando confrontiamo l'agire divino con il nostro, non possiamo pensare che di fronte a Dio ci siano diverse opzioni come di fronte a

---

[49] *TSch*, III, 90.

noi: Dio, nell'assolutezza della sua libertà, non potrà che scegliere, sempre e comunque, il maggior bene.

Possibilità di associazione e necessità di distinzione si alternano nel confronto fra il piano divino e quello umano sempre sotteso alla pagina abelardiana, mentre l'analisi della Sapienza divina viene sviluppata ammonendo il lettore a non attribuire troppo facilmente determinati termini (e relativi concetti) alla natura di Dio.

In particolare, il Maestro Palatino concentra l'attenzione su ciò che bisogna tenere presente quando entrano in gioco il caso, l'inopinato: si può dire, in senso assoluto, che ci sono cose che avvengono a caso? Che fine farebbe l'assolutezza del quadro che è stato tracciato finora, al centro del quale campeggia l'affermazione che Dio può fare solo quello che fa e tralasciare solo quello che tralascia? C'è qualcosa, qualche aspetto della realtà, che sfugge a questa regola, facendo spazio all'indeterminazione del caso? Abelardo sente il bisogno di precisare che quando affermiamo che ci sono cose che avvengono casualmente, in modo fortuito, non stiamo facendo un'affermazione assoluta, non stiamo dicendo qualcosa che vale anche di fronte a Dio. Perché l'inopinato, il caso, vanno compresi «in riferimento a noi o alla natura delle cose, e non in riferimento alla disposizione della divina provvidenza»[50]. E precisa ulteriormente in un diverso passaggio:

> Dunque, qualunque cosa portiamo avanti, sia in modo fortuito, sia in modo premeditato, quello che facciamo lo possiamo fare solo perché è opportuno che sia fatto: e se non è opportuno sulla base del nostro, sarà opportuno almeno sulla base del suo libero arbitrio, perché nulla accade se non secondo quanto stabilito nel migliore dei modi dalla disposizione e dalla provvidenza di Dio. E anche se una cosa la facciamo a caso, tuttavia di fronte a lui nulla avviene a caso: infatti la sua provvidenza precede tutte le cose, e tutto quello che facciamo, avviene secondo la sua disposizione[51].

Infatti: «Non accade nulla che non provenga da qualche causa provvidenziale, almeno divina»[52].

Non si comprendono affermazioni di questo tipo, se non si tiene presente quanto Abelardo ci ha già insegnato trattando il tema della potenza divina: Dio, nella sua lungimiranza, è capace di ordinare anche i mali in modo tale che sia riaffermata la sua gloria. Certo è che quanto la *Theologia Scholarium* è andata maturando intorno al problema del rap-

---

[50] *TSch*, III, 85. Cfr. inoltre *TSch*, III, 95.
[51] *TSch*, III, 92.
[52] *TSch*, III, 93.

porto fra provvidenza e casualità, apre le porte ad una questione ben più ampia e complessa: quella della predeterminazione — dell'uomo e delle sue azioni — da parte di Dio.

Punto di partenza della meditazione abelardiana è, appunto, il fatto che in Dio non sussiste il caso e che la provvidenza divina precede tutto: tutto accade secondo la sua disposizione. Non è fuori luogo parlare, in parallelo alla già affermata onnipotenza, anche di un'altrettanto pervasiva onniscienza[53]. «In Dio prevedere è lo stesso che provvedere o anche sapere prima il futuro»[54].

> Certo, questo suo sapere o scienza comprende ugualmente le cose future come quelle presenti o passate, ed esiste sempre come certa sia rispetto a queste che rispetto a quelle. E fra quelle cose che esistono in natura, anche quelle che finora si dicono sconosciute o rette dal caso, per Dio sono già del tutto certe e determinate. Indubbiamente nulla può accadere se non secondo l'ordinamento della disposizione divina[55].

Abelardo si dilunga in una spiegazione articolata di queste affermazioni, avvalendosi della base offerta dalle riflessioni sviluppate da Aristotele nel I libro del *Peri Hermeneias*. Intento del Maestro Palatino è quello di chiarire le modalità di predicazione del termine «necessario», in vista di una corretta comprensione di tutti quegli asserti che sembrano chiamare l'uomo a confrontarsi con l'ineluttabilità delle cose previste da Dio. Per lo scopo di questa ricerca, non è necessario riprendere tutti i passaggi logici, ma è utile leggere con attenzione la conclusione dell'argomentazione, giocata sulla distinzione fra predicazione assoluta e predicazione determinata.

La predicazione assoluta della necessità non segue in alcun modo la predicazione determinata. Come infatti ciò che è, è necessario che sia quando è, e

---

[53] Marenbon affronta nella seconda sezione — *God's wisdom: divine foreknowledge and human free will* — del IX capitolo *Ethics, God's power and his wisdom*, il rapporto sussistente tra l'onniscienza e la prescienza divine in tensione con la libertà umana. I ragionamenti implicano anche la questione della «necessità», in Dio e nell'uomo. L'analisi è svolta dal punto di vista logico e coinvolge diverse opere abelardiane, nonché sistemi filosofici di altri autori. La conclusione dell'autore, a pagina 232, è la seguente: «Abelard himself, at least, belived he had succeeded in showing how future events can be foreseen and yet contingent, thereby providing good rational grounds for dismissing a determinism which would have been incompatible with his, and perhaps any Christian, moral scheme» (J. MARENBON, *The philosophy*, 226-232).
[54] *TSch*, III, 96.
[55] *TSch*, III, 84.

quello che avviene, è necessario che avvenga quando avviene: e tuttavia non per questo è assolutamente necessario che sia o che avvenga; allo stesso modo, anche ogni cosa che è stata prevista da Dio è necessario che avvenga, una volta che è stata prevista da lui: ma non è questa la causa, per cui è necessario che avvenga[56].

La predicazione determinata della necessità di una cosa è rivolta al fatto che ci sono determinate cause che danno ragione dell'essere o dell'avvenire di quella cosa. Tuttavia la predicazione determinata della necessità, non implica quella assoluta: ossia non dice ancora nulla riguardo al fatto che ciò che è o avviene, doveva essere o avvenire in ogni caso. L'affermazione, secondo cui quello che Dio ha previsto è necessario che avvenga, può tranquillamente essere interpretata nella chiave di una necessità determinata. Infatti, tutto quello che avviene, è stato certamente previsto da Dio, perché Dio conosce tutte le cause e i relativi effetti. Ma questo suo prevedere non è necessitante rispetto a ciò che è previsto: lo diventa solo nel caso in cui le cose previste, siano anche immediatamente e positivamente volute[57]. Dio prevede quel che necessariamente avverrà in quanto prodotto da determinate cause, e il suo è un prevedere che coglie la necessità, ma non la produce. Se così fosse, ovvero se il suo fosse uno sguardo non solo previdente, ma anche necessitante, si cadrebbe in un determinismo assoluto.

Evidentemente, queste argomentazioni sulla necessità (e l'immagine di Dio soggiacente) hanno grosse ripercussioni sul piano dell'azione morale: senza la distinzione — ovvero in un'ottica «predestinazionista» — cadrebbe il polo della libertà. Si precluderebbe, così, la possibilità stessa di una semplice parola significativa sull'agire dell'uomo in quanto agire libero, consapevole e responsabile. Una delle tante, possibili ripercussioni della riflessione sulla prescienza, avviata da Abelardo, è proprio quella che investe il rapporto tra volontà, necessità e peccato:

> Ed è così anche riguardo al peccato: infatti, ogni peccato è più legato alla volontà che alla necessità; e procede dal libero arbitrio, piuttosto che da una predeterminazione della natura o da un impulso della provvidenza divina. Infatti la provvidenza, ossia la prescienza di Dio, non conferisce necessità alle cose, più di quanta ne conferisca la nostra prescienza o scienza. Come infatti

---

[56] *TSch*, III, 102.
[57] «Patenter ostendit nequaquam diuinam prouidentiam necessitatem euentibus rerum inferre magis quam nostram noticiam, [...] ita et cum recipimus de quolibet quia necesse est ipsum euenire, cum deus prouiderit uel sciat illud euenire, non ideo cogimur absolute recipere quia necesse sit euenire» (*TSch,* III, 110).

è necessario che una certa cosa avvenga quando Dio l'ha prevista, allo stesso modo è necessario che accada quando sono stato io ad averne prescienza o a prevedere che sarebbe accaduta, una volta che so o vedo che di fatto accade[58].

Il fatto che Dio preveda che un uomo pecchi, non lo rende responsabile del peccato: piuttosto, Dio «vede prima» che la volontà di quell'uomo, una volontà dotata di libero arbitrio, inclinerà al male. Ugualmente prevede, «vede prima», non solo la salvezza, ma anche le opere che la faranno ottenere:

> In realtà, Dio non ha previsto solo la salvezza di quell'uomo. Dio ha previsto anche le opere grazie alle quali egli l'avrebbe conseguita. Nella provvidenza divina c'erano sia la sua salvezza che le opere: per questo è necessario che, secondo quanto stabilito nella divina provvidenza, si verifichino anche le opere grazie alle quali siamo salvati[59].

Dio dona la salvezza, e prevede che un dato uomo si salverà: ma anche in questo caso, quello di cui si sta parlando non è un automatismo che scaturisce dalla prescienza divina. Piuttosto, nella sua prescienza Dio ha notizia anche delle opere meritorie, quelle che guadagneranno all'uomo il premio che solo Dio gli può concedere.

Più che il problema del rapporto fra grazia e libero arbitrio, pure affiorante tra le pieghe di queste considerazioni, quello che maggiormente interessa ai fini della presente ricerca, è che Abelardo non esita a riaffermare la consistenza del polo della libertà: e questo, tanto nel suo esito negativo (il peccato), quanto nel suo esito positivo (le opere meritorie).

La parte dedicata alla Sapienza divina si conclude con un paragrafo inteso ad articolare il tema della Provvidenza sotto il profilo di alcune problematiche che, solo accennate nella *Theologia Scholarium*, verranno puntualmente riprese nello *Scito te ipsum*, fino a diventare parte essenziale del nucleo dell'etica abelardiana. L'indagine speculativa riparte dalla seguente considerazione:

> Infatti ciò che Dio ha previsto, è necessario che avvenga, e in alcun modo può essere ostacolato: ma allora, vano è lo sforzo con cui si cerca di non far avvenire quello che è prefissato nella provvidenza divina, ed ugualmente vano è lo sforzo contrario, ossia lo sforzo compiuto nella speranza che possa avvenire qualcosa che non è stato previsto da Dio: e dunque, sia nell'uno che

---

[58] *TSch*, III, 107.
[59] *TSch*, III, 115.

nell'altro caso, sembra si tratti di un agire irrazionale, legato all'inganno causato da una errata valutazione delle cose[60].

Come dire: di fronte alla considerazione della prescienza divina, è necessario interrogarsi sul senso stesso dell'impegno della libertà. Il pensiero che tutto quello che dovrà accadere è già stato previsto da Dio, deve renderci avvertiti rispetto alla vanità di ogni nostro sforzo che non sia adeguato alla *ratio*, che inevitabilmente fa da sfondo alla provvidenza divina. Lo sguardo divino non è necessitante rispetto a ciò che vede, ma è necessario che il nostro sguardo si adegui al suo, se non vogliamo cadere nell'assurdo dell'irrazionalità. Quello che occorre, è dunque uno sguardo sapiente sulle cose, che ci consenta di cogliere la *ratio* secondo cui sono ordinate e di adeguare ad essa la nostra intenzione: questo tema, ovvero il tema dell'intenzione, sarà uno dei motivi centrali dell'*Ethica*.

Quello che appare particolarmente degno di nota, è che già nella *Scholarium* Abelardo inquadra l'oggetto su cui sta riflettendo entro due coordinate destinate a rimanere dominati nello sviluppo dell'*Ethica*: quella rappresentata dal rapporto dell'*intentio* con il mondo interiore, con la mente; e quella rappresentata dalla connessione fra l'intenzione stessa e l'universo extramentale. Il che dipende con tutta probabilità dal fatto che l'intenzione dice immediato riferimento al fine, e il fine è sempre qualcosa che rapporta l'interiorità (in cui viene stabilito), all'esteriorità (in cui viene perseguito). E così, Abelardo annota immediatamente che

> quando uno agisce sulla base di una certa causa o intenzione, ma in modo tale da conseguire non quello che aveva previsto, ma altro: allora non si può dire che abbia agito in modo previdente, quanto piuttosto che abbia agito senza discrezione. In tal caso, infatti, non c'è conformità tra i mezzi e il fine, e non si può mai parlare di retta intenzione quando questa è accompagnata dall'inganno della mente: e questo vale anche quando si tratta di azioni che vengono compiute per pia devozione[61].

Emerge con chiarezza quello che esprime la differenza tra la *Ratio* divina e la *ratio* umana. La Sapienza è la proprietà che esprime l'impossibilità di inganno in Dio: l'ordine razionale del creato — l'abbiamo visto — altro non è che il riflesso dell'eterna ragione in base alla quale il Creatore fonda e governa sapientemente tutte quante le cose,

---

[60] *TSch*, III, 115.
[61] *TSch*, III, 116.

tutto disponendo secondo la logica della sua provvidenza. E come potrà ingannarsi l'Artefice intorno a ciò di cui solo Lui conosce il segreto? Ben diversa è la condizione della creatura: anche se la ragione gli guadagna la somiglianza con Dio, essa deve fare i conti con il suo limite. Il giudizio di cui la creatura potrà essere capace, non sarà mai totalmente adeguato alla verità come quello divino. La mente umana è sempre a rischio di inganno, e pur avendo come fine il bene, l'intenzione ispirata da una intelligenza parziale o addirittura deformata delle cose, corre sempre il rischio di scegliere mezzi non adeguati allo scopo perseguito. Anche quando è intesa a promuovere azioni devote, l'intenzione può non essere retta.

Lo sviluppo di queste considerazioni, conduce Abelardo a focalizzare l'attenzione sul rapporto tra l'intenzione e l'azione esterna: e questo, unitamente alla nota che il giudizio di Dio si pone sul piano dell'interiorità e non su quello dell'esteriorità, ci porta su un terreno che sarà quello più tipico dell'*Ethica*. Non a caso, ritroveremo nell'*Ethica*[62] l'esempio che Abelardo presenta nella *Theologia Scholarium* per rendere plasticamente le sue idee.

> Ad esempio: uno prepara qualche cosa per provvedere alle necessità dei poveri, per procurare loro il necessario; ma, preceduto da una sfortunata casualità, perde quanto aveva preparato: e così, la sua buona azione non consegue l'effetto a cui era intesa. Forse quanto aveva preparato in vista dell'aiuto ai poveri, può essere considerato come opera ragionevole? non si dovrà piuttosto equipararlo al nulla? In realtà, una volta che è avvenuto quello che non era opportuno avvenisse, non si potrà parlare che di superfluo, piuttosto che di necessario. Infatti presso Dio, che valuta la volontà come fosse opera compiuta, sicuramente questa pia azione non sarà privata del premio[63].

Intenzione, certo. Ma anche ragione, volontà, azione, giudizio di Dio e giudizio dell'uomo: il quadro si complica, e dovremo attendere l'*Ethica* per cercare di coglierne tutte le implicazioni. Per ora, quel che risulta evidente, è che nel quadro della somiglianza voluta dal Creatore, l'uomo deve fare i conti con la inevitabile povertà della sua condizione:

> Tuttavia quanto era stato preparato per essere dato in beneficenza, appare come opera del tutto superflua; e l'occhio dell'intenzione non ha la semplicità che consente di vedere le cose chiaramente, in colui che incorre nell'errore dell'inganno: piuttosto, risulta frustrato proprio in ciò che aveva deciso fare,

---

[62] Cfr. ad esempio, il capitolo dell'*Ethica*, *Cur Deus dicatur inspector cordis et renum*, e la sua analisi, ad esempio, alla nota n° 204, pp. 147-148.
[63] *TSch*, III, 116.

credendo di doverlo fare per conseguire un determinato effetto; e pur avendolo fatto, non ha raggiunto affatto il suo scopo, essendo venuti meno tanto l'opera quanto i sacrifici[64].

La creatura non è onnipotente come il Creatore, e dunque i suoi sforzi possono andare a vuoto. Non è sapiente come Colui che le ha concesso una ragione partecipe della sua Sapienza, e dunque il suo giudizio è sempre esposto a rischio di inganno. «L'occhio dell'intenzione», come lo chiama Abelardo, nell'uomo, non sempre vive della semplicità della verità. Eppure, anche se quella vanificata dalle circostanze, dalla sfortuna non prevista non può essere considerata un'opera ragionevole, Dio non mancherà di valutare la volontà come se fosse opera compiuta. Alla volontà buona, il Creatore non mancherà di dare il suo riconoscimento. E questo perché Dio non è solo onnipotente e sapiente, ma è anche buono.

4. La Benignità divina

I pochi paragrafi del III libro della *Theologia Scholarium* — dal 117 al 120 — che trattano direttamente della terza proprietà divina, non ci offrono una descrizione della medesima. In essi viene piuttosto affrontato il legame con la *ratio*. Tuttavia è possibile rinvenire nel testo una definizione della bontà e delle sue relazioni con la volontà e la carità

> Infatti, la necessità interna a questa particolare natura e alla sua bontà, non è separata dalla sua volontà: e dunque, si tratta di una necessità che non può essere compresa come una costrizione in forza della quale Dio sarebbe indotto ad agire anche senza volerlo. Infatti, anche quando consideriamo il fatto che egli è necessariamente immortale o che deve necessariamente essere detto immortale, dobbiamo rilevare che nella natura divina non è possibile separare la necessità dalla volontà, dal momento che egli vuole essere proprio ciò che è necessario che sia (ossia ciò che non può non essere)[65].

La bontà è chiaramente identificata con la volontà, orientata al valore del bene. Da un'altra angolatura viene riaffermata la tutt'unità spirituale divina. La semplicità del Sommo Bene è tale da esprimere una perfetta coincidenza fra l'ordine della *ratio*, che è l'ordine della necessità, e l'ordine della volontà, che è l'ordine della libertà. Dio vuole proprio ciò è necessario che sia, perché in lui necessità e libertà, razionalità e arbitrio, non possono che coincidere.

---

[64] *TSch*, III, 116.
[65] *TSch*, III, 54.

Nel mondo delle creature, diversamente, libertà e necessità si oppongono dialetticamente, stanno l'una di fronte all'altra come due realtà finite sempre a rischio di escludersi a vicenda, qualora non vengano orientate alla sintesi che solo l'*intentio,* la tensione al bene può garantire: in fondo è questo lo spazio dell'etica, che si apre in vista di un sempre reiterato tentativo di composizione.

Non così in Dio. Nella perfetta semplicità che risulta dall'abbraccio dei tre, nella perfezione che deriva dalla «pericoresi» fra le proprietà, lo scarto è già da sempre superato: essere buono, per il Sommo, è una necessità radicata nella ragionevolezza della sua libertà, ad ulteriore garanzia di una onnipotenza che non può dispiegare altra logica che quella interna a se stessa. Per questo, in Dio, la necessità della bontà non può essere separata dalla sua volontà, e non può essere compresa nei termini di «una costrizione in forza della quale Dio sarebbe indotto ad agire anche senza volerlo»[66].

Come appare dal passaggio seguente, è il bene ad orientare, e non l'arbitrio: «Ma in tutte le cose che fa, Dio considera ciò che è buono: e dunque si può dire che nel fare le singole cose, è orientato più dal valore del bene che dall'arbitrio della sua volontà»[67].

Di quale arbitrio si sta parlando? È stato messo in evidenza come Abelardo ha definito il libero arbitrio sia in un senso più generico — come quasi coincidente con la libertà stessa; sia in un senso più specifico — come ciò che media fra la decisione della ragione e l'orientamento che la volontà è chiamata a prendere. Il Maestro Palatino ha dichiarato che si può parlare di libero arbitrio in riferimento a Dio solo nel primo senso: Dio è dotato di libero arbitrio non tanto perché può optare fra bene e male (la scelta del male lo farebbe entrare in contraddizione con se stesso, e risulterebbe quindi assurda), ma perché nella sua scelta del bene è totalmente libero, privo di condizionamenti esterni e spinto solo dalla sua esigenza interna. Ma anche se è questo il significato da tenere presente quando si parla di libero arbitrio in riferimento a Dio, è inevitabile che l'uso (comune) dell'espressione conservi in ogni caso un rimando — più o meno esplicito — all'altro significato, quello più specifico determinato dal riferimento alla varietà delle opzioni possibili.

Solo così si spiega la nota che il Maestro Palatino sente l'esigenza di evidenziare, quando afferma che l'agire divino è orientato dal valore

---

[66] Cfr. nota precedente.
[67] *TSch*, III, 33.

del bene, e non dall'arbitrio della volontà: se l'arbitrio esprime comunque un richiamo alla possibilità di scelte diverse, l'assolutezza della bontà divina risulterà più comprensibile alla luce del fatto che la libertà di Dio vive della connaturalità fra il Sommo e il maggior bene possibile, piuttosto che della possibilità fra opzioni diverse: «in tutte le cose che fa, Dio considera ciò che è buono», ed è buono, anzitutto, che venga perseguito ciò che è meglio. E Dio non può fare a meno di perseguire ciò che è meglio, dal momento che:

> C'è in lui tanta bontà e ottima volontà, da spingerlo ad agire non per costrizione ma spontaneamente. Dunque, tanto più deve essere amato per la sua stessa natura e quindi glorificato, quanto più la sua bontà è riconosciuta come qualcosa che non gli inerisce accidentalmente, ma piuttosto è insita in lui sostanzialmente e immutabilmente. E anzi, quanto più si esprime a partire da questa bontà, tanto più fermamente si conferma radicato in essa[68].

La persistenza, il rimanere fermi nel bene, va di pari passo con l'espressione del bene: la legge della benignità, dell'amore benevolente, è quella di trovare conferma nella sua espressione. Dio potrà esser riconosciuto tanto più degno di essere amato, quanto più le creature saranno in grado di ricambiare la sua benevolenza, quanto più sarà evidente che la bontà non è una sua qualità accidentale o estrinseca, ma che Lui è il Bene, l'unico Sommo Bene.

Ai fini del presente lavoro è utile ripercorrere altri testi abelardiani per cogliere un'ulteriore comprensione dello Spirito Santo. Egli è benignità, volontà stabile di bene, ma anche affetto[69]. «Certo la benignità, che con questo nome — Spirito — viene chiamata in causa in modo del tutto particolare, non è né potenza né sapienza alcuna, dal momento che essere benigno non consiste nell'essere sapiente o potente in qualcosa: in realtà, la benignità o benevolenza è da considerarsi più come affetto o effetto di carità»[70].

---

[68] *TSch*, III, 54.

[69] «Lo Spirito Santo, prima ancora di essere colto — agostinianamente — come legame reciproco fra Padre e Figlio, è compreso come affetto (*affectus*) di carità, come divino estendersi frutto dello slancio radicato nell'animo, nel cuore stesso di Dio» (S.P. BONANNI, *Abelardo*, 48).

[70] «Benignitas quippe ipsa, quae hoc nomine specialiter demonstratur, non est aliqua potentia siue sapientia, cum uidelicet benignum esse non sit in aliquo sapientem esse uel potentem, cuius que benignitas siue beneficentia magis secundum caritatis eius affectum siue effectum accipienda est» (*TSch* II, 122).

L'affetto è il dinamismo, la forza motrice e movente, lo stimolo, la tensione al bene senza cui la Potenza e la Sapienza non potrebbero esprimersi in pienezza:

> La processione dello Spirito è tale, che quando diciamo che procede dal Padre e dal Figlio, è come se dicessimo che l'affetto stesso della bontà di Dio giunge a effetto a partire dalla potenza divina, mediante l'opera moderatrice della ragione. Se infatti alla potenza mancasse di riuscire nella fase di realizzazione, all'affetto non seguirebbe alcun effetto. E se l'affetto si esprimesse dispondendo le cose senza alcuna sapiente provvidenza, non vi sarebbe alcun effetto conforme alla ragione: e non è possibile rendere grazie per cose gestite in modo inopportuno, né bisogna considerare come grazie e come bontà ciò che è portato avanti senza discrezione[71].

L'affetto è il legame tra Potenza e Sapienza, ma anche forza con cui Dio si estende e investe l'altro da sé: «Il procedere di Dio è il suo estendersi in qualche modo a qualcosa per affetto di carità, con lo scopo di compiacersene ed unirsi ad essa per amore»[72].

L'indissolubile vincolo d'amore, grazie al quale la divina potenza e la divina sapienza sono associate, è detto Spirito Santo: e in questo possiamo intendere la bontà o benignità di Dio. In forza di questa sua benevolenza egli si china su di noi per conferirci qualche suo beneficio: ed in qualche modo procede da sé verso di noi, estendendosi verso di noi prima per l'affetto della sua benignità, poi per l'effetto dell'operazione[73].

Volontà, benignità, affetto, quindi sono concetti da mantenere strettamente uniti. Si può affermare una circolarità in questo senso: l'affetto

---

[71] «Tale est autem spiritum a patre et a filio procedere ac si dicamus ipsum affectus benignitatis dei in effectum prodire ex potentia moderante ratione. Si enim potentia que efficiat desit, nullus effectus sequetur affectum. Quod si affectum nulla prouidentia sapientie gerat atque conducat, non est rationalis effectus. Neque ei quod indiscrete geritur ulle sunt referende gratie, nec pro gratia nec pro bono reputandum est quod nulla agitur discretione» (*Theologia Summi Boni* III, 89).

[72] «Procedere itaque dei est sese ad aliquam rem per affectum caritatis quodammodo extendere, ut eam videlicet diligat ac se ei per amorem coniungat» (*TSch* II, 123).

[73] «Hoc igitur amoris indissolubile uinculum, quo in omnibus optime componendis diuina potentia et coaeterna sapientia sibi sociantur et spiritus sanctus dicitur, ipsa dei bonitas siue benignitas intelligitur qua bona eius uoluntas, ad aliquod beneficium nobis impertiendum inclinans se, quodammodo ad nos procedit ex se, prius quidem per benignitatis affectum, postea per operationis effectum se ad nos extendens. Tunc uero in se per benignitatem remaneret, si sibi benignus esse posset, aliquam in se beneficientiam exercendo et aliquod sibi beneficium impendendo» (*TSch* II, 132).

è volontà di bene; la volontà è benignità affettuosa; la benignità è affetto volontario.

I pochi paragrafi dedicati alla bontà divina, ottengono la forza sintetica che li contraddistingue, dalla forza ricapitolatrice dell'oggetto in essi trattato: la benignità è, per così dire, il nome che la potenza ottiene quando è sapiente; è la perfezione che recupera il senso delle altre promuovendo il pieno riconoscimento del Sommo Bene come frutto dell'articolazione trinitaria della sua verità.

5. Ricapitolando

La proposta di lettura della *Theologia Scholarium* qui esposta ha lo scopo di fondare in Dio la struttura etica dell'uomo e di mostrare come l'*Ethica seu Scito te ipsum* poggi su una ben precisa teologia: non può essere considerato schietto testo filosofico, a partire dalle premesse qui contenute.

Se la creatura è realmente creata a immagine e somiglianza del suo Creatore, si deve dapprima abbozzare una ricerca su chi sia Dio, per trarne, solo in un secondo momento, tutte le conseguenze, pur non dimenticando che il piano divino e il piano umano non sono immediatamente sovrapponibili e che ciascuno rimanda inevitabilmente e incessantemente all'altro. Non si tratta mai di una semplice deduzione.

L'attività di Dio, pertanto, offre una chiave di lettura, seppur analogica, per interpretare l'attività etica dell'uomo e offrire le indicazioni per un sempre maggior sforzo di conformazione al progetto originario di Dio, offuscato dal peccato originale. La dipendenza dell'uomo da Dio è indubbiamente e primariamente ontologica, ma questo dato implica immediatamente il piano etico. «Tuttavia, non è assurdo affermare che Dio è potente anche in riferimento a quelle cose che possiamo fare noi, ed attribuire alla sua potenza tutto quello che facciamo: "in lui infatti viviamo, ci muoviamo ed esistiamo[74]", ed è lui che "opera tutto in tutti"»[75].

In Dio, come visto nel percorso appena compiuto, l'attività è caratterizzata dall'armonia delle sue proprietà che non sono, tuttavia, dissolvibili l'una nell'altra. Potenza, sapienza, benignità pur possedendo i propri tratti distintivi, non si muovono mai disgiuntamente. Al contrario ciascuna illumina l'altra, in una profonda pericoresi. «È dunque chiaro

---

[74] Cfr. At 17,28, mentre per la citazione seguente cfr. 1Cor 12,6.
[75] *TSch*, III, 21.

che come Dio non muta scienza e volontà, così neppure muta la sua potenza. Infatti, ciò che sa una volta lo sa sempre, e ciò che vuole una volta lo vuole sempre: allo stesso modo, la potenza che ha una volta, ce l'ha sempre, e non ne viene mai privato»[76].

> Dio è anche colui che, quello che sa in un determinato momento, lo sa per sempre; e quello che vuole in un qualsiasi momento, lo vuole per sempre: una volta sue, non perde mai una conoscenza e non muta mai volontà. Allo stesso modo, ciò che può in un determinato momento, lo può sempre, e non è mai privato della sua potenza[77].

Ma cos'è l'attività di Dio? «È la disposizione che egli ha in mente dalla eternità, ad essere chiamata opera sua nel momento stesso in cui giunge ad effetto»[78].

Quali sono gli effetti di tale attività? L'effetto «principale» dell'attività divina è la creazione, intesa nella sua globalità, alla quale — tuttavia — non può essere connessa la necessità:

> Per cui, pur essendo necessario che Dio di natura abbia una provvidenza e una volontà benevola riguardo alle cose, perché proprio questo è ciò che più conviene alla sua natura: tuttavia non per questo è necessario che la natura delle cose sia tale da implicare la loro esistenza, dal momento che esse avrebbero anche potuto non esistere affatto[79].

La bontà di Dio non dipende dalla creazione; in altre parole: la bontà di Dio non dipende dagli effetti della sua attività, dalla realizzazione storica della sua disposizione. L'effetto dell'azione — che non è legato a necessità — non inficia la bontà di Dio (e quindi nemmeno la potenza e la sapienza): tra la natura divina e l'effetto della sua azione non sussiste un rapporto meccanicistico[80].

E ancora: quale il fine di tale opera, di tale attività? Il fine di Dio — in termini, più abelardiani: l'intenzione di Dio — è Dio stesso, la sua gloria. Non è autoreferenza: non solo a motivo della Trinità, ma anche per-

---

[76] *TSch*, III, 64. Cfr. anche : «Ergo ubi non est uelle dei, deest posse. Deus quippe ut immutabilis nature, ita immutabilis est uoluntatis» (*TSch*, III, 38).
[77] *TSch*, III, 61.
[78] *TSch*, III, 68.
[79] Cfr. *TSch*, III, 53 e nota n° 203, p. 147.
[80] «Dio è carità. Dio è amore. Dio è in se stesso tensione amorosa, desiderio di comunicarsi, *affectus caritatis* eterno e sussistente anche a prescindere dall'*effectus* di cui noi possiamo non prendere atto contemplando il mondo e la storia» (S.P. BONANNI, *Abelardo*, 48).

ché a questo fine è destinato anche ogni singolo uomo, in quanto creato da Dio per partecipare alla sua eterna vita, alla sua luminosa verità.

Ma altrove lo stesso Apostolo dice anche: «Dio vuole che tutti siano salvi e che nessuno perisca»[81], secondo l'affermazione del profeta: «non voglio la morte del peccatore, ma piuttosto che si converta e viva»[82]. E la Verità stessa, dice alla città ostinata e degna di condanna[83]: «Quante volte ho voluto raccogliere i tuoi figli come una gallina raccoglie i suoi pulcini sotto le ali, e non hai voluto?»[84].

Il fine di Dio, pertanto, è lo stesso che Egli vuole per gli uomini. Specularmente ogni uomo dovrebbe volere il fine di Dio, Dio stesso, la Sua gloria e non il proprio arbitrio.

Ma a nessuno è lecito seguire la propria volontà in questo modo. E si dice che anche Cristo non abbia agito a suo piacimento: infatti non dobbiamo fare nulla per questo fine o intenzione, ossia perché lo vogliamo (o perché ci possiamo compiacere facendolo, ossia perché ne possiamo trarre diletto). Piuttosto, lo dobbiamo fare perché riteniamo che sia bene farlo[85].

---

[81] Cfr. 1 Tim 2,4.
[82] Cfr. Ez 33,11.
[83] Per la citazione biblica che segue, cfr. Mt 23,37.
[84] *TSch*, III, 23.
[85] *TSch*, III, 34.

CAPITOLO II

Il «soggetto» uomo: partecipazione al Sommo Bene

Sezione A: L'analogia creaturale

Dunque l'uomo è stato creato ad «immagine e somiglianza» di Dio. La *ratio*, come esplicitamente affermato dal Maestro Palatino, è il maggior contrassegno, il segno distintivo più eloquente della condizione privilegiata in cui l'uomo si trova a motivo del suo essere *imago Dei*: proprio tramite la «*ratio*, gli è dato di essere in rapporto di maggiore somiglianza»[1]. E proprio in quanto *imago Dei*, in ogni uomo è riconoscibile una struttura trinitaria dello spirito che ne presiede l'attività, e che è immediata espressione dell'autonomia del soggetto. Infatti, precisa Abelardo, quasi a garantire lo spazio necessario allo sviluppo della sua *Ethica*: «il consenso[2] e la volontà sono sempre in nostro potere»[3].

Inoltre la *ratio* non consente solo di conoscere Dio. Essa è anche strumento per distinguere il bene dal male: «fai uso del giudizio della

---

[1] Cfr. *TSch*, III, 3.

[2] Il consenso non è qui identificato con la *ratio*, anche se avremo modo di constatare che i due concetti sono in stretta correlazione. Al punto attuale della ricerca è opportuno verificare come si presentino la potenza, la *ratio* e la volontà nell'uomo, nel confronto con le medesime proprietà divine, ovvero come si esprima l'analogia creaturale.

[3] *Ethica, Quid sit animi uicium et quid proprie dicatur peccatum*, p. 26, rr. 2-3; cfr. Ilg., p. 16, rr. 423-424.

ragione per discernere il bene e il male, e per argomentare intorno alla natura stessa del creatore e a quella delle creature»[4].

Pertanto si apre lo spazio per un confronto tra l'attività divina e l'attività umana, per l'indagine relativa alla struttura etica dell'uomo, nella disposizione al bene e al male, in analogia a quella divina. Per poter confrontare la tutt'unità spirituale di Dio e la tutt'unità spirituale dell'uomo, che è l'analogia fondante, è opportuno soffermarsi dapprima sulle singole proprietà.

A.1 *Potenza, ratio, volontà nell'uomo*

L'*Ethica seu scito te ipsum* consente questo confronto analogico? Ci propone questa analogia fondante? Ci mostra come si presentino nell'uomo la potenza, la *ratio* e la volontà? Come articola la struttura etica umana?

Evidentemente non è sufficiente rintracciare nel testo i semplici termini, anche perché la ricerca risulterebbe assai deludente. Ugualmente il testo non è stato scritto in parallelismo alla *Theologia Scholarium*, destinato ad un confronto immediato. Tuttavia diversi sono i passaggi in cui è possibile rintracciare o rinvenire questo confronto analogico, che, anche quando non esplicitato, risulta essere il presupposto alla ricerca etica e alla sua esplicitazione.

A.1.1 La potenza umana

La Potenza divina è la proprietà che consente a Dio di portare ad effetto tutto ciò che vuole. Considerato che anche l'uomo, come si è detto, ha un suo potere, e precisamente il potere che gli deriva dal controllo del consenso e della volontà, si può istituire un parallelo che Abelardo descrive in questi termini, come abbiamo già visto: «Infatti Dio potrebbe fare solo quello che effettivamente fa e tralasciare solo quello che effettivamente tralascia; mentre perfino noi — che siamo di gran lunga più deboli — possiamo fare o tralasciare molte cose che di fatto mai facciamo o tralasciamo»[5].

Per certi versi, quella che emerge dal confronto potrebbe apparire come una situazione paradossale. Dio è «obbligato» a comportarsi come di fatto si comporta, mentre noi siamo più «liberi»: potremmo fare cose che di fatto non facciamo, e potremmo evitare cose che di fatto

---

[4] *TSch*, III, 4.
[5] Cfr. *TSch*, III, 46, già citato p. 60.

poniamo in opera. Il punto critico di tutta la questione è, come abbiamo visto, la convenienza: Dio vuole tutto quello che è conveniente alla sua natura, e il suo potere consiste nel poter portare ad effetto tutto ciò che vuole. La sua potenza è sempre e comunque legata alla convenienza, sempre e comunque adeguata al convergere dei fili di una trama ordita secondo la forza necessitante della *ratio*.

Noi, invece, siamo di gran lunga più deboli. Se la potenza divina è in stretta relazione con la convenienza, la potenza umana, sminuita dalla debolezza, può anche dirigersi verso qualche cosa di non conveniente alla natura umana: è proprio per questo che siamo più «liberi» di Dio, è proprio per questo che di fronte a noi, di fronte alla nostra «potenza», stanno obiettivi diversi e ugualmente possibili. In realtà la libertà, in senso vero e proprio, è quella espressa dall'autodeterminazione al bene: è proprio il fatto che non può volgersi al male, il fatto che non può andare contro se stesso, a segnalare che Dio è, al contempo, l'infinitamente potente e l'infinitamente libero. La nostra, è una libertà sempre accompagnata da quello che Abelardo ha avuto cura di definire come libero arbitrio in senso stretto — ovvero quello che difficilmente può essere attribuito a Dio, come si è visto sopra –: e questo è il libero arbitrio che media tra la decisione della ragione e la volontà di portarla ad effetto. E così l'uomo è potente come Dio è potente: ma la potenza umana sta nel gioco della contingenza dei possibili, segnata a tal punto dal suo stesso limite da potersi volgere verso ciò che non è conveniente alla natura che la esprime. Potremmo chiederci se è ancora potenza, una potenza così.

Abelardo afferma che nonostante tutto, anche quando la potenza dell'uomo si rivolge verso qualche cosa di non conveniente per la natura umana, di antropologicamente negativo, di peccaminoso, essa rimane potenza. «Ma se consideriamo il fatto che abbiamo il potere di peccare o di fare il male, possiamo renderci conto che questo potere ci è stato concesso da Dio non senza ragione»[6].

La potenza umana risulta essere quindi la possibilità etica di ogni uomo, che nella decisione di adesione al bene o al male, compie un atto che corrisponde o meno a quanto conviene alla sua stessa natura. L'opzione per il bene o il male è opzione comunque legata alla potenza, ossia al potere di modulare il consenso e la volontà, perché, come il Maestro Palatino ricorda, «il consenso e la volontà sono sempre in nostro potere»[7]. Sempre in nostro potere, sempre tali da testimoniare che l'uomo è padro-

---

[6] *TSch* III, 47, già citato a p.61.
[7] Cfr. nota n° 3, p. 79.

ne dei propri atti come Dio è padrone dei suoi atti. L'essere spirituale, proprio perché spirituale, è sempre dotato di un potere di autodeterminazione, che dice la sua responsabilità rispetto agli atti che compie. Non deve dunque stupirci che Abelardo parli di «potere» anche a proposito del demonio. «Ma poiché il demonio compie sotto lo stimolo della sua malizia ciò che Dio gli permette di fare, si dice appunto che il suo potere è buono o anche giusto, sebbene la sua volontà sia sempre ingiusta. Quello infatti lo ha da Dio, mentre questa l'ha da sé»[8].

Anche in questo caso si può parlare di una «potenza», derivante da Dio, che consente un'attività spirituale, nella modulazione della volontà. La volontà del demonio, giudicata «ingiusta», non elimina né la potenza in sé, né il fatto che questa sia «buona» o «giusta», in quanto derivante da Dio.

Questa riflessione sulla potenza che anche il diavolo conserva, benché totalmente volto al male, ci consente di comprendere meglio il senso delle affermazioni abelardiane, e, al contempo, di cogliere con più chiarezza le tensioni interne al suo testo. Ogni potere, anche quello che il diavolo stesso si ritrova tra le mani, viene da Dio. Il fatto che poi venga usato male, non deve farci pensare che la verità, e la consistenza del dono che Dio ha fatto, finiscano per essere cancellate. L'uomo rimane «potente» anche quando pecca: a testimonianza del fatto che quella potenza era stato Dio a concedergliela, facendolo a sua immagine; e a gloria di Colui che saprà trasformare anche quel cattivo uso del dono fatto, in una ulteriore occasione per manifestare la sua potenza, come onnipotenza sapiente e buona: *o felix culpa…!*[9]. Non senza ragione, dunque, Dio ha concesso all'uomo il potere di peccare.

A.1.2 La *ratio* umana

La Sapienza divina[10] è stata esaminata, nel corso del primo capitolo, come una forza di discernimento, ordinata alla conoscenza integrale delle cose, ossia capace di cogliere la natura e la proprietà delle cose. Ed in nulla può essere ingannata, in nessun caso può fallire l'obiettivo della verità, perché è in lei che tutte le cose rimangono fondate e perfet-

---

[8] *Ethica, Quid sit animi uicium et quid proprie dicatur peccatum*, p. 28, rr. 21-24; cfr. Ilg., p. 19, rr. 483-487.
[9] Dall'Annunzio della Veglia Pasquale, in *Messale Romano*, «Veglia Pasquale», 1129.
[10] Cfr. *TSch*, III, 83, già citato p. 64.

tamente governate. È nel segreto della Sapienza che rimane custodita la verità di tutte le cose.

La *ratio* umana è il primo riflesso nella creatura delle perfezioni del Creatore, il segno più eloquente del fatto che l'uomo è stato fatto «ad immagine e somiglianza» di Dio[11]. E anche nell'uomo, la ragione non potrà essere altro che forza di discernimento: forza di discernimento dell'ordine sotteso al creato, criterio che permette di riconoscere il *cosmos* voluto dal creatore come espressione della sua bontà, come realtà buona perché riflesso del Bene che Egli è. E dunque il discernimento della verità delle cose, è anche inevitabilmente e immediatamente riconoscimento del bene che le cose sono nella loro verità di creature volute dal Dio buono[12].

Scegliere bene, significa scegliere conformemente alla *ratio*. Scegliere bene, significa amare l'opera di Dio per quello che essa effettivamente è, riconoscendone l'intima *ratio* alla luce della *ratio* di cui lo spirito intelligente è nativamente dotato. Scegliere bene significa apprezzare Dio nella sua opera, accogliendo pienamente il dono di ragione che egli ha fatto alla creatura che ha voluto più simile a sé. La *ratio* è dunque anche forza ordinata a quel discernimento del bene, che appare preliminare indispensabile alla scelta: «Non può contrarre una colpa per il disprezzo di Dio,

---

[11] «L'uomo si presenta, fra le realtà creaturali, quella che più da vicino può essere paragonata a Dio. Egli ottiene, guadagna questo particolare rapporto di similitudine grazia alla ratio. Dal che consegue anche che l'oggetto proprio della *vim rationis*, ciò verso cui è orientata prima che ad ogni altro oggetto la tensione della ragione stessa, è quel Dio a somiglianza del quale l'uomo, il vivente ragionevole, è fin dall'inizio concepito. Il motivo classico dell'uomo immagine di Dio è recuperato all'interno di una prospettiva originale, giocata sul rinvenimento di un parallelismo fra le tensione spirituale che presiede la dinamica della vita divina e la tensione spirituale che dice la vicenda e la realtà stessa dell'uomo: al cuore del parallelismo, quasi chiave di volta dell'itinerario abelardiano, il concetto stesso di *ratio*» (S.P. BONANNI, *Parlare della Trinità*, 300).

[12] «La ragione è quella facoltà mediante la quale l'uomo è reso capace di riflettere su quanto lo circonda e comprenderne l'intimo ordinamento, quella facoltà che permette all'uomo di cogliere la *ratio*, la misura originaria ed originale di ogni aspetto del reale, ciò per cui ogni realtà è tale e non altra: e gradualmente, passando dalla considerazione delle singole realtà ad una prospettiva sintetica, la *ratio* svela se stessa come dinamismo unificante ed orientante, l'uomo prende coscienza di essere l'espressione più matura di un universo che tende verso qualcosa come verso la sua pienezza» (S.P. BONANNI, *Parlare della Trinità*, 303).

chi non è ancora in grado di distinguere con la ragione che cosa debba fare»[13].

Nell'*Ethica* il termine *ratio* appare poche volte e non vi è alcuna definizione di esso. Tuttavia esso risulta previo a tutta quanta l'indagine. Infatti, come avremo modo di vedere meglio in seguito, lo *Scito te ipsum* è una riflessione sul peccato, quel peccato che Abelardo definisce fondamentalmente come disprezzo di Dio: ma una tale riflessione non potrebbe neppure iniziare se non fosse presupposta la *ratio*, dal momento che: «ci può essere colpa e disprezzo di Dio solo dove c'è la conoscenza di lui e la ragione»[14].

Se non si conosce Dio, se non c'è la *ratio* a garantire una certa intelligenza, non è possibile neppure disprezzarlo: perché non è possibile disprezzare quello che non si conosce. Questo significa che proprio la *ratio*, in quanto forza che consente di discernere il bene e il male, è ciò che permette di meritare o peccare: «Propriamente tuttavia si dice peccato lo stesso "disprezzo di Dio o il consenso al male", come si è detto sopra. Dal peccato inteso in questo senso sono esenti i fanciulli e coloro che sono idioti per natura; costoro infatti non possono meritare perché privi di ragione»[15].

Il quadro che Abelardo va tratteggiando nel focalizzare la sua attenzione sulla condizione creaturale tipicamente umana — quanto agli animali, infatti, si può dire che possiedano in qualche modo una volontà, ma non si può dire che siano dotati di ragione[16] — chiederà di essere arricchito dallo studio di diversi fattori (l'ignoranza, le circostanze, la negligenza, l'errore, i vizi, la *mala voluntas*... saranno chiamati in gioco più avanti) che permetteranno di evidenziare i limiti e i condizionamenti in cui si trova ad operare la *ratio* dell'uomo: ma nulla potrà mettere in dubbio il fatto che, nonostante la sua debolezza e i limiti che gli derivano dal contesto, è proprio la *ratio* ad individuare il punto di congiunzione fra il Creatore e la creatura.

---

[13] *Ethica, Quid sit animi uicium et quid proprie dicatur peccatum*, p. 22, rr. 5-7; cfr. Ilg., p. 14, rr. 355-356.

[14] *Ethica, De peccatis spiritualibus uel carnalibus*, p. 40, rr. 21-23; cfr. Ilg., p. 27, rr. 699-700.

[15] *Ethica, Quot modis peccatum dicatur*, p. 56, rr. 18-22; cfr. Ilg., p. 37, rr. 967-971.

[16] «Etsi enim bruta animalia quaedam pro uolontate sua facere possunt uel dimittere, quia tamen iudicio rationis carent, liberum non habent arbitrium» (*TSch*, III, 87).

A.1.3 La volontà umana

La volontà umana, a differenza di quella divina che è Benignità, che non può non essere buona, può essere sia buona che cattiva. E la misura indispensabile a stabilire la bontà o meno della volontà umana, è la stessa volontà divina. Buona volontà è quella che, almeno nella tensione, corrisponde e si sottomette alla volontà divina; cattiva volontà è quella che si contrappone alla volontà divina[17]. La nostra volontà cattiva è per noi come un nemico: su di essa noi possiamo riportare il trionfo della vittoria.

> Questo nemico è appunto la nostra volontà cattiva sulla quale riportiamo trionfo quando la soggioghiamo alla volontà divina; ma non la eliminiamo mai del tutto per avere sempre un nemico contro cui combattere. Infatti, che cosa facciamo di grande per onorare Dio, se non sopportiamo nulla di avverso alla nostra volontà, e preferiamo fare quello che piace a noi? E chi avrà riconoscimento per noi, se nelle azioni che diciamo di compiere per lui diamo soddisfazione alla nostra volontà? Ma potresti dire: che merito acquistiamo presso Dio per l'azione che portiamo a compimento, sia che la portiamo a compimento secondo il nostro volere, sia che la portiamo a compimento nostro malgrado? Rispondo: certamente nessuno: Dio, infatti, nel dare il premio, guarda e pesa l'animo piuttosto che l'azione; e l'azione non aggiunge nulla al merito, sia che proceda da una volontà buona o da una volontà cattiva, come mostreremo più avanti. Quando poniamo la sua volontà prima della nostra, così da seguire la sua e non la nostra, otteniamo un grande merito presso di lui, secondo l'agire perfetto della Verità, che dice[18]: «Non sono venuto per fare la mia volontà, ma quella di colui che mi ha mandato»[19].

Abelardo non offre alcuna spiegazione del perché la volontà dell'uomo possa anche volgersi al male: è il mistero del male, che contiene un paradosso. Infatti: la volontà appartiene alla struttura ontologica umana e non può essere eliminata; tuttavia, siccome può volgersi anche al male, il soggetto umano deve continuamente vigilare su di essa. L'attenzione va posta in questo senso: se da una parte il male, la concupiscenza, il peccato originale hanno offuscato la tensione al bene della volontà umana, e quindi non è possibile riparare completamente questa infermità, dall'altra è possibile opporre resistenza alla *mala vo-*

---

[17] Cfr. nota n° 85, p. 78.
[18] Per la citazione biblica che segue, cfr. Gv 6,38.
[19] *Ethica, Quid sit animi uicium et quid proprie dicatur peccatum*, p. 12, rr. 10-25; cfr. Ilg., pp. 7-8, rr. 181-198.

luntas, impedendole di diventare stabile e quindi vizio. Anche in questo senso «la volontà è sempre in nostro potere»[20].

Quando poniamo la sua volontà prima davanti alla nostra, così da seguire la sua e non la nostra, otteniamo un grande merito presso di lui, secondo l'agire perfetto della Verità, che dice: «Non sono venuto per fare la mia volontà, ma quella di colui che mi ha mandato»[21]. Ed a questo esorta noi pure, quando dice: «Se qualcuno viene dietro a me e non odia suo padre, sua madre e perfino l'anima sua, non è degno di me»[22], cioè se non rinuncerà ai loro suggerimenti o alla sua propria volontà, per sottomettersi interamente ai miei precetti. Se ci viene comandato di odiare il padre, non di ucciderlo, altrettanto si dica della volontà; non dobbiamo seguirla, ma non siamo tenuti a distruggerla dalle fondamenta. Colui infatti che dice: «Non seguire le tue concupiscenze e volgiti contro la tua volontà»[23] ci comanda di non accondiscendere alle nostre concupiscenze, ma non di esserne privi. La prima cosa è vizio, mentre la seconda cosa è impossibile a causa della nostra infermità[24].

La volontà è definita come «debolezza necessaria»[25] (*infirmitas necessaria*). Potrebbe essere interpretata anche come «necessità debole», dove lego la necessità alla struttura naturale, o meglio, ontologica dell'uomo, che deve corrispondere analogicamente alla struttura trinitaria; e dove lego il fatto che sia debole al mistero del male, al limite creaturale, al peccato originale e alle sue conseguenze, alla libertà personale, alla storicità in genere.

La volontà umana, pertanto, può essere *bona* o *mala*: «Allora poiché la virtù consiste nella buona volontà, del pari il peccato consisterà nella volontà cattiva»[26].

Tuttavia non è possibile porre una stretta identità tra il peccato e la cattiva volontà. Infatti: la cattiva volontà non necessariamente è peccato[27] e, vice versa, il peccato non necessariamente deve essere identifica-

---

[20] Cfr. nota n° 3, p. 79.
[21] Gv 6,38.
[22] Lc 14,26.
[23] Qo 18,30.
[24] *Ethica, Quid sit animi uicium et quid proprie dicatur peccatum*, p. 12, rr. 22-34; cfr. Ilg., p. 8, rr. 194-209.
[25] Cfr. *Ethica, Quid sit animi uicium et quid proprie dicatur peccatum* e nota n° 30, p. 87.
[26] *Ethica, Quid sit animi uicium et quid proprie dicatur peccatum*, p. 6, rr. 13-14; cfr. Ilg., p. 4, rr. 76-77.
[27] Marenbon sostiene che Abelardo introduca il termine *contemptus* per definire il peccato, proprio nell'*Ethica*, per evitare confusioni nell'ampio spettro linguistico dei

to con la *mala volontas*[28]. Non solo perché può essere combattuta (nei limiti delle possibilità sopra ricordate), evitando che essa diventi vizio, ma anche perché a volte si pecca «senza alcuna cattiva volontà».

> Poiché a volte pecchiamo senza alcuna cattiva volontà e poiché la stessa cattiva volontà, raffrenata e non estinta, dà la palma a quelli che sanno resistere, offrendo loro occasione di lotta ed una corona di gloria[29], non si deve dire che essa stessa sia peccato, quanto piuttosto una debolezza necessaria[30].

Dalle citazioni si evince che si può peccare senza volontà cattiva: infatti, esiste un consenso al male senza volontà; è il caso, ad esempio, del servo che ha ucciso il suo padrone[31]. Vice versa, vi può essere

---

termini *velle/voluntas* e per non identificare istintivamente la volontà con il peccato, come invece può accadere nella lettura di altre opere" abelardiane (cfr. J. MARENBON, *The philosophy*, 258-260).

[28] «Constat itaque peccatum non numquam committi sine mala penitus uoluntate, ut ex hoc liquidum sit quod peccatum est uoluntatem non dici» (*Ethica, Quid sit animi uicium et quid proprie dicatur peccatum*, p. 10, rr. 25-27; cfr. Ilg., p. 7, rr. 162-164).

[29] 1Pt 5,4.

[30] *Ethica, Quid sit animi uicium et quid proprie dicatur peccatum*, p. 6, rr. 20-24; cfr. Ilg., p. 4, rr. 84-89.

[31] «Ecce enim aliquis est innocens in quem crudelis dominus suus per furorem adeo commotus est, ut eum euaginato ense ad interimendum persequatur, quem ille diu fugiens et quantumcunque potest sui occisionem deuitans, coactus tandem et nolens occidit eum ne occidatur ab eo. Dicito mihi quicumque es, quam malam uoluntatem habuerit in hoc facto. Volens siquidem mortem effugere uolebat propriam uitam conseruare. Sed numquid haec uoluntas mala erat? Non, inquies, haec arbitror, sed illa quam habuerit de occisione domini persequentis. Respondeo, Bene et argute dicis, si uoluntatem possis assignare in eo quod asseris. Sed, iam ut dictum est, nolens et coactus hoc fecit, quod quantum potuit uitam incolomen distulit, sciens quoque ex hac interfectione uitae sibi periculum imminere. Quomodo ergo illud uoluntarie fecit, quod cum ipso etiam uitae suae periculo commisit? Quod si respondeas ex uoluntate id quoque esse factum, cum ex uoluntate scilicet mortem euadendi, non dominum suum occidendi, constet in hoc eum esse inductum, nequaquam id refellimus, sed, ut iam dictum est, nequaquam uoluntas ista tamquam mala est improbanda, per quam ille, ut dicis, mortem euadere, non dominum uoluit occidere, et tamen deliquit consentiendo, quamuis coactus timore mortis, iniustae interfectioni quam eum potius ferre quam inferre oportuit. Gladium quippe accepit per se, non traditum sibi habuit a potestate. Vnde Veritas "Omnis", inquit, "qui acceperit gladium gladio peribit". "Qui acceperit", inquit, "gladium" per presumptionem, non cui traditus est ad exercendam ulcionem. "Gladio peribit", hoc est, dampnationem atque animae suae occisionem ex hac temeritate incurrit. Voluit itaque, ut dictum est, ille mortem euadere, non dominum occidere. Sed quia in occisione consensit in qua non debuit, hic eius iniustus consensus qui occisionem precessit, peccatum fuit. Quod siquis forte dicat, quia uoluit inter-

un'accondiscendenza alla cattiva volontà senza reale consenso. «Vi sono poi taluni cui rincresce profondamente essere trascinati ad accondiscendere alla concupiscenza, o alla cattiva volontà, mentre sono costretti per l'infermità della carne a volere ciò che non vorrebbero volere»[32].

Di fatto il termine «volontà», *voluntas*, risulta essere uno dei più complessi dell'*Ethica* dal momento che assume uno spettro semantico assai ampio e quindi lascia presupporre un'articolazione del concetto soggiacente di volta in volta differente. Ritengo che uno dei rischi maggiori, ad una lettura superficiale dello *Scito te ipsum*, sia proprio quello di un fraintendimento pregiudiziale, talora a partire del concetto attualmente legato alla volontà, talora a causa della varietà stessa di significati, del termine *voluntas* nel testo stesso. Basti rileggere l'esempio del servo che uccide il proprio padrone[33] per verificare quante volte e in quanti sensi diversi venga utilizzato il termine ad un ritmo serrato. Quasi ironicamente si può riportare un ammonimento dello stesso Maestro Palatino: «E spesso le parole risultano variare a tal punto, che una stessa voce finisce per essere traslata da un significato all'altro: e se volessimo seguire l'identità delle voci piuttosto che stare attenti alla diversità di senso, finiremmo per trovare gli autori in contraddizione con se stessi»[34].

E la complessità del termine ci rimanda alla complessità della struttura antropologica, in contrasto con la semplicità di Dio. In Lui, infatti, volontà, benignità, affetto sono intimamente congiunti, espressione dello Spirito. Nell'uomo, come appena verificato, volontà e benignità non sempre vanno di pari passo.

Inoltre il termine sembra oscillare tra due grossi ambiti: talora sembra indicare delle semplici inclinazioni[35], talora sembra designare il luogo della decisione morale[36]. Grossolanamente si potrebbe distinguere così, parlando nel primo caso di «volontà» (intesa come sinonimo di

---

ficere dominum suum propter hoc ut mortem euaderet, non ideo simpliciter inferre potest quia uoluit eum occidere» (*Ethica, Quid sit animi uicium et quid proprie dicatur peccatum*, p. 6-8, rr. 24-34.1-23; cfr. Ilg., pp. 4-5, rr. 90-128).

[32] *Ethica, Quid sit animi uicium et quid proprie dicatur peccatum*, p. 16, rr. 22-24; cfr. Ilg., p. 10, rr. 261-263.

[33] Cfr. nota n° 31, p. 87.

[34] «atque in tantum etiam uariare, ut sepe uocem eandem de una significatione sic ad aliam transferant, ut si uocis idemtitatem magis quam sensuum diuersitatem sequamur, ipsos [gli esperti di una data disciplina] sibi contrarios reperiamus» (*TSch* II, 90).

[35] Cfr., ad esempio, nota n° 30, p. 87.

[36] Cfr., ad esempio, nota n° 19, p. 85.

«desiderio», «appetito cieco») e nel secondo di «atto di volontà» (inteso come qualcosa di stabile che rimanda alla *ratio*). Ma questa opera di «traduzione» non deve fossilizzare quel processo ermeneutico cui Abelardo stesso ci rimanda, pena il supporre una contraddizione nell'autore o un fraintendimento dello stesso.

Tuttavia — in ogni senso in cui il termine venga interpretato o definito — sembra che possa essere inteso come affetto, e precisamente nel senso di dinamismo che porta tendenzialmente all'azione, sia essa sostenuta da una *bona* o da una *mala voluntas* (mentre in Dio è sempre un *affectus benignitatis*, come più volte ripetuto). In questo senso si può accondiscendere alla *mala voluntas* o alla concupiscenza senza un reale consenso. In questo senso la *bona voluntas* è il dinamismo interno delle virtù e la *mala voluntas* dei vizi. In questo senso è possibile combattere la *mala voluntas*.

A.1.4 «Imago Dei»

Risulta evidente, da quanto esposto finora, che ogni uomo possiede una qual certa potenza, *ratio* e volontà. Tale intuizione è confermata da un passo della *Expositio in Hexameron*, in cui Abelardo — commentando Gen 1,26 — considera la creazione «ad immagine e somiglianza» di Dio data proprio dalla potenza, dalla sapienza e dall'amore.

> Pertanto, come si è detto, data l'eccellenza della sua anima, l'uomo è stato fatto in modo da esprimere una singolare somiglianza con le persone divine: infatti, proprio per la potenza, la sapienza e l'amore, è stato preposto a tutti gli altri viventi, e concepito come la creatura più simile a Dio. In realtà, l'anima umana, in ragione della potenza della sua natura, è sicuramente superiore a qualsiasi altra: perché lei sola è stata creata immortale, e lei sola non conosce difetto. Lei sola, inoltre, è capace di ragione, ed è partecipe della sapienza e dell'amore divino. Infatti, quelli che non possono conoscere Dio con la ragione, non possono neppure amarlo. E queste tre caratteristiche — potenza, sapienza e amore — sono comuni tanto al maschio che alla femmina: ed è per questo che ci viene ricordato che tutti e due sono stati fatti a somiglianza di Dio, lì dove si dice[37]: «Il giorno in cui Dio creò l'uomo, lo fece a somiglianza di Dio: maschio e femmina li creò»[38].

---

[37] Per la citazione biblica che segue, cfr. Gen 1,27.

[38] «Homo itaque, ut dictum est, secundum animae dignitatem ad similitudinem singularem personarum factus est, cur per potentiam et sapientiam et amorem caeteris praelatus animantibus Deo similior factus est. Eo quippe anima humana per propriae naturae potentiam caeteris omnibus validior est, quod sola immortalis et defectus

Potenza, sapienza e amore: questo è l'uomo. Le proprietà che dispiegano l'articolazione del dinamismo spirituale che Dio è nella semplicità della sua perfetta trinità, le ritroviamo nello spirito creato, nel vivente che il Creatore ha voluto a sua immagine e somiglianza. Le ritroviamo nell'uomo, potenza sapienza e amore, come perfezioni dell'anima. Perché anche nel caso dell'uomo, come in Dio, la potenza che l'anima rappresenta in quanto principio di attività spirituale, è perfetta nella perfezione della ragione sapiente e della volontà amante: perché solo la ragione sapiente e la volontà amante dispiegano il movimento dell'anima in modo tale che, nell'orientamento alla semplicità della Verità e del Bene, sia confermata nella sua tutt'unità spirituale.

Nell'uomo, la potenza esprime dunque la possibilità stessa di un dinamismo spirituale; la *ratio* dice la capacità di discernimento necessaria affinché il dinamismo possa configurarsi come ordinato; la volontà segnala l'inclinazione, la spinta che il dinamismo esprime una volta posto in atto[39].

Ma nella forte analogia che Abelardo stabilisce sulla base del commento a Gen 1,26, fra il ritmo triadico della vita divina e quello ugualmente triadico della spirito umano, affiora una differenza che non si può trascurare: mentre il dinamismo spirituale divino è sempre in vista della verità e del bene, quello umano può anche orientarsi al male.

Si è visto come, nell'uomo, la potenza può essere sempre definita tale: ma questo non toglie che può attuarsi in modo sconveniente alla natura che in essa chiede di esprimersi. In questo caso, ciò che si nasconde die-

---

ignara est condita. Sola quoque capax est rationis et sapientiae et divini amoris participes. Quae enim Deum recognoscere pro ratione nequeunt, nequaquam eum diligere possunt. Et haec tria tam viro quam feminae communia sunt, unde utrique ad similitudinem Dei facti memorantur cum in sequentibus dicitur : "In die qua creavit Deus hominem, ad similitudinem Dei fecit illum masculum et feminam creavit eos"» (*Expositio in hexameron*, PL 178, col.761 B).

[39] «Contemplare, rivestirsi: il mistero della vita divina non sembra non poter essere colto che nei termini di un intimo dinamismo. Dinamismo in cui sono destinati a rimanere coinvolti anche gli uomini. Lo Spirito promuove i suoi fedeli gradualmente, facendoli partecipi del "movimento" triadico che ritma l'esistenza stessa di Dio: a poco a poco, i fedeli sono chiamati ad ascendere al Sommo Bene. La vita spirituale è infatti un cammino verso il Padre che può essere compiuto solo nella potenza dello Spirito, grazie alla mediazione del Figlio. Prendiamo coscienza di essere destinati a diventare specchio della gloria di Dio, quando ci accorgiamo che la similitudine esistente tra anima e *nous*, nel momento in cui lo Spirito comincia a vivificare le nostre anime come se fossero i suoi corpi, viene ad instaurarsi in qualche modo anche tra noi e il Figlio» (S.P. BONNANI, *Parlare della Trinità*, 287-288).

tro quella che rimane potenza in quanto espressione di una possibilità concessa, è in realtà una debolezza. La *ratio*, da parte sua, può essere inficiata da diversi fattori; mentre la volontà può anche risolversi in una *mala voluntas*. Pertanto, in Dio la Potenza, la Sapienza e la Benignità sono da considerarsi proprietà che non possono perdere il proprio *status* di persone divine in se stesse perfette; nell'uomo, esse sono perfezioni possibili delle *potentiae* — o facoltà[40] — dell'anima; o, se si vuole, perfezioni dell'unica *potentia* che l'anima è, come dice Abelardo, per natura sua.

Volendo tentare l'elaborazione di uno schema sintetico, che rischia tuttavia di irrigidire un quadro destinato a rimanere mosso e sfumato nei testi del Maestro Palatino, ma che può risultare comunque utile a fare il punto della situazione in vista di ulteriori approfondimenti, potremmo abbozzare la seguente traccia:

DIO:

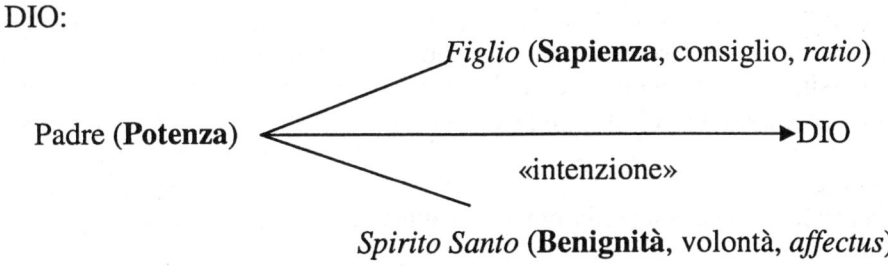

UOMO:

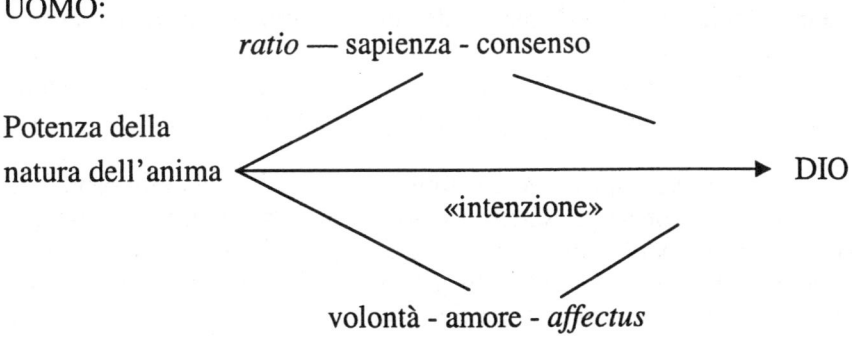

---

[40] D'ora in avanti, nel presente testo, *ratio* e volontà verranno definite come «facoltà», non solo per evitare confusioni tra la potenza e le *potentiae*, ma anche per rimandare alla loro possibilità di un diverso orientamento al bene o al male.

Sono stati fatti entrare volutamente in gioco alcuni termini che avrò modo di approfondire andando avanti nella ricerca.

E comunque, soffermandoci ancora un poco a considerare la rilevata analogia fra la triade in quanto espressiva delle proprietà divine e la stessa triade in quanto espressiva delle perfezioni dell'anima umana, è forse utile fare subito un rilievo. L'analogia ha certamente dei limiti strutturali, in quanto è difficile pensare il rapporto fra il Padre-potenza divina e le altre due persone divine nei termini di un rapporto fra l'anima e le sue facoltà: non a caso, proprio Abelardo, per parlare della Trinità, farà entrare in gioco altre similitudini, privilegiando infine quella del sigillo di bronzo[41].

D'altra parte anche nella Trinità il Padre, la Potenza è principio fontale della divinità, così come l'anima è il principio del dinamismo che nella ragione sapiente e nella volontà amante chiede di essere dispiegato. *Ratio* e volontà possono quindi essere intese come potenze (*potentiae*) nel senso che articolano la potenza che l'anima è. Se *ratio* e volontà fossero statiche, non potessero esprimersi, si dovrebbe ammettere una qual certa necessità nell'attività spirituale. Ma questo smentirebbe due volte il concetto di creazione ad «immagine e somiglianza»: non solo perché si negherebbe la libertà divina, ma perché si introdurrebbe una necessità finanche nell'attività divina, necessità che — come abbiamo visto in precedenza — è stata chiaramente rifiutata dal Maestro Palatino.

A.2 *L'armonia e la disarmonia delle facoltà umane*

Dunque, nella sua unità personale, ogni uomo è spirito capace di esprimersi in modo tale da rivelare una trina articolazione, riflesso del «volto» trinitario del Creatore. Ma — come già considerato — mentre tutto ciò che viene dal Sommo Bene è buono e in vista del bene, non così per l'uomo.

Se in Dio l'attività spirituale è caratterizzata dall'unità delle proprietà, dall'armonia dei «principi» che presiedono l'agire divino, non sempre si può dire lo stesso per l'uomo. Di fatto, quando si è in presenza del peccato, almeno una delle due facoltà che articolano l'esprimersi della potenza insita nella natura stessa dell'anima umana, risulta in qualche modo compromessa. E menomata, di conseguenza, è la potenza stessa (che a questo punto, pur rimanendo potere — il potere di peccare, come s'è visto — quasi converrebbe chiamare debolezza).

---

[41] Cfr. ad es. *TSch* II, 112-113.

CAP. II: IL «SOGGETTO» UOMO

Se la ragione e volontà si danno nell'unità che solo la retta tensione dello spirito può garantire, si apre lo spazio per il merito; se devia anche una sola delle due, si apre lo spazio per il demerito e il peccato. Sono infatti queste due, la *ratio* e la *voluntas*, quando non attendono al Vero e al Bene, che consentono al peccato di emergere, e di provocare quella che potremmo definire una «interferenza» all'interno del quadro stabilito dal consiglio divino.

Se l'orizzonte «etico» che si apre di fronte a Dio è quello di chi vive della coincidenza fra libertà e necessità — che solo la perfetta tutt'unità spirituale divina può garantire —, l'orizzonte «etico» che si apre di fronte alla creatura è quello dell'arbitrio (libero anch'esso) fra le diverse opzioni, che solo lo scarto nella dinamica dello spirito può motivare.

L'uomo, creato a immagine di Dio, rimane altro da Dio: si tratta di un'alterità che proprio il riferimento garantito dalla somiglianza può consentire di misurare. Innegabilmente l'uomo è spirito come Dio è spirito, creatura destinata all'armonia della tutt'unità spirituale che solo con l'equilibrio e la piena realizzazione delle sue facoltà può essere conseguita. Creato a immagine di Dio per la potenza di una natura che chiede di esprimersi in sapienza e amore, egli realizza il suo desiderio di felicità grazie ad un cammino che gli consente di raggiungere Dio, nel riconoscimento del Sommo Bene come «suo» sommo bene: e tutto questo proprio grazie al pieno recupero della similitudine che la perfezione delle facoltà che articolano il dinamismo spirituale dell'anima può fondare e garantire.

Come il riconoscimento della perfezione del Sommo Bene — che è lo scopo della teologia — passa per la «ricapitolazione» della divine proprietà (che è poi tutt'uno con l'abbraccio fra le tre persone) dispiegate nel disegno dell'economia, così il riconoscimento dell'autenticità dell'orientamento al bene — che è l'obiettivo dell'etica — passa per l'integrazione e la perfezione della facoltà, intese a dispiegare il dinamismo dello spirito creato. E dunque, nella misura in cui ragione e volontà si presentano ad esprimere una potenza spirituale umana unificata e unificante (così come sapienza e benignità divine si presentano come espressioni dell'unica e semplicissima potenza divina), sarà riconoscibile un'analogia stabilita su una somiglianza fra l'autonomia assoluta dello spirito increato e quella relativa dello spirito creato: ma questa somiglianza fra l'assoluta (in quanto perfetta) semplicità di Dio e quella relativa (in quanto *in fieri*) dell'anima umana — per essere pienamente compresa — esige di essere approfondita sotto il profilo dei fattori che presiedono l'articolazione del dinamismo spirituale della creatura. Ora, in base a quanto abbiamo detto, questo approfondimento non potrà non essere condotto sotto un duplice profilo:

a) quello relativo all'integrazione delle facoltà fra loro;

b) quello legato al contesto più ampio segnato dalle corrispondenze fondate sulla *imago Dei*.

Ci troviamo, a questo punto, come di fronte a un quadro che chiede di essere esplorato, secondo due coordinate indispensabili al riconoscimento dell'orizzonte dell'*Ethica*. Possiamo partire dalla considerazione del rapporto tra le facoltà.

A.2.1 «Ratio» e volontà

Vi sono dei casi in cui la volontà benigna, la carità[42], non è informata dalla *ratio*: è l'ipotesi contenuta nel seguente esempio.

> Ecco un caso: una povera donna ha un bambino lattante e non ha sufficienza di panni per il bambino che vagisce nella culla e per sé. Mossa allora da compassione per il bambino, se lo pone accanto per riscaldarlo coi propri panni e finalmente superata nella sua debolezza dalla forza della natura, soffoca senza volerlo il bambino, mentre lo abbraccia con immenso amore[43].

È fuori dubbio che l'azione sia compiuta con amore, per benignità, con una volontà di bene. Tuttavia ne risulta un omicidio, ovvero un'azione contraria alla *ratio*: in questo caso la volontà «supera» la *ratio*.

Il vescovo punisce la madre, sebbene motivato non da una reale colpa della donna, ma dall'esempio che deriva da tale punizione. Eppure l'esigenza di dare una punizione esemplare si innesta direttamente su un desiderio di ordine umano e sociale, il più conforme possibile all'ordine divino, al *cosmos*.

---

[42] Marenbon stabilisce una distinzione nel concetto di *caritas* in Abelardo: «Abelard uses this concept of amor to make a very general division of types of love: true love (amor), on the one hand, which is altruistic in intention, and false love, on the other hand, which is selfish. Caritas, which Abelard continues to define as he had done in the drafts, is a species of true love — true love which is honestus, "that is to say (uidelicet), which is directed to the end which is fitting". Altruism is, then, a necessary but not a sufficient condition for charity; and Abelard would in theory distinguish between altruistic but wrongly directed love (for which he has no name) and selfish love (which he calls "false friendship" or "cupidity")» (J. MARENBON, *The philosophy*, 289).

[43] *Ethica, Cur opera peccati magis quam ipsum puniatur*, p. 38, rr. 13-18; cfr. Ilg., p. 25, rr. 658-663.

Si crea quindi una situazione paradossale: relativamente a questo atto, la donna è buona ma non corretta. Non possiamo affermare che l'atto nella sua globalità sia moralmente giusto. Se da una parte la sproporzione della volontà non rende la donna totalmente colpevole, dall'altra non la rende nemmeno totalmente giusta. Quindi possiamo affermare che quando vi è una asimmetria tra volontà e *ratio*, tra carità e verità, in favore della prima, è necessario rilevare uno squilibrio destinato in qualche modo a pesare sul versante etico.

Come pure è destinato a pesare sul versante etico uno squilibrio di segno opposto. Nel senso che la donna dell'esempio che abbiamo appena considerato è ispirata da una volontà buona e ingannata da una ragione limitata, che non tiene conto delle possibili conseguenze del suo gesto nelle concrete circostanze in cui è posto in atto, prima fra tutte la circostanza fatale della debolezza della sua natura, incline a cedere alla stanchezza. Ma si possono dare anche situazioni in cui lo «squilibrio» è tale da essere legato in primo luogo alla cattiva inclinazione dell'animo, a una volontà negativamente orientata, piuttosto che al cattivo o inadeguato uso della ragione: è il mistero della concupiscenza, che ora richiamiamo per sottolineare come Dio, nella perfetta semplicità del suo spirito, non può che avere una «anima» inclinata al bene, una volontà buona perfettamente adeguata alla intelligenza sapiente e onnisciente del vero. Al contrario la condizione dell'anima umana è quella di poter essere inclinata al male anche in presenza dell'intelligenza del vero e del bene.

> E sebbene la concupiscenza come la volontà siano solo stati dell'anima (non possiamo infatti desiderare qualche cosa se non volendo), pure si parla di una concupiscenza della carne così come di una concupiscenza dello spirito. «La carne infatti, dice l'Apostolo, ha desideri contrari allo spirito e lo spirito contrari alla carne»[44], cioè l'anima per il piacere che prova nella carne appetisce cose che tuttavia rifugge e giudica condannabili alla luce della ragione[45].

Concupiscenza e volontà sono distinte, ma non separate. Abelardo ci dice che si può concupire solo quando si vuole: la concupiscenza è un «appetito», una inclinazione che esprime la volontà di conseguire qualcosa maturata dal soggetto: *non enim concupiscere uel desiderare aliquid nisi uolendo possumus...*, anzi, ad essere precisi, dall'anima del soggetto: *quamuis concupiscentia solius sit animae sicut et uoluntas....* Riemerge qui l'ambiguità del concetto stesso di volontà, sospesa fra

---

[44] Gal 5,17.
[45] *Ethica, De peccatis spiritualibus uel carnalibus*, p. 40, rr. 25-32; cfr. Ilg., p. 27, rr. 703-710.

l'idea di inclinazione informata dalla ragione e appetito cieco, capace di andare lì dove la ragione proibirebbe di andare. Certo è che questa specie di *mala voluntas* che è la concupiscenza, contraria alla tensione dello spirito e adeguata a quella della carne, rischia di pesare negativamente sulla stessa capacità di discernimento della ragione. Esaminiamo, a questo proposito, il caso paradossale a cui Abelardo accenna offrendo la definizione di carità all'inizio della *Theologia Scholarium*.

> La carità è l'amore onesto, cioè l'amore diretto al fine che conviene; al contrario, l'amore disonesto e turpe viene chiamato cupidigia. In realtà, l'amore è la volontà buona verso l'altro considerato in se stesso: ossia la volontà con cui scegliamo di comportaci verso l'altro nel modo in cui crediamo sia bene per lui che ci comportiamo, desiderando questo più a suo che a nostro vantaggio. Spesso infatti accade che, odiando qualcuno e volendo in qualche modo liberarci di lui, desideriamo che sia portato alle altezze celesti per poter godere della superna gloria: e certamente, nulla di meglio gli potrebbe capitare. Ma questo non lo desideriamo per amore suo, dal momento che lo desideriamo più per noi che per lui stesso, intendendo conseguire in tutto questo non tanto il suo utile, ma il nostro. Anche se forse in tutto questo desideriamo qualcosa di meglio per lui che per noi, cercando per noi più la miseria della vita presente che la gloria della vita futura[46].

Indubbiamente, in questo esempio, siamo di fronte a un soggetto animato da una volontà sicuramente cattiva, e non possiamo più dire che la *ratio* ad essa associata sia buona. Certo, sembra avvertirci Abelardo, la *ratio* che guida il soggetto non è cattiva sotto tutti i profili: se la potessimo immaginare libera da quella cattiva volontà, quello che viene pensato in odio all'altro e volendo liberarsi di lui, potrebbe forse essere forse riconosciuto come il suo maggior bene. E dunque, se «l'amore è... la volontà con cui scegliamo di comportaci verso l'altro nel modo in cui crediamo sia bene per lui», l'odio dovrebbe essere la volontà con cui scegliamo di comportarci verso l'altro nel modo in cui crediamo sia male per lui: ma

---

[46] «Caritas uero est amor honestus, qui ad eum uidelicet finem dirigitur ad quem oportet, sicut econtrario cupiditas amor inhonestus ac turpis appellatur. Amor uero est bona erga alterum propter ipsum uoluntas, qua uidelicet optamus ut eo modo se habeat quo se habere bonum ei esse credimus, et hoc eius potius quam nostri causa desideramus. Sepe namque contingit ut, aliquem odientes et ab eo quoquo modo nos liberare uolentes, optemus eum ad coelestia iam transferri et superna illa gloria frui, quo melius ei contingere nichil potest. Nec id tamen eius amore gerimus quia pro nobis id potius quam pro ipso agimus, nec tam illius utilitatem quam nostram in hoc intendentes. Cui fortassis in hoc ipso melius quam nobismetipsis optamus, magis adhuc presentis uitae miseriam quam futurae gloriam nobis cupientes» (*TSch* I,3).

siamo proprio sicuri, sembra farci notare Abelardo, che la *ratio* sottesa alla morte augurata sia un male? Il soggetto animato da cattiva volontà è un soggetto che facilmente si inganna: la sua *ratio*, chiamata a lavorare in un contesto segnato dall'ambiguità del male, facilmente perde la sua capacità di adeguarsi alla vera *Ratio*, quella il cui segreto è custodito nella Sapienza divina, per essere poi manifestato dall'opera in cui quella stessa *ratio* è manifestata.

Non possiamo non sottolineare il carattere paradossale del ragionamento portato avanti da Abelardo: e nello stesso tempo, la sua efficacia nel parlarci dell'uomo come un universo in tensione, alla continua ricerca di realizzare quella tutt'unità spirituale che in Dio è già da sempre realizzata.

Da quanto detto, si può facilmente intuire come e quanto siano legate la *ratio* e volontà: ciascuna delle due facoltà dell'anima, senza l'altra, rischia di sbiadire e perdere la sua forza. Una volontà priva della luce di una *ratio* ad essa adeguata, rischia di generare un amore emotivo, sentimentale, forse anche personale, ma non capace di comprendere la realtà. Una volontà senza *ratio*, tende a rapportarsi con il fine ultimo con disordine, con tortuosità, su di una via che facilmente può deviare. Una *ratio* priva della tensione di una volontà ad essa conforme, rischia di diventare insipida, sterile, incapace di far emergere la verità della libertà sottesa a ogni autentica ricerca di senso. Come nell'estremo precedente, quella che rischia di venire meno è una reale interpretazione della realtà, perché una ragione senza volontà non potrebbe percepire il fine ultimo nella sua pienezza e totalità.

Ecco quindi che la moralità completa di ogni uomo deve essere intesa come potere/potenza di amore interpretante e interpretazione amante, in relazione alla convenienza (destino/progetto) della natura umana. Il soggetto agente quindi può giungere a riconoscere Dio nell'esistenza quotidiana e ad incontrarlo in pienezza solo in un continuo sforzo verso la potenza di *ratio* e volontà, in una tensione che crea e custodisce il rapporto personale, nella continua cura della tutt'unità spirituale. Per il Maestro Palatino è l'unica risposta degna dell'uomo creato ad «immagine e somiglianza» del suo Dio.

Ratio e volontà come sapienza e amore: l'uomo creato a immagine di Dio è chiamato ad esprimere la potenza spirituale della sua anima nel dinamismo armonico delle sue facoltà. Ma se la Potenza divina è sempre comunque perfetta nel suo esprimersi provvidente, lo spirito creato deve fare i conti con la verità del limite: del limite legato alla finitudine implicita nello stato creaturale, così come del limite legato al mistero del male.

La creatura può e deve cercare l'armonia che Dio vive nell'infinito della sua perfetta vita, nell'impegno necessario a riconoscere e perseguire il bene: è questo che la fa essere sempre più buona, sempre più simile a Dio Sommo Bene.

Nel quadro della somiglianza, viene ad essere fondato tanto l'ordinamento della creatura al Creatore, quanto la sua autonomia, il suo essere chiamata a decidere da sé, in forza della ragione e della volontà — di cui Dio l'ha dotata facendola a sua immagine — del proprio orientamento alla verità e al bene.

Lo spazio dell'etica è infatti lo spazio dell'autoconferma libera — e dunque responsabile - della potenza spirituale che Dio ha dato di essere, per natura, all'anima umana. Autoconferma che dice una ricerca di equilibrio destinata ad esprimersi nella dialettica fra *ratio* e volontà: è l'armonia fra le potenze che conferma il soggetto buono come Dio l'ha creato e lo fa crescere nel bene, dispiegando l'analogia fra la tutt'unità spirituale divina e quella umana attraverso una maturazione che non può non essere anche conformazione delle facoltà umane alle rispondenti perfezioni divine. La *ratio* matura come sapienza, la volontà come amore: e l'anima umana recupera l'unità e la semplicità della sua potenza, avvicinandosi all'Unico Sommo Bene grazie alla crescita in quella somiglianza che gli è stata nativamente conferita.

Sezione B: l'analogia alla prova

Abbiamo visto che l'orientamento umano al bene e al vero dipende dalla potenza di *ratio* e *voluntas*, che partecipano del Bene e del Vero divini, a immagine e somiglianza dei quali esistono. Tuttavia diversi fattori possono menomare la dialettica tra le facoltà umane il cui rapporto può, pertanto, risolversi in una disarmonia che si allontana dalla perfezione divina. Detti fattori sono suggeriti ed analizzati nell'*Ethica* stessa e sono: il piacere, la tentazione, il desiderio, la concupiscenza, la suggestione e l'ignoranza.

La presente sezione si apre precisamente con l'analisi dei fattori appena citati, propedeutica alla successiva analisi del peccato (e il ruolo dei vizi annesso) all'interno del sistema etico abelardiano. Solo dopo queste due tappe sarà possibile cogliere nella loro completezza e pienezza i concetti di «intenzione», «fine», «consenso», nell'uomo e stabilire l'analogia con i corrispettivi concetti considerati in Dio. Infatti è solo dopo che si è esaminata la possibilità umana di rivolgersi tanto al bene quanto al male che si può cogliere nella sua compiutezza l'analogia tra l'intenzione, il fine e il consenso divino e umani.

B.1 *I fattori che possono creare disarmonia tra le facoltà*

B.1.1 Il piacere, la tentazione

Il piacere, *delectatio*, è un elemento intrinsecamente legato a determinate azioni. Il piacere sembrerebbe, pertanto, non avere alcun ruolo in ordine alla moralità personale, se fosse considerato solo come elemento «secondo natura». «Da tutte queste considerazioni penso che risulti chiaro come nessun piacere carnale che sia secondo natura ha da ritenersi peccato, e come non sia da attribuirsi a colpa degli uomini che essi provino diletto in ciò a cui non si può giungere senza sentire necessariamente un piacere»[47].

Il piacere carnale, pertanto, così come il piacere dato dal cibo, è un piacere «secondo natura», o meglio, e più radicalmente, «reso necessario dalla natura». «Se uno, per esempio, costringe un religioso, dopo averlo incatenato, a giacere insieme a donne e quegli è trascinato per la mollezza del letto e per il contatto con le donne che lo circondano, non già al consenso bensì al piacere, chi si arrogherebbe il diritto di chiamare peccato un piacere del genere, reso necessario dalla natura?»[48]. Evidentemente un tale piacere non può essere imputato come peccato. La polemica contro gli avversari che condannano qualsiasi tipo di piacere appare manifesta nel passo seguente:

> Ma i miei oppositori incalzano di nuovo col dire che l'unione coniugale e il mangiare con diletto ci sono stati concessi non già in quanto sia stato concesso a noi il piacere che proviamo in quegli atti, ma nel senso che essi devono essere compiuti del tutto senza che il piacere li accompagni. Ma se è così, è certo che tali atti ci sono stati concessi in un modo nel quale non possono affatto verificarsi; né fu una concessione ragionevole quella che ha disposto che l'azione fosse concessa in un modo nel quale è certo che non può avvenire[49].

---

[47] *Ethica, Quid sit animi uicium et quid proprie dicatur peccatum*, p. 20, rr. 12-15; cfr. Ilg., p. 13, rr. 324-327.
[48] *Ethica, Quid sit animi uicium et quid proprie dicatur peccatum*, p. 20, rr. 15-19; cfr. Ilg., p. 13, rr. 327-332.
[49] *Ethica, Quid sit animi uicium et quid proprie dicatur peccatum*, p. 20, rr.1-6; cfr. Ilg., p. 12, rr. 312-318.

Quindi il Maestro Palatino, considerando il piacere come un elemento strutturale della natura umana, libera il soggetto da una morale oppressiva, rigorista, impossibile — a causa della natura stessa — da attuare. Tuttavia, come accennato all'inizio del paragrafo, il piacere non è analizzato da Abelardo solo nella sua valenza positiva, ovvero nel suo essere «secondo natura». È elemento positivo finché non supera i limiti della sua stessa concessione. Esiste, dunque, un ambito di competenza umana, etica, dato dalla «misura» dello stesso piacere. «Se dunque il giacere con la moglie o il mangiare con piacere ci è stato concesso fin dal primo giorno della nostra creazione, quando ancora si viveva in paradiso senza peccato, chi ci potrebbe in ciò accusare di peccato se non oltrepassiamo i limiti di tale concessione?»[50].

Infatti, il piacere gioca un ruolo in ordine alla moralità personale, dal momento che può diventare elemento negativo ed essere gradino che porta al peccato se supera la giusta misura. «Quando dunque l'Apostolo dice: "Non vi colga tentazione, se non umana", è press'a poco come se dicesse: Se l'animo è trascinato dal piacere che è, come si è detto, la tentazione umana, esso non vi trascini fino al consenso in cui consiste il peccato»[51].

Da ricordare che, per Abelardo, la dinamica del peccato è la seguente: suggestione, piacere, consenso, atto peccaminoso[52].

Ulteriormente: nell'analisi del piacere, va sottolineata l'immagine di Dio che ne emerge. Infatti, coloro che affermano la non bontà del piacere negano la bontà della creazione; coloro che affermano che si dovrebbero compiere quegli atti che di natura comportano piacere senza tuttavia provare piacere, di fatto, professano un dio tiranno che esige dall'uomo cose per le quali non è stato creato.

Abelardo, al contrario, con la precisazione riportata qui di seguito, da una parte vuole salvaguardare la bontà della creazione (e quindi di Dio), dall'altra lascia comunque aperto lo spazio della libertà umana, nella considerazione della «misura» del piacere che può anche portare al peccato. «Finalmente Dio stesso, creatore dei cibi e dei corpi, non sarebbe immune da colpa, se avesse posto in loro quei sapori i quali, per il piace-

---

[50] *Ethica, Quid sit animi uicium et quid proprie dicatur peccatum*, p. 18, rr. 29-32; cfr. Ilg., p. 12, rr. 307-311.
[51] *Ethica, Quid sit animi uicium et quid proprie dicatur peccatum*, p. 34, rr. 30-34; cfr. Ilg., p. 23, rr. 601-605.
[52] Cfr. *Ethica, Quid sit animi uicium et quid proprie dicatur peccatum*. Le indicazioni sono riportate alla nota precedente.

re che danno, costringerebbero di necessità gli uomini che se ne nutrono a peccare»[53].

Il termine «piacere» talora è considerato come sinonimo di «tentazione», *temptatio*. «Se l'animo è trascinato dal piacere che è, come si è detto, la tentazione umana, esso non vi trascini fino al consenso in cui consiste il peccato»[54].

Tuttavia non è affatto facile fornire un'analisi in grado di delineare con precisione il rapporto piacere / tentazione, perché il termine tentazione viene associato ad altri termini ed è di difficile definizione. «Quando dunque diciamo che il peccato o tentazione si può compiere in tre modi, cioè con la suggestione, con il piacere, con il consenso, si ha da intendere che spesso attraverso queste tre cose siamo condotti all'operazione del peccato, come accadde ai nostri primi progenitori»[55].

Tentazione in generale si dice qualunque inclinazione dell'animo a fare qualche cosa di illecito, sia che si tratti di volontà o di consenso. Tentazione umana si dice quella senza cui non può stare che raramente o mai la nostra infermità umana, come la concupiscenza della carne o il desiderio del cibo accompagnato da piacere, da cui chiedeva di essere liberato colui che diceva: «O Signore, toglimi dalle mie necessità»[56], cioè da quelle tentazioni di concupiscenza che sono divenute per noi quasi naturali e necessarie, affinché non mi spingano all'assenso; che io possa piuttosto essere del tutto libero da esse con la fine di questa vita piena di tentazioni[57].

La tentazione, pertanto, è dapprima assimilata al piacere, poi al peccato ed infine all'inclinazione[58], in diretta relazione con la volontà e il consenso. Ma ad una attenta analisi del testo, la tentazione risulta essere quel moto dell'animo «quasi naturale e necessario», dato dalla natura umana, come la «concupiscenza della carne o il desiderio del cibo», al quale possiamo tuttavia non assentire. La tentazione, come il vizio che esaminerò

---

[53] *Ethica, Quid sit animi uicium et quid proprie dicatur peccatum*, p. 18, rr. 13-16; cfr. Ilg., p. 11, rr. 289-292.
[54] Cfr. nota n° 51, p. 100.
[55] *Ethica, Quid sit animi uicium et quid proprie dicatur peccatum*, p. 32, rr. 23-25; cfr. Ilg., p. 21, rr. 556-560.
[56] Sal 24,17.
[57] *Ethica, Quid sit animi uicium et quid proprie dicatur peccatum*, p. 34, rr. 21-30; cfr. Ilg., p. 23, rr. 590-600.
[58] Si tratta dell'unico passaggio nel testo dell'*Ethica* in cui appare il termine «inclinazione», *inclinatio*. Qui viene presentato come sinonimo di tentazione.

in seguito, è una «qualunque inclinazione dell'animo a fare qualche cosa di illecito», e quindi, come il vizio, va combattuta.

B.1.2 Il desiderio e la concupiscenza

Per affrontare l'analisi del desiderio, *desiderium,* occorre ripercorrere la distinzione tra il desiderio in sé e il consenso al desiderio che lo stesso Abelardo pone:

> Egli desidera i frutti di un altro, giacché non dubita che ciò gli recherebbe godimento. È la stessa natura della sua infermità a spingerlo a desiderare ciò che non gli è lecito prendere, senza che il padrone lo sappia o glielo permetta. Egli reprime il suo desiderio, ma non lo può eliminare del tutto; però non commette peccato perché non si lascia indurre all'assenso. Ma dove ci portano tutti questi esempi? A chiarire una volta per tutte che in simili casi non si può chiamare peccato la volontà stessa o il desiderio di fare ciò che non è lecito, ma piuttosto, come si è detto, il consenso alla volontà e al desiderio [...]. Non è pertanto peccato desiderare la donna di altri o giacersi con lei, ma piuttosto acconsentire a simile desiderio o a simile azione[59].

Il desiderio appartiene all'uomo, alla sua debolezza («è la stessa natura della sua infermità a spingerlo a desiderare») ed è legato al piacere («giacché non dubita che ciò gli recherebbe godimento»). Di per sé non è elemento negativo o peccato: solo il consenso al desiderio — in quanto consenso e non in quanto desiderio — è peccato.

Anche in questo caso vi è uno spazio per la responsabilità e il comportamento umano, per l'esercizio della moralità: il desiderio, pur non essendo del tutto eliminabile, può essere represso, «Egli reprime il suo desiderio, ma non lo può eliminare del tutto; però non commette peccato perché non si lascia indurre all'assenso».

Tale distinzione offre al Maestro Palatino anche una regola esegetica nei confronti della Sacra Scrittura: «La legge chiama appunto desiderio

---

[59] «Desiderat itaque fructus illius esum in quo delectationem esse non dubitat. Ipsa quippe suae infirmitatis natura compellitur id desiderare quod inscio domino uel non permittente non licet accipere. Desiderium ille reprimit, non extinguit, sed quia non trahitur ad consensum, non incurrit peccatum. Quorsum autem ista? Vt denique pateat in talibus ipsam quoque uoluntatem uel *desiderium* faciendi quod non licet nequaquam dici peccatum, sed ipsum potius, ut diximus, *consensum* [...]. Non est itaque peccatum uxorem alterius concupiscere uel cum ea concumbere sed magis huic concupiscentiae uel actioni consentire» (*Ethica, Quid sit animi uicium et quid proprie dicatur peccatum*, pp. 14.24, rr. 9-16.14-16; cfr. Ilg., pp. 9.16, rr. 218-227.404-406.).

questo consenso al desiderio, quando dice: "Non desiderare"⁶⁰. Infatti non dovette essere proibito il desiderare, cosa che non possiamo evitare e nella quale, come si è detto, non pecchiamo; bensì di acconsentire al desiderio»⁶¹.

Questa citazione ci permette di sollevare il concetto di «desiderio» da qualsiasi sospetto di essere un «male intrinseco». Non solo nel desiderare non pecchiamo, dal momento che non possiamo evitare di farlo, ma il desiderio fa parte della bontà della creazione: «Come si può pensare che Dio abbia creato quei frutti affinché noi li mangiamo, o che in noi stessi abbia posto il desiderio e quasi la fame di essi, se non ci fosse possibile mangiarli senza commettere peccato? Ed anche: come si può dire che si commetta peccato a riguardo di qualche cosa che a noi è stato concesso da Dio?»⁶².

Il termine «concupiscenza», *concupiscentia*, viene usato con lo stesso significato di «desiderio».

> Tentazione umana si dice quella senza cui non può stare che raramente o mai la nostra infermità umana, come la concupiscenza della carne o il desiderio del cibo accompagnato da piacere, da cui chiedeva di essere liberato colui che diceva: «O Signore, toglimi dalle mie necessità»⁶³, cioè da quelle tentazioni di concupiscenza che sono divenute per noi quasi naturali e necessarie, affinché non mi spingano all'assenso⁶⁴.

La concupiscenza è divenuta tentazione talmente stabile da essere «quasi naturale e necessaria». In questo senso, spesso, la concupiscenza influisce fortemente sulla volontà, al punto da renderla *mala voluntas*.

> E sebbene la concupiscenza come la volontà siano solo stati dell'anima (non possiamo infatti desiderare qualche cosa se non volendo), pure si parla di una concupiscenza della carne così come di una concupiscenza dello spirito. «La carne infatti, dice l'Apostolo, ha desideri contrari allo spirito e lo spirito con-

---

⁶⁰ Dt 5, 21.
⁶¹ *Ethica, Quid sit animi uicium et quid proprie dicatur peccatum*, p. 24, rr. 16-20; cfr. Ilg., p. 16, rr. 407-411.
⁶² *Ethica, Quid sit animi uicium et quid proprie dicatur peccatum*, p. 18, rr. 16-19; cfr. Ilg., p. 11, rr. 292-296.
⁶³ Sal 24,17.
⁶⁴ Cfr. nota n° 57, p. 101.

trari alla carne»[65], cioè l'anima per il piacere che prova nella carne appetisce cose che tuttavia rifugge e giudica condannabili alla luce della ragione[66].

Tuttavia, come il desiderio, la concupiscenza non è peccato in sé, mentre lo è il consenso ad essa. «Non è peccato perciò bramare una donna, ma è peccato dare consenso alla concupiscenza»[67].

Il piacere, la tentazione, il desiderio e la concupiscenza fanno leva sulla *voluntas*, proponendo come buona, piacevole, appetibile una situazione illecita, che non partecipa del Bene. La *ratio* può opporsi a questa illusione, oppure lasciarsi trascinare, aderendo ad un piacere oltre misura, alla tentazione o cedendo al consenso del desiderio o della concupiscenza. La *voluntas* inclina così negativamente la *ratio* che pertanto perde se stessa e la sua prerogativa di discernimento e conoscenza del *cosmos*. *Vice versa* la *ratio* può inibire la *voluntas* disordinata e ristabilire un'armonia tendente al bene e al vero. La correlazione tra le due facoltà è imprescindibile, sia nella tensione al bene che nella tensione al male.

B.1.3 La suggestione

Mentre i concetti fino ad ora visti sono moti dell'animo che provengono dall'interno, rimane ora da considerare la suggestione, che, al contrario, è moto proveniente dall'esterno. Di fatto la sua struttura è del tutto simile alla struttura vista per gli altri fattori, con l'unica eccezione della genesi del moto. «Anche noi spesso arriviamo non già al peccato, ma all'atto peccaminoso, attraverso gli stessi passaggi: della suggestione, cioè dell'incitamento di uno esterno a noi che ci spinge a fare qualche cosa che non si deve fare»[68].

La provenienza esterna della suggestione è ribadita dalla seguente distinzione, in cui si ribadisce che non va confusa con il piacere, che invece è un moto interiore. «Alcuni comprendono con il termine di suggestione anche la suggestione della carne, anche se manca una persona che se ne faccia interprete suggerendo direttamente il male; come se uno, vi-

---

[65] Gal 5,17.
[66] Cfr. nota 43, p. 94.
[67] *Ethica, Quid sit animi uicium et quid proprie dicatur peccatum*, pp. 12.14, rr. 34.1-2; cfr. Ilg., p. 8, rr. 209-210.
[68] *Ethica, Quid sit animi uicium et quid proprie dicatur peccatum*, p. 34, rr. 3-6; cfr. Ilg., p. 22, rr. 571-574.

sta una donna, sia attratto a desiderarla. Ma questa suggestione mi pare che si possa chiamare semplicemente un piacere»[69].

La suggestione è legata in particolare all'azione dei demoni:

> Vi sono suggestioni provenienti non solo dagli uomini, ma anche dai demoni. Anche questi infatti ci incitano talvolta al peccato non tanto a parole, quanto con i fatti. Conoscendo la natura delle cose, e per sottigliezza d'ingegno e per lunga esperienza (per cui appunto sono detti demoni, cioè conoscitori)[70] sanno le potenze naturali delle cose da cui facilmente la debolezza umana può essere spinta alla libidine ed agli altri impulsi[71].

La suggestione innesca il dinamismo che conduce all'operazione del peccato[72]: «quando dunque diciamo che il peccato o tentazione si può compiere in tre modi cioè con la suggestione, col piacere e col consenso, si ha da intendere che spesso attraverso queste tre cose siamo condotti all'operazione del peccato»[73]. È interessante notare come il dinamismo messo in moto dalla suggestione, «che ci spinge a fare qualche cosa che non si deve fare», porti ad un intreccio tra il piano affettivo, legato alla *voluntas*, e quello noetico, legato alla *ratio*. «Se poi sappiamo che il compiere una certa azione porta con sé un piacere, allora il nostro pensiero è attirato, prima ancora dell'azione, dal piacere che essa produce e co-

---

[69] *Ethica, Quid sit animi uicium et quid proprie dicatur peccatum*, p. 34, rr. 12-15; cfr. Ilg., p. 22, rr. 580-584.
[70] Cfr. ISIDORO DI SIVIGLIA, *Etymologiarum libri XX*, 8.11.15-16.
[71] *Ethica, De suggestionibus demonum*, p. 36, rr. 16-22; cfr. Ilg., p. 24, rr. 623-630.
[72] Come già notato da Dal Pra, si deve porre attenzione al fatto che qui Abelardo parla di tre modi in cui si giunge all'*operatio peccati* e non di tre modi del *peccatum*. «Il *peccatum* vero e proprio, in senso stretto, consiste sempre e soltanto nel *consensus*; ma alla *operatio peccati*, cioè alla fase in cui il peccato si esprime anche nell'azione esteriore si perviene attraverso i tre momenti indicati: la suggestione, che per sé non è ancora peccato, ma va equiparata a quelle tendenze innate della natura che inclinano al male senza essere male; la stessa cosa si deve pensare anche della *delectatio*; proprio quando poteva intervenire la repressione del "desiderio", interviene invece il *consensus* cioè il peccato vero e proprio; e, infine, proprio quando poteva intervenire il pentimento, si ha invece la consumazione del peccato, cioè la sua traduzione nell'azione esterna [...]. Ora la dottrina di Abelardo si distingue per molti riguardi da quella di Anselmo di Laon e della sua scuola, e principalmente per il fatto che non considera i tre modi in questione come altrettanti modi di peccare [...] la classificazione di Anselmo è "statica", anziché dinamica come quella di Abelardo [...]» (P. ABELARDO, *Conosci te stesso*, ed. M. Dal Pra, *Conosci te stesso*, 1976, «Introduzione», 37, nota 86).
[73] Cfr. nota n° 55, p. 101.

sì noi siamo tentati per mezzo del piacere fin nel nostro stesso pensiero»[74].

Si richiama così la «tutt'unità» del soggetto, nel bene/vero come nel male/falso, che si esplicita in analogia alla «tutt'unità» divina, la quale, tuttavia, è sempre rivolta solo al Bene e al Vero.

La relazione tra il dinamismo messo in atto dalla suggestione e la provenienza esterna, legata all'azione demoniaca, della stessa è esplicitata dal Maestro Palatino nell'analisi del peccato genesiaco:

> come accadde ai nostri primi progenitori. Prima ci fu la suggestione persuasiva del demonio che promise l'immortalità a patto che si mangiasse il frutto proibito; tenne dietro il piacere, quando la donna, vedendo il meraviglioso albero e comprendendo che doveva essere cosa piacevole cibarsi dei suoi frutti, arse dal desiderio di essi, attratta dal piacere del cibo non ancora provato, ma già immaginato. La donna doveva, per mantenersi fedele al comando divino, reprimere il suo desiderio; invece acconsentì ad esso e così peccò[75].

La suggestione coinvolge, nel contempo, intrecciando i movimenti, sia la *ratio* che la *voluntas*. Questa congiuntura, che fa leva sulla debolezza umana, tuttavia, non offusca completamente lo spazio etico e non impedisce totalmente al soggetto agente di rivolgersi comunque al bene: lo stesso esempio di Eva mostra che vi è la possibilità di non incorrere nel peccato.

B.1.4 L'ignoranza

Relativamente all'ignoranza, *ignorantia*, sembra profilarsi un paradosso. Infatti sembra dapprima che non vi sia alcuna scusante per essa: «Infatti, scrivendo la sua lettera ai Romani, [l'Apostolo] prova che ogni uomo è inescusabile, e può essere accusato del disprezzo del suo creatore: infatti la legge naturale medesima — che consiste nella ragione — porta a tutti notizia di lui nella manifestazione stessa delle sue opere, anche a prescindere dalla scrittura»[76].

D'altra parte l'ignoranza è collocata tra i vizi dell'animo che non riguardano i costumi, quindi in un ambito che non interferisce direttamente con la moralità del singolo, come avremo modo di constatare in seguito,

---

[74] *Ethica, Quid sit animi uicium et quid proprie dicatur peccatum*, p. 34, rr. 6-9; cfr. Ilg., p. 22, rr. 574-577.
[75] *Ethica, Quid sit animi uicium et quid proprie dicatur peccatum*, p. 32, rr. 25-31; cfr. Ilg., pp. 21-22, rr. 560-567.
[76] *TSch*, III, 4.

nell'analisi diretta dei vizi: «Vi sono poi anche alcuni vizi o beni dell'animo che sono separati dai costumi e non rendono la vita umana degna di biasimo o di lode, come l'ottusità della mente o la perspicuità dell'ingegno, l'essere privo o fornito di una buona memoria, l'ignoranza o la scienza»[77].

È quindi possibile distinguere due piani nell'ignoranza: l'ignoranza colpevole e l'ignoranza non colpevole[78]. Quest'ultima è messa in relazione con le circostanze, a ciò che non è possibile prevedere e all'ignoranza invincibile; non riguarda direttamente la *ratio*: «E quando accada che uno per ignoranza sposi sua sorella, forse che è trasgressore della legge, perché fa ciò che la legge ha proibito? Tu mi dirai che non è trasgressore della legge perché non ha prestato il consenso alla trasgressione stessa, in quanto ha agito per ignoranza»[79].

L'ignoranza così intesa effettivamente non ha ruolo sulla moralità del singolo soggetto agente. Tuttavia Abelardo non definisce la responsabilità del singolo nei confronti della conoscenza, dell'indagine, della ricerca anche delle circostanze e dei fattori occasionali. Non è dato secondario in un'analisi etica. Ugualmente non definisce ignoranza vincibile / invincibile e non le lega ai termini colpevole / non-colpevole. Questo fatto toglie chiarezza al concetto di ignoranza[80].

---

[77] *Ethica, De uicio animi quod ad mores pertinet*, p. 2, rr. 10-13; cfr. Ilg., p. 1, rr. 10-14.

[78] Marenbon definisce i due piani dell'ignoranza come *moral ignorance* e *factual ignorance*, dando questi connotati ai due concetti: «In the case of "moral ignorance" the agent has full knowledge of the nature of this action to which he consents, but less than full knowledge of the fact that is forbidden by God. In the case of factual ignorance the agent has less than full knowledge of nature of the act to which he consents» (J. MARENBON, *The philosophy*, 277).

[79] *Ethica, Quid sit animi uicium et quid proprie dicatur peccatum*, p. 26, rr. 17-21; cfr. Ilg., p. 17, rr. 440-444.

[80] Blomme a questo proposito afferma: «nous demander si Maître Pierre distingue l'ignorance coupable de l'ignorance non coupable. Nulle part, il ne songe à formuler clairement cette distinction [...]. Il est donc plus simple d'admettre qu'Abélard n'est guère sensible à la distinction entre l'ignorance coupable ou non coupable. Sa façon d'aborder le problème de l'ignorance ne le portait d'ailleurs pas à faire pareille distinction» (R. BLOMME, *La doctrine*, 152). Marenbon commenta la questione nel seguente modo: «Abelard has been accused by modern commentators of failing properly to distinguish between culpable and excusable ignorance. For Abelard, they complain, factual ignorance excuses the agent from sin, even if the ignorance might have been prevented by him. They are right to say that is this case, so far as the particular act in question in concerned. Indeed, given that for Abelard sin properly speaking is contempt of God through knowingly breaking his law, he could not possibly

Nondimeno va notato che anche quando si compie un'azione a causa di un'ignoranza che noi possiamo definire «non colpevole», Abelardo parla comunque di peccato (il peccare per ignoranza)[81]. Seppure non colpevole, vi è comunque un disconoscimento del *cosmos* divino.

In tutti gli altri casi, anche non espliciti nel testo, ovvero quando l'ignoranza è contrassegnata da una colpevolezza o coinvolge la *ratio*, ritengo vada considerata come elemento appartenente strettamente allo spazio della moralità del singolo[82], e quindi in stretta relazione con il concetto di peccato[83].

A queste prime difficoltà, si somma un ulteriore passo equivoco:

> Come non si può dire propriamente peccato, cioè disprezzo di Dio, quanto costoro fecero per ignoranza e nemmeno l'ignoranza stessa, così nemmeno costituisce peccato l'essere infedeli, sebbene ciò impedisca l'adito alla vita eterna per coloro che sono giunti all'uso della ragione. Per essere condannati è sufficiente non credere al Vangelo, ignorare Cristo, non accostarsi ai sacramenti della chiesa, anche se ciò si faccia non per malizia, ma per ignoranza [...]. Ma non vedo proprio come il non credere in Cristo, come è degli infedeli, si debba ascrivere a colpa ai bambini o a quelli cui non è giunta la

---

suggest otherwise. [...] Yet Abelard's point of view does leave place for what we would call culpable ignorance: not at the moment of performing the sin of ignorance, but at the moment when we perform the action, or make the omission, which will put us in the position of committing the sin of ignorance» (J. MARENBON, *The philosophy*, 279-280).

[81] Cfr. *Ethica*, *Quot modis peccatum dicatur*, p. 62, rr. 11-12; cfr. Ilg., p. 41, rr. 1073-1075.

[82] Giustamente Marenbon nota che «Abelard does not leave much room for moral ignorance. His view of law and conscience, along with his tendency to overlook cases where laws conflict or cannot be clearly applied, led him to regard normal adult as never being full ignorant that the sort of act they are about to perform is forbidden by God, if this the case. None the less, Abelard does envisage cases of partial moral ignorance, where the agent temporarily fails to use knowledge he habitually possesses» (J. MARENBON, *The philosophy*, 277).

[83] Una risonanza del rapporto tra l'ignoranza, la conoscenza, la responsabilità personale e il peccato era già presente nella *Theologia Summi Boni:* «Sed neque ullam scientiam malam esse concedimus, etiam illam que de malo est; que iusto homini deesse non potest, non ut malum agat, sed ut a malo precognita sibi prouiderat, quod nisi cognitum, teste Boetio, uitare non posset. Non est enim malum scire, decipere uel adulterari, sed ista committere, quia eius rei bona est cognitio cuius pessima est actio; et nemo peccat conoscendo peccatum, sed committendo. Si qua autem scientia mala esset, utique malum esset quedam cognoscere ac iam absolui a malicia deus non posset, quia omnia nouit» (*Theologia Summi Boni*, II, 7).

predicazione della fede, e come possa essere altrettanto di ciò che si compie per una ignoranza invincibile o di ciò che è impossibile prevedere[84].

La prima perplessità che emerge è la seguente. Abelardo da una parte sostiene che la ragione permette al soggetto la conoscenza della rivelazione, dall'altra afferma che la non predicazione della fede non costituisce colpa per il soggetto in quanto ricade sotto l'ignoranza invincibile (quindi un'ignoranza che non può essere superata con le capacità naturali). Si tratta di un'evidente contraddizione, che non è possibile integrare con altri passi dell'*Ethica*.

Di seguito la seconda difficoltà. L'ignoranza è svincolata dal peccato ma preclude la salvezza: «per essere condannati è sufficiente non credere al Vangelo, ignorare Cristo, non accostarsi ai sacramenti della chiesa, anche se ciò si faccia non per malizia, ma per ignoranza». È un'affermazione molto pesante, se non si distinguono i piani dell'ignoranza e se non si considera, nel complesso del pensiero abelardiano, la precisazione «per coloro che sono giunti all'età della ragione».

La *ratio* per Abelardo è la capacità di conoscere e riconoscere la rivelazione, sia quella che noi definiamo naturale, sia — in parte — quella che noi definiamo soprannaturale. Il Dio unitrino, per esempio, può essere conosciuto tramite la *ratio*[85]. Sempre tramite essa possiamo conoscere

---

[84] *Ethica, Quot modis peccatum dicatur*, pp. 62.66, rr. 11-17.16-19; cfr. Ilg., pp. 41.44, rr. 1073-1080.1144-1148.

[85] Cfr. *TSch* III, 5 che esplicita la capacità della *ratio* di giungere al riconoscimento di un unico Dio. Accanto a questo riferimento, riporto due brani in cui è analizzata la possibilità della *ratio* di giungere ad una comprensione della Trinità: «Quod fidem trinitatis omnes homines naturaliter habeant. Non arbitror autem hoc quoque a questione alienum esse, quomodo scilicet hanc fidem trinitatis soli christiani teneant et non etiam uel iudei uel gentes. Cum enim deum esse patrem et filium et spiritum sanctum tale sit, ut diximus, deum esse potentiam, ut dictum est, generantem et sapientiam genitam et benignitatem procedentem, cum istud nemo discretus ambigat siue iudeus siue gentilis, nemini haec fides deesse uidetur. Quod et nos quidem concedimus sequentes apostolum, qui ait: Quod notum est dei manifestum est in illis, ac si diceret: quod ad diuinitatem pertinet, ratione perceperunt, quia hoc de deo naturaliter ratio unumquemque edocet. Vnde et superius cum platonicorum sententias de uerbo dei Augustinus presentaret, solum quod ad diuinitatem uerbi pertinet se in eis repperisse confirmauit, et nichil de incarnationis misterio, in quo totam salutis humaneae summam consistere certum est, sine quo frustra cetera creduntur. Facile autem conuinci poterit eos quoque qui nostra de fide uerba abhorrent, cum uidelicet audiunt deum patrem et deum filium, in sensum uerborum nobis esse coniunctos. Interrogemus enim eos si sapientiam dei credant, de qua scriptum est: Omnia in sapientia fecisti, et statim respondebunt se credere. Inferamus deinde conuenienter eos in hoc ipso filium dei sicut et nos credere, cum nos uidelicet idem intelligamus per uerbum siue per filium dei quod illi per sapientiam dei. Quisquis

il *cosmos*, l'ordine del mondo, il bene e il male. Quindi, in un certo senso, Abelardo afferma che, per chi è giunto all'età della ragione, non è possibile ignorare Dio. Un'ignoranza legata alla pigrizia della *ratio* (seppur nel testo non appare), o un misconoscimento volontario della medesima, risulterebbe sicuramente come un peccato: infatti, come è già stato sottolineato più volte, la *ratio* è il contrassegno maggiore della creazione dell'uomo ad immagine e somiglianza di Dio. Essa si risolverebbe in un disprezzo del Creatore. Questa ignoranza, indubbiamente colpevole, precluderebbe la salvezza.

In realtà Abelardo non è l'unico a trovarsi di fronte al paradosso di dover conciliare, mantenendo la giusta tensione, due dati per il cristianesimo irrinunciabili, fondamentali ma nel contempo apparentemente contrapposti: la centrale mediazione della Chiesa e dei sacramenti — o più radicalmente dell'evento Cristo — ai fini della salvezza e la medesima salvezza offerta gratuitamente a tutti gli uomini[86].

La storia della teologia mostra diverse soluzioni che hanno ecceduto nell'accentuare uno dei poli, o svuotando l'evento Cristo, o proponendo dei livelli distinti di salvezza. Alla fine dell'analisi sembra che Abelardo,

---

autem filium esse recipit, utique et eum cuius est filius esse non dubitat, hoc est patrem. Spiritum quoque simili ratione eos credere conuincemus, si eis quid in hoc nomine intelligamus exposuerimus, ipsam scilicet diuinae gratiae bonitatem. Hinc autem facile occasionem sumi arbitror conuertendi ad fidem nostram quoslibet alienos, si huiusmodi inductionibus eos iam communem nobis cum fidei sensum habere conuincerimus; quam licet ore non profiteantur sicut nos, propter ignoratam scilicet uerborum nostrorum significationem, corde tamen iam tenent sicut scriptum est: Corde creditur ad iusticiam» (*TSch* II, 183-184). Sempre su questi temi, prezioso è *TSch* II, 110-112: cfr. S.P. BONANNI, *Parlare della Trinità*, 185-195, in particolare 192 e nota 15.

[86] Marenbon, nel capitolo *Abelard's theological doctrines and his philosophical ethics*, analizza la questione della salvezza dei pagani, in particolare di coloro che sono vissuti prima della venuta di Cristo, sottolineando come per Abelardo la conoscenza naturale di Dio, che permette di riconoscere anche la struttura trinitaria di Dio, abbia un limite: il mistero dell'incarnazione è conoscibile solo attraverso la rivelazione. Per Marenbon la soluzione del Maestro Palatino è la seguente: «He does so in two complementary ways. First he places great emphasis on the fact that the incarnation was prophesied, not just by the prophets of the Old Testament (who were commonly acknowledged to have had explicit faith in Christ), but also in ancient Greece and Rome, by the Sibyl, by poets and philosophers. [...] Second, Abelard anticipates the idea which would be popular in the fourteenth century that God does not deny grace to those who live as well as they can be natural law [...]. What would make Abelard's ethical theories untenable would be an admission that God allows moral arbitrariness: that a man can except through his own free choice be morally blameworthy. Abelard's theology is entirely consistent in excluding this possibility» (J. MARENBON, *The philosophy*, 324-331).

dopo vari spostamenti di prospettiva, non accentui nessuno dei due poli, ma non offra nemmeno soluzioni: non solo non tenta di risolvere, ma rende difficile anche il seguire le fasi del ragionamento, che comunque compie, a causa dell'incertezza ed indeterminatezza terminologica[87].

Tutti i fattori appena analizzati possono sviare le facoltà dal bene e trascinarle (una o entrambe) al consenso[88] al male. Essi non possono essere del tutto eliminati (e questo non rientra nella competenza etica), ma possono essere combattuti (e questo rientra nella competenza etica del soggetto). Alcuni possono compromettere maggiormente la *ratio* (ad es. l'ignoranza), altri la volontà (ad es. il piacere, la tentazione, il desiderio, la concupiscenza), ma coinvolgono sempre entrambe le facoltà. Infatti se uno li combatte è sempre tramite la facoltà meno compromessa, la quale aiuta quella più compromessa a ritrovare la tensione al bene. Al contrario quando il soggetto agente cede al male è perché la facoltà sollecitata dai detti fattori trascina con sé l'altra, quella meno coinvolta. Ancora una volta emerge come l'uomo, creato ad immagine e somiglianza di Dio, agisca sempre in una tendenziale unità. Si può quindi asserire che quando questa unità si rivolge al bene il rapporto tra le facoltà può essere definito armonia mentre quando si rivolge al male è disarmonia. Armonia e disarmonia, qui, sono pertanto intese non come un accordo interno tra le facoltà (si è visto che — di fatto — benché una della facoltà possa essere più compromessa dell'altra, il movimento è sempre integrato), ma in relazione all'attività di Dio che è sempre rivolto al Bene e al Vero. Ar-

---

[87] Come giustamente ricorda Blomme, il vocabolario abelardiano è spesso fluttuante, non solo a proposito del termine «ignoranza»: «Mais il ne suffit pas de parcourir rapidement l'ensemble de cette œuvre [l'Ethica]. Une fréquentation quelque peu assidue des écrits d'Abélard révèle combien son vocabulaire peut être mouvant, sa pensée complexe, subtile ou confuse. C'est en fonction de chaque contexte qu'il faut préciser les connotations concrètes des différents concepts. Faute de tenir suffisamment compte de cette règles, beaucoup d'interprétations se révèlent finalement déficientes. Et pourtant cette conviction ne cesse de grandir au fur et à mesure de la lecture» (R. BLOMME, *La doctrine*, 147).

[88] «It is possible to reach a better understanding of exactly what Abelard understood by the distinction between consensus and voluntas (which he had earlier tried to work out in terms of different meanings of "voluntas")? The meaning Abelard gave to consensus — that of a mental act preceding and prompting the performance of the outward sinful act — is in a sense clear, although one might well regard the notion of such mental acts, and their relation to the physical world, deeply puzzling. But what Abelard means by voluntas, when he contrasts it with consensus, is more immediately puzzling» (J. MARENBON, *The philosophy*, 262).

monico è l'atto umano che tende al bene e al vero, disarmonico quello che se ne allontana.

Non tutti i fattori appena esaminati possiedono lo stesso peso nella speculazione abelardiana; non tutti possono essere posti sullo stesso piano, né della trattazione teoretica, né in ordine all'azione pratica. Nondimeno sono strettamente correlati tra di loro, o, più precisamente, ruotano tutti attorno al cuore dell'*Ethica*: la struttura del peccato.

B.2 *Al bivio tra bene e male:*
il peccato in senso largo o in senso stretto

Emerge la prima precisazione relativa alla trattazione del peccato che troviamo nello *Scito te ipsum*: esso viene affrontato dal punto di vista della struttura, nel tentativo di chiarire quale sia la sua essenza[89]; viene affrontato da un punto di vista — per così dire — teoretico e sistematico, ma non pratico. I pochi esempi concreti di peccato hanno solo lo scopo di chiarire la speculazione soggiacente. Non troviamo, nell'*Ethica*, elenchi di peccati, suddivisioni e classificazioni precise, risoluzioni pertinenti a casi concreti; di contro possiamo ricavarne il metodo per affrontare, da credenti provveduti, il male che quotidianamente ci si presenta[90].

Il peccato, per Abelardo, non è occasione per un discorso parenetico, ma stimolo per approfondire, logicamente, la relazione che coinvolge l'uomo, il male e Dio. Tenendo presente che l'*Ethica* propone un percorso di teologia ascendente[91], è possibile proporre uno schema per verificare il legame che intercorre tra i tre poli del discorso:

---

[89] L'essenza del peccato, per il Maestro Palatino, è il disprezzo di Dio (*contemptus Creatoris*) che si esplicita in un consenso (*consensus*) al male. Tuttavia non sempre il *consensus* implica un *contemptus*.

[90] Per un'analisi più approfondita del tema del peccato nel pensiero abelardiano, si rimanda all'opera di R. BLOMME, *La doctrine*, che, tramite un'analisi minuziosa e approfondita, corregge e sfuma alcune grossolane interpretazioni del pensiero etico del Maestro Palatino e getta una nuova luce sulla sua ricezione.

[91] Con l'espressione «teologia ascendente» intendo quella riflessione che mette a fuoco il movimento dinamico designante il rapporto creatura – Creatore. Nell'*Ethica* non troviamo molti riferimenti diretti all'analisi del Dio rivelatosi in Gesù di Nazareth e quindi nemmeno molte indicazioni di «teologia discendente» (specificante il movimento dinamico contrario, ovvero, Creatore – creatura): le questioni sono affrontate in altri testi. Nel pensiero abelardiano, fortemente caratterizzato dal tema dell'*imago Dei* — come si è ripetutamente notato anche nel presente lavoro —, le due riflessioni, pur distinguibili, non sono disgiungibili. Questa specificazione chiarisce ulteriormente la

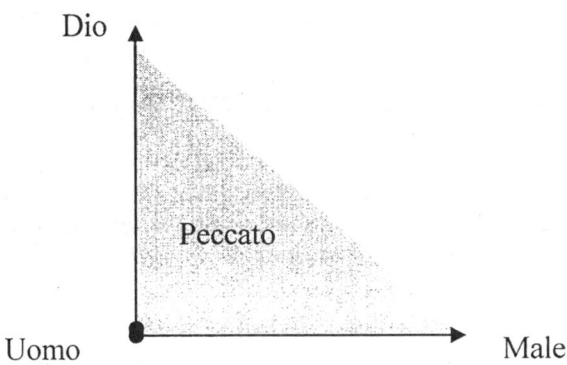

A partire da detta architettura, è possibile identificare il peccato come quell'unica relazione che coinvolge contemporaneamente e direttamente tutti e tre i vertici. Il peccato, infatti, per essere realmente tale deve contenere sia un consenso (*consensus*) al male da parte dell'uomo, sia una relazione con Dio. Tuttavia, detta relazione può essere una dinamica di disprezzo (*contemptus Creatoris*) o non esserlo.

Nel primo caso — ovvero quando l'uomo acconsente al male, disprezzando Dio — Abelardo parla di «peccato in senso stretto»: infatti «lo identifichiamo solo con il disprezzo di Dio»[92]. Graficamente può essere rappresentato nel modo seguente, dove la linea tratteggiata indica la relazione infranta con Dio.

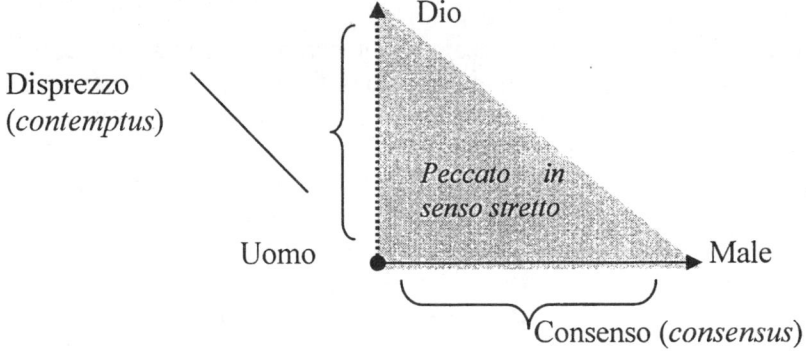

---

mia scelta di far precedere, alla analisi specifica dello *Scito te ipsum*, alcune considerazioni tratte dalla *Theologia Scholarium*, al fine di una comprensione teologica più piena del sistema etico abelardiano.

[92] *Ethica, Vtrum omne peccatum sit interdictum*, p. 68, rr. 19-20; cfr. Ilg., p. 45, rr. 1185-1186.

Nel secondo caso — quando il consenso al male non implica un disprezzo di Dio — il Maestro Palatino parla di «peccato in senso largo»:

> costui [il peccatore] pecca per ignoranza, come talvolta confessiamo di peccare non solo nel consenso, ma anche nel pensiero, nella parola e con l'azione, in questi casi non intendiamo propriamente il peccato come colpa, ma lo intendiamo in senso largo, come cosa cioè che non è conveniente per noi compiere, senza tenere conto che si compia per errore o per negligenza o in qualunque altro modo inopportuno[93].

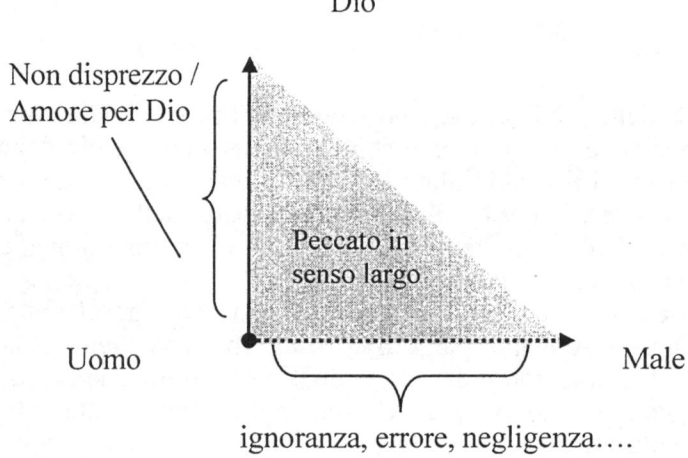

Il peccato in senso largo può essere rappresentato graficamente con il medesimo schema triangolare, ma la freccia indicante il rapporto con Dio è una freccia piena: il peccato in senso largo non implica un disprezzo per Dio, anzi: «Quelli che non conoscono Cristo e che perciò respingono la fede cristiana, perché la ritengono contraria a Dio, quale disprezzo di Dio manifestano mai in un'azione che compiono proprio in onore di Dio per mezzo della quale pensano anzi di fare cosa buona?»[94]. Non si tratta — pertanto — di un *contemptus Dei*. Anche la dinamica con il male non può essere definita *consensus* in senso pieno: è infatti rappresentata con una freccia tratteggiata. Infatti è una dinamica in cui l'ignoranza,

---

[93] *Ethica*, *Quot modis peccatum dicatur*, p. 66, rr. 27-31; cfr. Ilg., p. 44, rr. 1156-1161.
[94] *Ethica*, *Quod peccatum non est nisi contra conscientiam*, p. 56, rr. 1-4; cfr. Ilg., p. 36, rr. 949-953.

l'errore, la negligenza o altri fattori di limitatezza umana impediscono una piena consapevolezza del male che si sta compiendo.

Dal confronto tra i due schemi si possono iniziare a delineare alcune precisazioni. Quando l'uomo compie il male (freccia orizzontale), si deve comunque definire la dinamica come peccato, sia esso compiuto con un vero e proprio *consensus* al male stesso o, differentemente, per ignoranza, errore, negligenza... Al contrario la tensione verso Dio (freccia verticale) nei due schemi è antitetica: può essere una tensione di non amore (= disprezzo) o d'amore. È proprio a partire da detta tensione che il peccato è specificato dalle espressioni «in senso stretto» e «in senso largo». Va precisato che il rapporto tra le due frecce è inversamente proporzionale; ovvero: più aumenta l'amore per Dio, più aumenta il disprezzo per il male e *vice versa* più aumenta il disprezzo per Dio più aumenta l'amore per il male. E infatti, i due schemi possono essere rappresentati in un'unica forma, dove l'uomo è nella tensione storica che lo può condurre verso Dio o verso il male. La curva, che può pertanto avvicinarsi maggiormente all'asse delle x o all'asse delle y, è la moralità del soggetto agente, data dal rapporto tra amore per Dio e amore per il male, intesi come inversamente proporzionali. Dal momento che la tensione verso il male non è necessariamente una dinamica d'amore — ma può essere anche una tensione legata ai fattori di cui si è parlato (piacere, concupiscenza, suggestione...), e all'ignoranza in particolare — si può affermare che la moralità del soggetto sta nel rapporto tra la rivelazione ricevuta e la sua accoglienza, corrispondente all'amore per il vero.

Laddove l'amore per Dio tendesse all'infinito, la freccia orizzontale indicante la relazione umana con il male non esisterebbe e saremmo di fronte ad un caso di perfetta carità. È il caso di Gesù Cristo.

Nel caso del peccato in senso stretto, ovvero quando il non amore (= disprezzo) per Dio raggiunge la sua forma massima, si ha il peccato nella sua essenza[95]: il disprezzo di Dio che consiste nel *consensus* al male. È

---

[95] Nel caso di un totale amore per Dio e di un — conseguente — totale disprezzo del male si può parlare di «perfetta carità». Nel caso inverso, quello di un totale amore per il male e di un totale disprezzo di Dio non si può parlare di un «perfetto peccato» dal momento che la perfezione e il compimento — nel mondo agostiniano linguistico e concettuale in cui Abelardo si orienta — indicano il rapporto con il bene. Lo stesso Maestro Palatino definisce il peccato — in una citazione che verrà riportata nel presente testo poco oltre — come un «non–essere». Inoltre, benché il singolo soggetto agente possa scegliere radicalmente il male, perdendo se stesso e il suo orientamento all'*imago Dei*, non può cancellare del tutto se stesso, in quanto opera di Dio, anche nel momento in cui pecca. Il peccato non può quindi essere definito come «perfetto».

il caso di Satana. In esso vi è una sorta di sovrapposizione dei due movimenti, un «appiattimento» del triangolo verso un'unica direzione:

```
                  Peccato (in senso stretto)
       Uomo   ─────────────────────────────▶   Dio / male
                    disprezzo / consenso
```

> Che cosa è infatti questo consenso se non il disprezzo di Dio e l'offesa a lui recata? Dio infatti non può essere offeso dal danno, ma dal disprezzo. Dio è appunto quella somma potenza che non può essere sminuita da alcun danno, ma che vendica il disprezzo che si mostra di lei. Il nostro peccato è pertanto disprezzo del Creatore e peccare è disprezzare il Creatore, cioè non fare per lui ciò che crediamo che per lui noi dovremmo fare, o non tralasciare per lui quello che crediamo che si dovrebbe tralasciare [...]. Riassumiamo allora in poche parole di conclusione quanto abbiamo fin qui detto: si sono premesse anzitutto quattro cose per distinguerle diligentemente le une dalle altre: il vizio dell'animo che ci rende inclini al peccato; il peccato stesso che abbiamo stabilito nel consenso prestato al male e nel disprezzo di Dio; quindi la volontà al male e infine l'atto peccaminoso[96].

Il peccato in senso stretto è realmente tale in quanto peccato teologico (disprezzo di Dio) e in quanto peccato morale (consenso al male), ma anche peccato antropologico[97] (il disprezzo del Creatore coinvolge intrinsecamente il disprezzo della creatura e si nega — almeno implicitamente — il destino di partecipazione al Bene e al Vero cui Dio ha destinato ogni uomo).

Il peccato in senso stretto è un peccato molto sottile: è il peccato dell'Eden, la tentazione dell'autonomia dissoluta, il non voler accettare la dipendenza della creatura dal suo Creatore, la disobbedienza, il voler

---

[96] *Ethica, Quid sit animi uicium et quid proprie dicatur peccatum*, pp. 4-6.32, rr. 31-33.1-6.14-18; cfr. Ilg., p. 3.21, rr. 60-68.546-551.

[97] «Teologicamente interpretata, la realtà del peccato viene indicata a partire dalla relazione con Dio. Il peccato è negazione di senso e falsa realizzazione di sé in quanto è contraddizione alla volontà di Dio, negazione di quel senso dell'uomo che la Parola creatrice di Dio pone in essere e affida alla libertà personale: il peccato è "disobbedienza", rottura della relazione con Dio (*ex parte hominis*, in quanto relazione non accolta). La realtà del peccato, però, non si consuma in un puro rapporto con Dio, bensì nella mediazione dei rapporti umani: direttamente in rapporti interpersonali immediati, o indirettamente nella mediazione di rapporti a realtà infraumane, in cui la persona contraddice il senso e la verità della sua responsabilità verso altre persone» (S. BASTIANEL, «Strutture di peccato», 22-23).

essere arbitri disinibiti del bene e del male. «Come infatti le virtù sono contrarie ai vizi, così il peccato, che si dice propriamente disprezzo di Dio, sembra contrario al bene dell'obbedienza, cioè alla volontà pronta ad obbedire a Dio»[98].

Nel peccato in senso stretto, benché il *contemptus Dei* e il *consensus* al male si trovino in rapporto di reciproco rimando, non sono tuttavia identificabili, nel senso di un travisamento sulla natura di Dio. «Infatti come volendo fare ciò che riteniamo sia di gradimento a Dio, noi stesso diventiamo oggetto di gradimento per lui, così volendo fare ciò che riteniamo rechi dispiacere a Dio, noi stessi diventiamo per lui oggetto di dispiacere e pare appunto che così noi lo si offenda o lo si disprezzi»[99].

È, al contrario, possibile ravvisare una identificazione tra disprezzo = male. «Il peccato poi non ci è stato proibito da Dio, come si è ricordato più sopra, se non come consenso al male con cui appunto disprezziamo Dio»[100]. E alla base di ogni peccato, di ogni male morale, c'è, appunto, il disprezzo: «Se infatti l'amore di Dio mi induce e mi costringe, come è necessario che sia, a dolermi di questo consenso al male, solo perché con esso ho offeso Dio, non vedo come lo stesso amore non mi debba costringere a pentirmi per lo stesso motivo anche di un altro disprezzo»[101].

Il male si modula in diverse forme storiche, naturali o morali. Ma l'essenza del male morale è precisamente il disprezzo di Dio, in cui l'autodeterminazione umana si risolve in una potenza[102] in cui *ratio* e *voluntas* si orientano a qualche cosa di non conveniente per propria la natura, di totalmente dissonante dall'*imago Dei*. Forse in questo senso può essere letta la seguente affermazione:

> Quando definiamo il peccato in modo negativo, dicendo cioè che esso consiste nel non fare o nel non tralasciare ciò che si deve, mostriamo con tutta evidenza che il peccato non è per nulla una sostanza, in quanto esso consi-

---

[98] *Ethica, Incipit secundus*, p. 128, rr. 14-16; cfr. Ilg., p. 85, rr. 2244-2247.

[99] *Ethica, Quid sit animi uicium et quid proprie dicatur peccatum*, p. 6, rr. 15-18; cfr. Ilg., p. 4, rr. 78-82.

[100] *Ethica, Vtrum omne peccatum sit interdictum*, p. 68, rr. 22-23; cfr. Ilg., p. 45, rr. 1188-1190.

[101] *Ethica, Vtrum quis de uno peccato sine alio penitere possit*, p. 90, rr. 8-12; cfr. Ilg., p. 60, rr. 1551-1555.

[102] Si è visto, nel corso del primo capitolo del presente lavoro, come la potenza umana rimanga tale anche nel caso in cui essa si rivolga a qualcosa di non conveniente, al peccato; cfr. pp. 60-63 e il paragrafo «la potenza umana», pp. 80-82.

ste più in un non-essere che in un essere, come quando, per definire le tenebre, le diciamo mancanza di luce, mentre la luce ha avuto l'essere[103].

Infatti se Dio è l'Essere, se il bene è partecipazione alla vita divina, il peccato è un non-essere, l'esclusione (meglio: autoesclusione) da tale vita. Il richiamo alla dottrina agostiniana è assai evidente. Inoltre, nel passo appena citato, ricompare la dialettica fare/tralasciare — analizzata nel corso del primo capitolo — presentata in termini negativi («il peccato ... consiste nel non fare o nel non tralasciare»).

Riaffiorano i temi analizzati nel primo capitolo, ove si è mostrato come la potenza di Dio sia sempre e comunque legata alla convenienza e come la libertà in senso proprio sia da intendersi come autodeterminazione al bene. Nel medesimo contesto si è altresì notato come la potenza umana, sminuita dalla debolezza, possa dirigersi anche verso qualcosa di non conveniente e come la nostra libertà sia sempre accompagnata da quello che Abelardo ha definito libero arbitrio in senso stretto. Nell'analisi del «fare e tralasciare di Dio» si era messo in luce come la potenza divina sia illimitata nel suo essere onnipotenza, ma «limitata» nel suo essere secondo convenienza. Al contrario la potenza umana è limitata secondo le possibilità, secondo l'onnicomprensività, ma è illimitata secondo la convenienza, nel senso che l'uomo può anche agire in modo sconveniente, peccare («non fare, non tralasciare» con, appunto, la definizione al negativo).

Accanto al «peccato in senso stretto», Abelardo analizza anche quello che egli definisce «peccato in senso largo». Anche nel «peccato in senso largo» sono coinvolti i tre vertici, uomo / male / Dio: ma in esso l'amore per Dio (che non viene meno malgrado il consentire al male) è inficiato dai limiti storici e caratterizzato da una non consapevolezza — di *ratio* e *voluntas* — circa il male che si compie. In questo caso i due movimenti non vengono «appiattiti», sovrapposti; al contrario rimangono ben distinti, nelle intenzioni del soggetto agente.

Se la freccia indicante il rapporto uomo / male può essere (e spesso è) identica a quella del «peccato in senso largo», almeno in senso materiale, la freccia indicante il rapporto uomo — Dio differisce radicalmente. Infatti nel «peccato in senso largo» non vi è alcun disprezzo nei confronti di Dio[104] e spesso si compiono azioni malvagie proprio ritenendo di rendere gloria a Dio. «Infatti non si può rilevare alcun disprezzo di Dio se

---

[103] *Ethica, Quid sit animi uicium et quid proprie dicatur peccatum*, p. 6, rr. 6-10; cfr. Ilg., pp. 3-4, rr. 68-73.
[104] Cfr. nota n° 96, p. 116.

uno scambia la verità con l'errore e se agisce secondo coscienza, specialmente quando si tratta, [...] di una verità che non può essere scoperta dalla ragione umana, ma che sembra invece addirittura contraria ad essa»[105].

La differenza tra «peccato in senso largo» e «peccato in senso stretto» può essere considerata partendo dalla definizione di «colpa / colpevolezza». Il Maestro Palatino definisce la colpa nel seguente modo: «siamo resi inclini a peccare, cioè siamo inclinati ad acconsentire a cose illecite, siano azioni oppure omissioni. Ora questo consenso chiamiamo propriamente peccato, cioè la colpa dell'anima per cui essa merita la dannazione o viene a porsi in condizione di rea presso Dio»[106].

Nel peccato in senso stretto la colpa è sempre coinvolta. «Io ritengo però che si chiami peccato in senso proprio solo ciò che non può mai verificarsi senza che ci sia colpevolezza»[107].

Nel peccato in senso largo, al contrario, la colpa non è coinvolta:

> Quando poi diciamo che costui pecca per ignoranza, come talvolta confessiamo di peccare non solo nel consenso, ma anche nel pensiero, nella parola e con l'azione, in questi casi non intendiamo propriamente il peccato come colpa, ma lo intendiamo in senso largo, come cosa cioè che non è conveniente per noi compiere, senza tenere conto che si compia per errore o per negligenza o in qualunque altro modo inopportuno. Ecco che cosa è dunque peccare per ignoranza: non avere colpa alcuna, ma fare ciò che non si addice; o compiere nel pensiero, cioè nella volontà qualche cosa che non è affatto conveniente che noi vogliamo; o che noi si dica con discorsi o si compia con azioni cose che non è opportuno dire o fare, sebbene ciò ci accada per ignoranza o nostro malgrado[108].

La presenza o meno della colpa non è l'unico elemento di asimmetria tra il peccato in senso stretto e il peccato in senso largo[109]. Vi è anche

---

[105] *Ethica, De peccato inremissibili*, p. 96, rr. 3-6; cfr. Ilg., p. 64, rr. 1159-1162.

[106] *Ethica, Quid sit animi uicium et quid proprie dicatur peccatum*, p. 4, rr. 28-31; cfr. Ilg., p. 3, rr. 55-60.

[107] *Ethica, Quot modis peccatum dicatur*, p. 64, rr. 8-9; cfr. Ilg., p. 42, rr. 1096-1098.

[108] *Ethica, Quot modis peccatum dicatur*, p. 66, rr. 21-31; cfr. Ilg., p. 44, rr. 1150-1161.

[109] «Pour apprécier exactement la porte de cette tentative [ovvero : una definizione di peccato], il ne sera certes pas sans profit de se demander ce qu'il entend par "définir". Les définitions, nous répond-il, peuvent être de deux sortes : la définition substantielle ou la simple description. La première concernant l'espèce, se tire à la fois du genre et des différences ; l'autre se fonde principalement sur les accidents. Mais, à toutes deux, la connaissance du "propre" est utile . Elles ont, en effet, avec lui ce trait

una differenza che si pone sul piano dell'interiorità o dell'esteriorità (piani che non si identificano ma che possiedono ciascuno la loro propria importanza, come si verificherà nella prossima sezione di questo capitolo): «Un'azione qualsiasi pertanto non ha nulla a che vedere con un aumento del peccato; niente può in modo alcuno inquinare l'anima, se non ciò che procede dall'anima, vale a dire il consenso, che solo abbiamo detto che è peccato»[110]. Nel peccato in senso stretto si focalizzano il disprezzo e il consenso, la sfera dell'interiorità. Il peccato in senso largo, al contrario, non è inteso come *contemptus*, ma come azione: «Quando diciamo di peccare per ignoranza, facendo cioè qualche cosa che non si deve fare, intendiamo il peccato non come disprezzo, ma come azione»[111]. Nel peccato in senso largo si focalizza l'azione ed è in secondo piano la sfera interiore, dove il consenso è viziato e il disprezzo non c'è.

Altro elemento di differenza è la possibilità di resistere o meno, per tutta la vita, a determinati peccati: è sempre possibile combattere il peccato in senso stretto, impossibile — per la nostra natura e le coordinate storiche — opporsi totalmente al peccato in senso largo. Riemerge prepotentemente la questione del male (morale e naturale).

> Ora si chiede se Dio ci proibisca ogni peccato. Se è così, sembra che lo faccia irragionevolmente dal momento che la vita presente non può essere trascorsa senza peccati almeno veniali. Se Dio ci ha comandato di guardarci da tutti i peccati, quanto a noi non possiamo evitarli tutti [...] Se invece intendiamo il peccato in senso stretto e lo identifichiamo solo con il disprezzo di Dio, allora certamente si può, non senza enorme difficoltà, passare la vita presente senza peccato. Il peccato poi non ci è stato proibito da Dio, come si è ricorda-

---

commun de constituer des propositions où le définissant est convertible avec le défini, le propre étant précisément ce qui convient toujours à tout le défini et à lui seul. Pour donner des définitions aussi précises, il est évidemment requis d'apporter de nombreuses distinctions. Celles-ci étant des genres multiples, contentons-nous ici de relever la distinction nominale entre le terme pris au sens propre ou au sens appellatif. [...] Si c'est une telle définition propre du péché qu'il veut obtenir, il doit donc déterminer ce qui lui revient toujours et à lui seul. Tout ce qui ne répondra pas à cette exigence ne sera péché qu'au sens large du terme» (R. BLOMME, *La doctrine*, 113-114).

[110] *Ethica, Quid sit animi uicium et quid proprie dicatur peccatum*, pp. 22-24, rr. 32-34.1; cfr. Ilg., p. 15, rr. 385-388.

[111] *Ethica, Quot modis peccatum dicatur*, p. 62, rr. 20-22 ; cfr. Ilg., p. 12, rr. 307-311; cfr. Ilg., p. 42, rr. 1083-1085.

to più sopra, se non come consenso al male con cui appunto disprezziamo Dio [...] colui che li compie diviene così abominevole dinanzi a Dio[112].

Altre differenze specifiche appaiono dal confronto tra le due tensioni che l'uomo instaura, con Dio e con il male.

La prima tensione da verificare è quella uomo-Dio. Benché la direttrice sia la medesima, si può notare un esito antitetico. Nel caso del peccato in senso stretto si nota che si tratta di una tensione diretta e in un certo qual senso consapevole. Il disprezzo, per essere tale, deve essere voluto: infatti si parla di consenso.

> Infatti sebbene si voglia fare una cosa che si sa dover essere punita o per la quale siamo degni di punizione, non per questo vogliamo tuttavia essere puniti; e siamo anche in ciò evidentemente malvagi perché vogliamo fare ciò che è male, ma non vogliamo poi sottoporci alla giustizia di una meritata pena. Non ci garba la pena che è giusta; ci piace invece l'azione che è ingiusta[113].

Nel caso del peccato in senso largo, al contrario, notiamo che si tratta di una tensione indiretta, di uno scambio di fini: quello che voleva essere motivo di gloria per Dio, in realtà si rivela a scapito di tale gloria.

> Alcuni ritengono che l'intenzione sia buona cioè retta quando uno crede di agire bene e ritiene che quello che fa sia gradito a Dio, come quelli che perseguitavano i martiri, dei quali si dice nel Vangelo: «Viene l'ora che chi vi uccide pensa di rendere ossequio a Dio»[114]. Commiserando l'ignoranza di costoro, l'Apostolo dice: «Rendo loro testimonianza, perché hanno lo zelo di Dio, ma non secondo scienza»[115]; cioè hanno molto fervore ed entusiasmo nel compiere quelle azioni che essi credono che siano conformi al volere di Dio; ma poiché si ingannano in questo fervore ed entusiasmo del loro spirito, la loro intenzione è erronea, né l'occhio del cuore è semplice così da potere vedere con chiarezza, così cioè da guardarsi dall'errore[116].

Quello che voleva essere motivo di gloria per Dio («essi credono che siano conformi al volere di Dio»), si rivela essere un peccato perché «non secondo scienza». Ancora una volta emerge come *ratio* e volontà

---

[112] *Ethica, Vtrum omne peccatum sit interdictum*, p. 68.70, rr. 2-6.19-23.17; cfr. Ilg., p. 45.47, rr. 1166-1170.1185-1190.1219-1220.
[113] *Ethica, Quid sit animi uicium et quid proprie dicatur peccatum*, p. 16, rr. 11-16; cfr. Ilg., p. 10, rr. 247-253.
[114] Gv 16,2.
[115] Rom 10,2.
[116] *Ethica, Vnde bona intentio sit dicenda*, p. 54, rr. 2-10; cfr. Ilg., p. 35, rr. 913-922.

siano intimamente legate e come il difetto di una implichi anche l'altra, anche se il peccato è da intendersi in senso largo.

La seconda tensione è quella tra l'uomo e il male. Se, da una parte, la specificazione del peccato, inteso o «in senso stretto» o «in senso largo» è data dalla relazione uomo-Dio, dal disprezzo di Dio diretto o indiretto, la relazione uomo-male è sempre definita come «peccato». Questo ci impedisce di svuotare il piano oggettivo in favore del piano soggettivo. Il male è e rimane tale, indipendentemente dalla colpevolezza o dall'innocenza del soggetto agente: tale male è stabilito in base alla legge divina e naturale. Se il male non avesse un metro di misura, non avrebbe senso chiamarlo «peccato» anche nel caso del peccato in senso largo.

In altre parole: la relazione uomo-male è sempre definita come «peccato»; la relazione uomo-Dio, nella considerazione dell'interiorità del soggetto agente, permette di specificare il peccato «in senso largo» o «in senso stretto».

Il piano oggettivo non deve offuscare il piano soggettivo. Non sempre il male compiuto coinvolge la colpevolezza. La colpevolezza — come è già stato notato — può essere sfumata dall'ignoranza, dall'errore, dalla negligenza, dagli altri fattori che interferiscono, ma soprattutto dal desiderio o meno di disprezzare il Creatore, essendo il disprezzo di Dio l'essenza del male.

> Quelli che non conoscono Cristo e che perciò respingono la fede cristiana, perché la ritengono contraria a Dio, quale disprezzo di Dio manifestano mai in un'azione che compiono proprio in onore di Dio, per mezzo della quale pensano anzi di fare cosa buona? Tanto più poi che l'Apostolo dice: «Se il nostro cuore non ci rimprovera, abbiamo fiducia presso Dio»[117]; come a dire che quando non andiamo contro la nostra coscienza temiamo invano di essere giudicati colpevoli davanti a Dio[118].

Si spiega così il fatto che per gli uomini è molto difficile emettere un giudizio certo sulle azioni: è giudicabile solo il male, in quanto oggettivo e appartenente al piano dell'esteriorità; praticamente impossibile giudicare la colpa, in quanto soggettiva e appartenente al piano dell'interiorità. Detto altrimenti: per gli uomini è molto più facile emettere giudizi sulla *ratio* o sul *cosmos* infranti, piuttosto che stabilire con quale volontà sia stato compiuto un atto morale. Solo Dio emette giudizi veri e corrispondenti alla realtà.

---

[117] 1Gv 3,21.
[118] *Ethica, Quod peccatum non est nisi contra conscientiam*, p. 56, rr. 1-8; cfr. Ilg., p. 36, rr. 949-957.

Lasciando perciò le colpe dell'animo al giudizio divino, perseguiamo col nostro i loro effetti, su cui ci è possibile emettere un giudizio, e seguiamo a tale riguardo il senso dell'opportunità, cioè ci atteniamo più ad un criterio di prudenza, come si è detto, che alla pura giustizia[119].

Tra la giustizia umana e la giustizia divina è possibile stabilire solo un rapporto di analogia.

B.2.1 Il ruolo dei vizi

Dopo avere ripercorso le fasi che definiscono e chiariscono il concetto di peccato, è utile ed interessante verificare quale ruolo giochino i vizi nella struttura antropologica ed etica che il Maestro Palatino propone.

L'*Ethica* si apre proprio con la distinzione dei vizi, importante per stabilire opportunamente dove e come si debba porre la responsabilità morale di ogni uomo. La definizione del vizio (e in simmetria positiva, della virtù) è la seguente: «Diciamo costumi i vizi o le virtù dell'animo che ci rendono inclini alle cattive o alle buone azioni»[120].

Tale formulazione è subito precisata dalla distinzione dei vizi che riguardano il corpo, i vizi dell'animo che non riguardano i costumi e i vizi dell'animo che riguardano i costumi:

> Vi sono poi vizi o beni non solo dell'animo ma anche del corpo, come la debolezza fisica o la robustezza che chiamiamo vigore, la lentezza o la velocità, l'essere zoppi o l'essere diritti, l'essere ciechi o il vedere. Per stabilire la differenza da simili vizi o virtù, parlando da principio dei vizi, abbiamo aggiunto subito «dell'animo»[121].

Nel caso dei vizi del corpo, e dei vizi dell'animo che non riguardano i costumi, la zona di responsabilità morale del singolo non si apre: non solo perché poco può fare l'uomo di fronte ad essi, ma anche perché sono vizi comuni ai buoni ed ai cattivi e quindi neutri di fronte alla moralità personale.

> Vi sono poi anche alcuni vizi o beni dell'animo che sono separati dai costumi e non rendono la vita umana degna di biasimo o di lode, come l'ottusità della mente o la perspicuità dell'ingegno, l'essere privo o fornito di una buona memoria, l'ignoranza o la scienza. Poiché tutte queste qualità si trovano e-

---

[119] *Ethica, Cur Deus dicatur inspector cordis et renum*, p. 44, rr. 9-12; cfr. Ilg., p. 29, rr. 754-758.
[120] *Ethica, Incipit*, p. 2, rr. 1-2; cfr. Ilg., p. 1, rr. 1-2.
[121] *Ethica, Incipit*, p. 2, rr. 2-6; cfr. Ilg., p. 1, rr. 2-7.

gualmente sia nei cattivi che nei buoni, non concorrono per nulla a formare i costumi, né rendono la vita turpe od onesta[122].

Diverso è quindi il caso dei vizi che riguardano i costumi: inclinano alle cattive azioni, come appare evidente dalla definizione stessa del vizio, e dalla seguente citazione: «Il vizio è pertanto ciò per cui siamo resi inclini a peccare, cioè siamo inclinati ad acconsentire a cose illecite, siano azioni oppure omissioni»[123].

Tuttavia essi non si identificano *tout-court* con il peccato. «Il vizio così inteso non si identifica affatto con il peccato, né il peccato si identifica a sua volta con l'azione cattiva»[124].

Risulta prezioso, per il presente studio, analizzare il frammento del II libro in nostro possesso. In esso i vizi vengono considerati come contrari alle virtù[125]. A queste ultime viene applicata l'analisi dell'*habitus* e della *dispositio*, così come proposta da Aristotele nelle *Categorie*[126]. È pertanto possibile applicare, simmetricamente, l'esame in oggetto al vizio.

> Quello che i filosofi hanno chiamato abito o disposizione, Aristotele lo ha distinto diligentemente nella prima specie della qualità, insegnando che si chiamano abiti o disposizioni quelle qualità che non sono in noi naturalmente intrinseche, ma che si formano in noi per la nostra applicazione[127]. E si dicono abiti, se sono stabili, come sono, dice, le scienze o le virtù; si dicono invece disposizioni, se al contrario saranno temporanei[128].

L'*habitus* — al positivo o al negativo[129] — è pertanto una qualità che si forma nel soggetto per la sua propria applicazione. Dunque se il vizio viene inteso come *habitus*, esso possiede una componente di rilevanza

---

[122] *Ethica, De uicio animi quod ad mores pertinet*, p. 2, rr. 10-16; cfr. Ilg., p. 1, rr. 10-16.

[123] *Ethica, Quid sit animi uicium et quid proprie dicatur peccatum*, p. 4, rr. 27-29; cfr. Ilg., p. 3, rr. 54-57.

[124] *Ethica, Quid distet inter peccatum et uicium inclinans ad malum*, p. 2, rr. 21-22; cfr. Ilg., p. 2, rr. 21-22.

[125] *Ethica, Incipit secundus*, p. 128, rr. 11-12; cfr. Ilg., p. 85, rr. 2241-2242.

[126] ARISTOTELE, *Categorie*, 29-30.

[127] Cfr. BOEZIO, *In categorias Aristotelis liber III*, PL 64, coll. 240D-241A.

[128] *Ethica, Incipit secundus*, p. 128, rr. 20-26; cfr. Ilg., p. 86, rr. 2252-2259.

[129] È interessante anticipare un confronto con quanto esposto nel *Dialogus*: in esso la virtù viene definita *habitus animi optimus*, e, al contrario il vizio come *habitus animi pessimi* (cfr. *Dialogus*, 1986-1987). A queste definizioni segue la medesima distinzione aristotelica tra *habitus* e *dispositio*. La continuità tra lo *Scito te ipsum* e il *Dialogus*, nonché la profonda unità interna del pensiero abelardiano, risultano ancora una volta confermate.

etica, dal momento che è il singolo che, in qualche modo, ha permesso il formarsi di una continuità stabile, in una costante tensione al male. Ugualmente è implicata la responsabilità morale nel caso in cui il vizio sia una disposizione — e quindi una inclinazione temporanea: esso deve/può essere combattuto. Si può affermare che il vizio inteso come *habitus* richiama una responsabilità morale che si è esplicata nel passato e giunge al presente in forma di stabilità e propensione al male, mentre il vizio inteso come *dispositio* chiama in causa maggiormente la responsabilità nel presente. Entrambi rimandano al presente-futuro per la resistenza, alla lotta che il singolo deve ingenerare contro detta inclinazione al male. Si tratta di una battaglia che impegna per tutta la vita, la cui vittoria è tanto più gloriosa quanto più impegnativo il combattimento stesso: «Anche se gli uomini cessano di muoverci guerra, non desistono mai da essa i nostri vizi, così che la battaglia da loro scatenata è tanto più pericolosa quanto più è frequente e la vittoria reca tanto maggiore gloria quanto più è difficile»[130].

Di fronte al vizio, la responsabilità umana si può esprimere sia negativamente (cedendo sia ripetutamente, sia temporaneamente), sia positivamente (nel tentativo di debellare la tendenza al male). È nella lotta contro la tendenza al male che si esplica la partecipazione, la tendenziale unione al bene e quindi la moralità personale.

> Infatti la religione non considera cosa turpe l'essere vinto dall'uomo, ma dal vizio. La prima cosa infatti è anche degli uomini buoni, mentre l'altra ci divide dal bene. Incitandoci appunto a simile vittoria l'Apostolo dice: «Non sarà coronato colui che non avrà combattuto secondo la legge»[131]. Che avrà combattuto, soggiungo, non tanto resistendo agli uomini, quanto ai vizi, affinché non ci trascinino ad acconsentire al male[132].

Non è quindi la tendenza al male in sé ad avere carattere etico, ma l'atteggiamento personale di fronte ad essa (attivo o passivo). «Tuttavia costoro non peccano per il fatto stesso che sono così come sono, anzi da ciò possono ricavare motivo di lotta, per conquistare attraverso la virtù della temperanza la corona del trionfo su se stessi, secondo il detto di Sa-

---

[130] *Ethica, Quid distet inter peccatum et uicium inclinans ad malum*, p. 4, rr. 15-17; cfr. Ilg., pp.2-3, rr. 42-45.
[131] 2Tm 2,5.
[132] *Ethica, Quid distet inter peccatum et uicium inclinans ad malum*, p. 4, rr. 9-15; cfr. Ilg., p. 2, rr. 36-42.

lomone[133]: "L'uomo paziente è migliore dell'uomo forte e chi sa dominare il proprio animo è migliore di colui che espugna le città"»[134].

Si tratta di una lotta costante e continua, che non può darsi senza la conoscenza. Il vizio quindi inclina la volontà, inficia una delle due facoltà, ma l'altra, la *ratio*, tramite la conoscenza, può contrapporsi. «Infatti non può l'uomo giusto mancare di una esatta conoscenza del male; né può uno guardarsi dal vizio senza prima averlo conosciuto»[135].

> Giustamente perciò quando più sopra abbiamo indicato per primi «i vizi dell'animo», per escludere quelli ora nominati, abbiamo aggiunto «che ci rendono inclini alle cattive azioni», cioè inclinano la volontà a qualche cosa che non si deve affatto o fare od omettere[136].

È possibile, in un certo senso, stabilire una struttura simmetrica tra il vizio e il piacere: se da una parte essi appartengono alla natura umana (ad es. l'anima facile ad adirarsi[137] / il piacere reso necessario dalla natura), e quindi non sono completamente eliminabili, dall'altra parte essi ricadono anche sotto l'ambito di responsabilità del singolo (ad es. l'essere irosi perché si cede all'ira / la misura del piacere), determinando una apertura o una chiusura al bene e al male.

Ma mentre non tutti gli uomini sono soggetti ai medesimi vizi, e comunque di fronte al vizio ci si deve sempre impegnare in una costante lotta, il piacere è comune a tutti gli uomini come dato innato ed accompagna determinati atti (ad es. l'atto sessuale e il mangiare); inoltre va combattuto solo se supera il limite e trascina verso il peccato, come visto in precedenza.

B.3 *L'orizzonte intenzionale: il consenso e l'intenzione*

Il concetto emerso con forza in questa sezione, sia dalla prima parte — quella relativa ai fattori che indeboliscono le facoltà –, sia dalla seconda parte — il peccato — è il «consenso» (*consensus*) al male.

Il consenso possiede la sua radice nei fattori che ingenerano disarmonia, quali il piacere, il desiderio, la tentazione; trova terreno fecondo nel

---

[133] Per la citazione biblica che segue, cfr. Pro 16,32.
[134] *Ethica, Quid distet inter peccatum et uicium inclinans ad malum*, p. 4, rr. 5-9; cfr. Ilg., p. 2, rr. 32-36.
[135] *Ethica, Vtrum melius sit leuioribus culpis quam grauioribus abstinere*, p. 76, rr. 12-13; cfr. Ilg., p. 50, rr. 1315-1317.
[136] *Ethica, De uicio animi quod ad mores pertinet*, p. 2, rr. 16-19; cfr. Ilg., p. 1-2, rr. 16-20.
[137] Cfr. *Ethica, Quid distet inter peccatum et uicium inclinans ad malum*.

vizio, ma si dispiega e acquista forza nello spazio della responsabilità umana, diventando peccato. Infatti i fattori che ingenerano disarmonia sopra citati non inducono meccanicisticamente al consenso. Essi inclinano, inducono il soggetto agente ad acconsentire; ma egli può lottare contro di essi o cedere. Si apre quindi una duplice soluzione:

Fattori che ingenerano disarmonia
- ⇗ lotta ⇨ merito
- ⇘ consenso ⇨ peccato (demerito)

La responsabilità etica si manifesta pertanto o nella lotta o nel consenso al male. Che il consenso non sia un elemento che ingenera disarmonia — come quelli richiamati ma sia un «passaggio» ulteriore nella dinamica etica antropologica, non implicante necessariamente un'azione[138] — si può dedurre dalle seguenti affermazioni: «Come non è lo stesso volere e dare attuazione alla volontà, così non è tutt'uno peccare e tradurre in atto il peccato. Quello va inteso in ordine al consenso interiore con il quale si pecca, questo invece in ordine all'effetto pratico, quando traduciamo in pratica con l'azione ciò cui precedentemente si sia prestato l'assenso»[139].

Il consenso può stare senza la volontà e senza l'azione; come in parte abbiamo già dimostrato, volontà senza consenso si riscontra in colui che è indotto a desiderare una donna che ha veduta, o dei frutti altrui, senza lasciarsi tuttavia trascinare all'assenso; il consenso al male senza la volontà di esso l'abbiamo poi riscontrato in colui che contro voglia ha ucciso il suo padrone[140].

---

[138] «L'âme ne peut être souillée que par ce qui est de son ordre et non pas par l'opération, qui est corporelle et reste donc extérieure. Ce qui peut la rendre coupable devant Dieu et l'astreindre à la dammnation doit être à son niveau. C'est pourquoi le péché proprement dit requiert le consentement, qui est, lui, spirituel. D'autre part ce consentement, parce que spirituel et interne, nous l'avons toujours à notre disposition» (R. BLOMME, *La doctrine*, 121).
[139] *Ethica, Quid sit animi uicium et quid proprie dicatur peccatum*, p. 32, rr. 19-22; cfr. Ilg., p. 21, rr. 552-556.
[140] *Ethica, Quid sit animi uicium et quid proprie dicatur peccatum*, p. 24, rr. 4-8; cfr. Ilg., p. 15, rr. 391-397.

Il consenso[141] è chiaramente identificato con il peccato, ovvero con quel moto interiore, con quella colpa dell'anima con cui disprezziamo Dio[142]. Si riconferma la coppia di termini *consensus / contemptus*, già osservata in precedenza.

Inoltre, già analizzata nel corso del primo capitolo - nonché ripresa nel contesto dell'esame del peccato — la coppia «fare/tralasciare» riappare anche a proposito del consenso. Il «fare/tralasciare» dell'uomo, illimitato secondo la convenienza, è legato ad un temporale e fluttuante consenso che può trasformarsi in un cedimento a quanto spinge al male. Di contro, il «fare/tralasciare» divino, «limitato» nel suo essere secondo convenienza, è un eterno e stabile consiglio che progetta e porta a compimento sempre secondo il bene. Il suo agire («fare o tralasciare») è frutto della ricapitolazione delle sue proprietà: la sua potenza è sempre espressione della armonia di sapienza e benignità e pertanto Dio è colui che «non dà il proprio consenso al peccato»[143].

L'uomo, per quanto nel «fare / tralasciare» non sia «limitato» dalla convenienza, porta in sé l'*imago Dei*, sussiste in una struttura analogica a quella divina: ne consegue che il consenso si gioca nell'interiorità, nell'anima, e chiama in causa potenza, *ratio* e *voluntas*, nella loro interna armonia o disarmonia. Tale dinamica interna è sottolineata nella citazione riportata di seguito, e già analizzata in precedenza, che richiama fortemente il brano evangelico di Mc 7,21-23[144]. «Un'azione qualsiasi pertanto non ha nulla a che vedere con un aumento del peccato; niente può in modo alcuno inquinare l'anima, se non ciò che procede dall'anima, vale a dire il consenso, che solo abbiamo detto che è peccato; non la volontà che lo precede o l'azione che lo segue»[145].

A partire da questo, Abelardo, nello *Scito te ipsum*, esplicita soprattutto il consenso al male (il quale, come vedremo poco più avanti, può esse-

---

[141] «Abelard separates himself from his contemporaries by his insistence that people can sin only by willing (or, as he later says, "consenting") to act sinfully. Although (external) acts themselves are, he claims, morally indifferent, it is only through the volition or consent to act — which may turn out to be thwarted — that someone sins» (J. MARENBON, *The philosophy*, 336).

[142] Cfr. nota n° 106, p. 119.

[143] Cfr. *TSch*, III, 44.

[144] «Dal di dentro infatti, cioè dal cuore degli uomini, escono le intenzioni cattive: fornicazioni, furti, omicidi, adultèri, cupidigie, malvagità, inganno, impudicizia, invidia, calunnia, superbia, stoltezza. Tutte queste cose cattive vengono fuori dal di dentro e contaminano l'uomo».

[145] *Ethica, Quid sit animi uicium et quid proprie dicatur peccatum*; cfr. nota n° 110, p. 120.

re anche un consenso al bene) per sottolineare che è qualcosa che dice cedimento al negativo, dove il negativo è qualcosa che viene dall'esterno della creatura (che Dio ha fatto buona), anche se ne è protagonista e artefice l'anima.

Ma, come si è ricordato all'inizio, «il consenso e la volontà sono sempre in nostro potere»[146]. La potenza umana, quindi, ancora una volta risulta essere la capacità etica di ciascuno, tramite la quale possiamo opporci o cedere al male, anche se non completamente a causa dei limiti creaturali e storici. Il consenso, di conseguenza, sembra quindi strettamente legato a uno squilibrato rapporto *ratio* / volontà.

Tuttavia il consenso sembra inficiare maggiormente il piano della *ratio*:

a) è chiaramente affermato che «il consenso può stare senza la volontà e senza l'azione»[147]— e vice versa la volontà può stare senza consenso;

b) è altrettanto chiaramente affermato che il consenso scaturisce direttamente dall'intenzione[148], la quale intenzione è definita come «l'anima stessa nello scopo del suo tendere».

> Dio fu chiamato scrutatore del cuore e dei reni, cioè conoscitore delle intenzioni o dei consensi che da quelle derivano [...]. Dio infatti nella rimunerazione del bene e del male guarda solo all'animo, non agli effetti delle azioni, non tiene conto di ciò che proviene da colpa o dalla nostra buona volontà ma giudica l'anima stesso nello scopo del suo tendere[149].

L'intenzione (e il consenso che ne deriva) quindi coinvolge lo scopo, il fine dell'azione. Quest'ultimo è evidentemente connesso con la *ratio*.

---

[146] Cfr. nota n° 7, p. 53.

[147] Cfr. nota n° 140, p. 127.

[148] Marenbon ricorda come il tema dell'intenzione — in connessione con il tema del peccato — fosse già presente in autori precedenti (ad es. Agostino) o contemporanei ad Abelardo. In particolare vengono prese in considerazione le posizioni di Anselmo di Canterbury e di Anselmo di Laon. Esse vengono rispettivamente descritte come *defect of justice theory* (= il peccato non risiede nella *voluntas* in sé, in quanto creata da Dio, e neppure nei desideri che hanno generato il peccato stesso, quanto nella insolvenza della volontà ovvero nella sua mancanza di giustizia) e *stages theory* (= dove vengono cronologicamente descritte le tappe che conducono al peccato: *suggestio*, *delectatio* e *consensus*. È solo in questa ultima tappa che risiede il peccato vero e proprio, mentre le altre due ne preparano il terreno). Marenbon sostiene che «Abelard adopted neither the defect–of–justice nor the stages theory, although he was influenced by both of them» (J. MARENBON, *The philosophy*, 253-257).

[149] *Ethica*, *Cur Deus dicatur inspector cordis et renum*, pp. 42.44, rr. 3-5.26-30; cfr. Ilg., p. 27.30, rr. 712-714.774-778.

«Dio tiene conto infatti non delle cose che si fanno, ma dell'animo con cui si fanno[150]; e il merito e la lode di colui che agisce non consiste nell'azione, ma nell'intenzione»[151].

L'intenzione, «animo con cui si fanno le cose», può rivolgersi al bene o al male: l'intenzione è quindi il risultato di una armonia dell'anima, o di una disarmonia. L'onnipotenza divina si esprime sempre nell'intenzione provvidente (avente come fine il bene), ordinata dalla sapienza e animata dalla bontà. Così la potenza spirituale che è l'anima umana si può esprimere nell'intenzione ordinata dalla ragione e animata dalla volontà (intenzione buona, avente come fine il Sommo Bene) o nell'intenzione disordinata (non avente come fine il Sommo Bene), scaturente da una disarmonia di *ratio* e volontà. Questo significa che, ancora una volta, *ratio* e volontà non possono essere separate.

L'aver riportato l'attenzione sull'interiorità del dinamismo morale dell'uomo, in analogia all'*imago Dei*, conduce il Maestro Palatino ad affermare che l'azione non possiede una bontà in sé: la sua (eventuale) bontà procede dall'intenzione[152]. «L'intenzione la chiamiamo buona, cioè retta, per se stessa; l'azione invece la diciamo buona non perché implichi qualche cosa di bene in se stessa, ma perché procede da una buona intenzione»[153].

Quanto invece al rapporto fra intenzione ed azione sembra che non si possa stabilire alcuna molteplicità di beni o di cose buone. Infatti quando si dice buona l'intenzione e buona anche l'azione in quanto procede da una buona intenzione, si designa soltanto la bontà dell'intenzione; qui il termine bene non va preso nello stesso significato così che si possa parlare di più beni [...] Nessuno dunque voglia costringerci, quando ad una buona intenzione tenga dietro una buona azione, ad ammettere che un bene si aggiunge ad un altro bene, come se esistessero più beni, in proporzione dei quali deve crescere la rimunerazione; infatti, come si è osservato, non possiamo dire giustamente più beni quelli ai quali non si può applicare in modo univoco il termine di bene[154].

---

[150] Cfr. AGOSTINO, *De sermone Domini in monte*, II, 13, n. 46, PL 34, col. 1289.

[151] *Ethica, Quid sit animi uicium et quid proprie dicatur peccatum*, p. 28, rr. 9-11; cfr. Ilg., p. 18, rr. 471-473.

[152] Cfr. J. MARENBON, *The philosophy*, 256.

[153] *Ethica, Quod intentione bona sit opus bonum*, p. 52, rr. 17-19; cfr. Ilg., p. 35, rr. 899-901.

[154] *Ethica, Quod multitudo bonorum non est melius uno bonorum*, p. 52, rr. 4-8.11-15; cfr. Ilg., p. 34, rr. 885-890.893-898.

Quindi le azioni acquistano una consistenza in ordine al bene o al male solo a partire dall'intenzione[155]. È l'intenzione che determina la qualità morale del soggetto agente[156].

B.3.1 Ricapitolando

Nella prima sezione di questo capitolo abbiamo colto l'analogia tra l'attività spirituale divina e umana, per poi sottolineare, nella seconda parte, lo specifico del versante umano, in tensione tra un'adesione sempre maggiore al progetto divino e il concreto contesto storico, limite e condizione di possibilità nel contempo. Lo schema raccoglie i dati fin'ora emersi nel tentativo di ordinarli e metterli a confronto.

POTENZA ARMONIOSA (o tendenzialmente armoniosa)	POTENZA NON ARMONIOSA (o tendenzialmente non armoniosa)
Lotta contro il male	Consenso al male
Merito	Peccato
Conoscenza (come esercizio della *ratio*)	Ignoranza (come non esercizio della *ratio*)
Amore (come esercizio della *voluntas bona*)	Odio/egoismo (come esercizio della *voluntas mala*)
Intenzione buona / tensione al fine adeguato	Intenzione cattiva / tensione al fine non adeguato
Pentimento efficace	Pentimento inefficace

---

[155] Contro coloro che interpretano questo passaggio attribuendo ad Abelardo una totalitaria «morale dell'intenzione», Blomme risponde con una lucida precisazione: «Cette intériorisation de la morale de la faute est le trait saillant de la pensée abélardienne. Il n'est donc pas suffisant de la désigner comme une morale de l'intention. Bien que les auteurs soient parfois portés à tout ramener à l'intention, celle-ci n'est cependant qu'une expression de l'exigence d'intériorité. Dans l'œuvre d'Abélard, la doctrine de l'intention est sans doute caractéristique — surtout par son exclusivisme — mais elle n'est qu'une dimension d'un effort plus général d'intériorisation» (R. BLOMME, *La doctrine*, 214-215).

[156] Giustamente Fumagalli nota: «Fin qui il risultato più di rilievo sembra essere l'indicazione nitida della coincidenza della moralità con l'intenzione che porta con sé alcune conseguenze. Innanzi tutto un'implicita revisione (o meglio un rifiuto) del punto di vista agostiniano nella polemica contro Pelagio e del traducianesimo, con l'eliminazione dalla definizione rigorosa di peccato dell'inclinazione al male: trasportando all'interno dell'ambito della volontà l'origine del peccato, viene a impallidire quella catena "fisica" e "storica" di tendenza al peccato (ossia il peccato originale) che sta alla base sia del mistero della Redenzione sia della necessità dei Sacramenti per la salvezza» (M.T. FUMAGALLI BEONIO BROCCHIERI, *Introduzione*, 82).

La tabella proposta ci apre lo spazio per un'analisi più approfondita della tensione tra progetto di Dio e contesto storico concreto, analisi che verrà affrontata nella prossima sezione.

Tuttavia, prima di proseguire occorre soffermarsi su alcuni concetti prioritari dell'etica abelardiana, che il percorso fin qui condotto ha messo in luce: fine, intenzione, consenso.

Il fine di Dio, come affermato nel primo capitolo, è Dio stesso. Detto fine non è autoreferenza perché ogni uomo è chiamato a partecipare alla Gloria di Dio. Pertanto il fine dell'uomo, offerto a ciascuno nella creazione, è la vita di comunione con Dio. In questo senso, ovvero nel senso della possibilità donata, nella relazione che va dal Creatore alla creatura, il fine di Dio e il fine dell'uomo si corrispondono.

Al contrario, nella tensione che dall'uomo va a Dio, il fine divino e umano possono non concordare. Alla libertà umana è lasciata l'opzione per il fine ultimo. Nell'esercizio della sua attività spirituale, nella fatica della sua capacità etica, il singolo può far coincidere il suo proprio fine ultimo con quello divino — nella tensione al bene che genera merito — oppure può porre una scissione tra i due fini — nella tensione al male che induce al peccato. Quando il fine dell'uomo corrisponde al fine di Dio si può parlare di fine adeguato, ovvero conforme al disegno, all'intenzione del Creatore; quando non corrisponde, si può parlare di fine non adeguato. Il consenso al male è il fine dell'uomo deviato dal fine che Dio ha previsto per lui.

L'estraneità di Dio dal fine ultimo che sia tendente al male, e quindi la frattura tra i due fini in questo caso, è data dal fatto che viene chiaramente affermato che Dio non dà mai il proprio consenso al peccato[157].

In Dio il fine e l'intenzione si corrispondono. Le pagine dell'*Ethica* non riportano mai il termine «fine» nel senso di traguardo, poche volte espongono il termine «scopo», mentre descrivono abbastanza diffusamente il concetto di «intenzione». L'intenzione, come già riportato in precedenza, è «l'animo con cui si fanno le cose nello scopo stesso del suo tendere»[158]. Pertanto, anche relativamente all'analisi antropologica, è possibile considerare come appartenenti al medesimo ambito concettuale i termini «fine» e «intenzione».

---

[157] Cfr. nota n° 38, p. 62.
[158] Cfr. *Ethica, Quid sit animi uicium et quid proprie dicatur peccatum; Cur Deus dicatur inspector cordis et renum*. Cfr., inoltre, nota n° 151, p. 130.

L'intenzione è pertanto ciò che discrimina tra coloro che hanno come fine il bene e il Sommo bene e coloro che non hanno come fine il Sommo Bene (ed in questo è rinvenibile la radice del male, nel *contemptus Dei* che si risolve in un *consensus* al male). È quanto, come detto prima, determina la qualità del soggetto agente: «Risulta infatti che un'azione che si deve o non si deve fare è compiuta ugualmente dai buoni e dai cattivi, i quali sono separati solo dall'intenzione»[159].

La citazione appena riportata si inserisce nell'esempio che riguarda la consegna alla morte del Signore Gesù Cristo, alla quale hanno concorso il Padre, il Figlio stesso e Giuda. È, quindi, l'intenzione che differenzia il medesimo atto compiuto con tensione al bene da parte del Padre e del Figlio e con tensione al male da parte di Giuda. A detta citazione si può affiancare la seguente:

> Infatti le azioni che, come si è detto, sono comuni egualmente ai cattivi e ai buoni in sé sono del tutto indifferenti e si devono dire buone o cattive solo secondo l'intenzione di colui che le compie, evidentemente non perché il bene o il male consistano nel compierle, ma perché vengono compiute bene oppure male, cioè secondo l'intenzione con cui devono compiersi o meno[160].

Viene così introdotto il concetto di «azioni indifferenti»[161]. Apparentemente esso comporta uno svuotamento del piano oggettivo in favore di quello soggettivo. Ma ad un'attenta analisi del testo, si può facilmente verificare che non è così. Due sono gli elementi che ci permettono di non spogliare il piano oggettivo[162]. Il primo, contenuto nella citazione sopra

---

[159] *Ethica, Quid sit animi uicium et quid proprie dicatur peccatum*, pp. 26-28, rr. 35.1-2; cfr. Ilg., p. 18, rr. 461-463.

[160] *Ethica, Cur Deus dicatur inspector cordis et renum*, pp. 44-46, rr. 30-33.1; cfr. Ilg., p. 30, rr. 779-784.

[161] Marenbon, a proposito delle «azioni indifferenti» e del loro rapporto con l'intenzione, dopo aver specificato: «For Abelard, actions are things — they are accidents in the category of "agere"» (J. MARENBON, *The philosophy*, 246), conclude affermando: «Abelard, then, uses the category of "indifferents things" as a way of linking the moral evaluation of action with his more generale scheme of good and evil things. Actions in themselves are things which are neither good nor evil. Intentions, however, are good or evil, but they are not things, and very different criteria must be used for judging them. A man — who is a good thing, whatever he does — becomes a good man or an evil man through his behaviour, which must be judged according, not to actions themselves, but to the intentions which inform them» (J. MARENBON, *The philosophy*, 247).

[162] Spesso il sistema etico abelardiano è stato inteso e analizzato come basato su una «moralità dell'intenzione», sbilanciata sul piano soggettivo e tendente al soggettivismo. La mia spiegazione del testo vuole porsi contro detta interpretazione,

riportata, è il chiarimento: «secondo l'intenzione con cui *devono* compiersi o meno». Esiste quindi un punto di riferimento. Il secondo è dato dalla seguente citazione: «Perciò l'intenzione non si deve dire buona perché sembra buona, ma perché inoltre è realmente buona così come si ritiene che sia, nel caso cioè in cui, credendo che piaccia a Dio ciò a cui essa tende, non sia affatto ingannata in questa sua convinzione»[163].

Nelle medesima linea si può riprendere una indicazione data poco sopra, ovvero che l'intenzione è chiamata «buona, cioè retta, per se stessa»[164]. Sembra che il testo voglia affermare che l'intenzione è buona quando è retta, o quanto meno lo è non perché lo sembra ma perché non è ingannata in questa sua convinzione. Rimane stabile, anche se in controluce, che esiste un confronto con la legge naturale e divina.

Di fatto il concetto di «intenzione» propone un equilibrio tra il piano soggettivo e il piano oggettivo[165]. Nessuno dei due sovrasta l'altro, e nel contempo nessuno dei due può sussistere da solo. Appaiono in controluce le *fontes moralitatis*. Nel contempo penso che sia possibile affermare che l'unico *intrinsece malum* nel pensiero etico abelardiano sia il disprezzo di Dio.

---

nella consapevolezza di non essere l'unica a leggere il testo in termini diversi. Marenbon, ad esempio, afferma: «When writers say that Abelard proposed a "morality of intention", they sometimes have in mind a meaning quite different from that which has just been discussed. They take "intention" to refer, not just to object of ethical judgement, but also to the basis of judgement. Moralities of intention are, on this interpretation, ones where the agent's own evaluation of his moral choice is preferred to any external criterion as the basis for moral judgement. Such moralities are — to use another description which has sometimes been applied to Abelard's ethics, subjective rather than objective. According to such a moral position, I do wrong if and only if I do what I believe I should not to do or I do not do what I believe I should do. Abelard's theory of sin (which is formulated in the context of a supreme God) would be subjective, therefore, if (for instance) it held that someone sins if and only if, in performing an action or failing to perform one, he is not doing what he believes he should do for God. […] Abelard moves so nonchalantly between subjective and objective formulations about sin because he thought that a person always know, in the circumstances where he might commit a sin, what he should or should not do for God» (J. MARENBON, *The philosophy*, 265.267).

[163] *Ethica, Vnde bona intentio sit dicenda*, p. 54, rr. 20-23; cfr. Ilg., p. 36, rr. 934-937.

[164] Cfr. nota n° 154, p. 130.

[165] Appare evidente che non concordo con l'analisi di Lottin, quando afferma: «La moralité d'un acte se définit uniquement par l'intention qui y a présidé. L'acte extérieur est en soi indifférent. […] On ne pouvait nier plus explicitement toute moralité objective dans l'activité humaine» (O. LOTTIN, *Psychologie*, II, 421-422).

Tutti questi temi aprono lo spazio ad un'ulteriore riflessione, che occuperà la prossima sezione del presente capitolo, che si occupa della tensione morale nella storia.

In conclusione vale la pena riportare una piccola nota apologetica, contenuta nell'*Ethica,* che Abelardo compie nei confronti di Dio e che ci permette di notare con maggior chiarezza come l'intenzione, o fine, sia in relazione all'attività spirituale e quindi, nel caso dell'uomo, in relazione con la moralità personale:

> Se invece furono buoni il comando e la proibizione ad un tempo (infatti Dio non permette che qualche cosa avvenga, né consente che qualche cosa si faccia senza un motivo ragionevole), devi pur vedere che Dio è scusato in ordine alla sola intenzione del comando, non in ordine all'azione, dal momento che ha comandato in bene una cosa che non è bene che sia compiuta[166].

Sezione C: la tensione nella storia

L'attività spirituale umana, quindi, si situa nella tensione tra il progetto di Dio e il concreto contesto storico, dove è possibile rivolgersi al bene, ma dove, nel contempo, vi sono anche degli evidenti limiti dovuti alla responsabilità personale, alla condizione creaturale, agli effetti del peccato originale, tali per cui essa può anche rivolgersi al male.

Il peccato, più volte definito come «disprezzo di Dio», avviene nell'interiorità del soggetto agente, mentre deforma o infrange l'immagine di Dio, nel suo triplice e armonico ritmo, di potenza, *ratio* e volontà, che porta inscritta in se stesso.

C.1 *La distinzione tra la decisione e l'attività*

Va subito rimarcata l'importante distinzione del Maestro Palatino tra la decisione (*consensus animi*) e l'attività (*effectus operationis*): la prima è il consenso interiore, ovvero il peccato; la seconda l'azione esteriore, l'effetto pratico[167].

---

[166] *Ethica, Quid sit animi uicium et quid proprie dicatur peccatum*, p. 30, rr. 16-20; cfr. Ilg., p. 20, rr. 513-517.

[167] I termini «decisione», in relazione all'interiorità del soggetto morale, e «attività» in relazione all'esteriorizzazione di detta interiorità, sono i termini con cui traduco rispettivamente i termini latini di *operatio* e *effectus operationis*: mi sembrano che, nel contesto di questo dottorato, sia rispettino il pensiero abelardiano, sia possano aiutare il lettore a seguire più agevolmente la mia analisi.

Come non è lo stesso volere e dare attuazione alla volontà, così non è tutt'uno peccare e tradurre in atto il peccato. Quello va inteso in ordine al consenso interiore con il quale si pecca, questo invece in ordine all'effetto pratico, quando traduciamo in pratica con l'azione ciò cui precedentemente si sia prestato l'assenso[168].

L'attività, ovvero l'effetto pratico della decisione, quindi, non aggiunge nulla al peccato inteso come disprezzo di Dio: è soltanto la realizzazione storica, categoriale, relativa e quindi limitata, di quel male radicale a cui si è già acconsentito.

Alcuni si stupiscono non poco quando ci sentono dire che l'atto peccaminoso non si chiama propriamente peccato e che esso non aggiunge nulla e non aumenta il peccato stesso, mentre invece si inflige più grave soddisfazione ai penitenti per l'effetto dell'azione che non per la colpevolezza del consenso[169].

Ma, contrariamente a quanto spesso affermato, Abelardo non svuota completamente l'attività, ovvero l'azione esteriore. A tale ipotesi si può contrapporre il concetto di «soddisfazione» che emerge dal testo dell'*Ethica* stesso.

C.2 *Il processo di conversione: soddisfazione e pentimento*

Se ogni attività non avesse alcun significato, non avrebbe alcun senso parlare di soddisfazione. Tanto più è valida questa obiezione, quanto più consideriamo che Abelardo pone la soddisfazione come terzo elemento, dopo il pentimento e la confessione, nella riconciliazione del peccatore con Dio[170].

La riconciliazione del peccatore con Dio non è una riparazione estrinseca al rapporto invalidato dal peccato, ma l'intimo percorrere a ritroso il cammino che ha portato al disprezzo di Dio.

---

[168] «Sicut autem non idem est uelle quod uoluntatem implere, ita non idem est peccare quod peccatum perficere. Illud quippe de *consensu animi* quo peccamus, hoc de *effectu operationis* est accipiendum, cum uidelicet illud in quo prius consensimus opere implemus» (*Ethica, Quid sit animi uicium et quid proprie dicatur peccatum*, p. 32, rr. 19-22; cfr. Ilg., p. 21, rr. 552-556).

[169] *Ethica, Cur opera peccati magis quam ipsum puniatur*, p. 38, rr. 6-9; cfr. Ilg., p. 25, rr. 649-653.

[170] «Tria itaque sunt in reconciliatione peccatoris ad Deum, penitentia scilicet, confessio, satisfactio» (*Ethica, De peccatorum reconciliatione*, p. 76, rr. 19-20; cfr. Ilg., p. 51, rr. 1323-1324).

Tutte le pene della vita presente con cui facciamo penitenza per i peccati, il digiuno, la preghiera, la veglia, il mortificare la carne in molti modi, il dare ai poveri quanto sottraiamo a noi stessi, la chiamiamo soddisfazione; e sappiamo che il Vangelo con altro nome la chiama «frutti di penitenza», quando dice: «Fate frutti degni di penitenza»[171]; come se fosse detto chiaramente: riparando i peccati con una degna soddisfazione vi riconciliate a Dio in modo che egli poi non trova più niente da punire in voi; così prevenite con pene più miti le pene più gravi[172].

Il peccato, compiuto nell'interiorità, ed esplicitato con l'attività crea un caos, anche visibile, nel *cosmos* divino che deve essere in qualche modo ristabilito: nella soddisfazione è in gioco la *recta ratio*. Come la *ratio* del soggetto agente deve tendere a comprendere e a partecipare sempre più della *ratio* del cosmo, così anche la sua volontà deve essere tesa verso la medesima partecipazione. Nella soddisfazione si sottopone la propria volontà alla volontà altrui: si elimina in radice il peccato di autonomia assoluta dell'Eden.

Infine i sacerdoti cui sono affidate le anime di quanti si aprono a loro hanno il compito di imporre loro la soddisfazione della penitenza; così quelli che usando malamente e con superbia della loro libertà hanno disprezzato Dio, si sottopongano alla correzione secondo la volontà di un potere loro estraneo e in ciò hanno tanto maggiore sicurezza quanto più nell'obbedienza ai propri preposti seguono non la propria, ma la altrui volontà[173].

La necessità della soddisfazione emerge dalla citazione seguente, soprattutto dal testo originale in latino che la esplicita con maggior forza: il termine *qualiter* rivela la serietà del processo di conversione e del rapporto con la giustizia divina, e — in contro luce — la dignità dell'*imago Dei*.

La giustizia divina dopo averli a lungo richiamati dalla loro cecità e dalla loro malizia a vita migliore, li abbandona finalmente alla loro empietà[174] e così accecati li rigetta lontani dal suo cospetto; essi così nemmeno conoscono il vero pentimento; né possono avere notizia del modo in cui [*qualiter*] la soddisfazione del male ha da essere prestata[175].

---

[171] Mt 3,8.
[172] *Ethica, Quod non numquam confessio dimitti potest*, p. 108, rr. 13-21; cfr. Ilg., p. 72, rr. 1890-1899.
[173] *Ethica, De confessione*, p. 98, rr. 19-24; cfr. Ilg., p. 66, rr. 1713-1718.
[174] Rom 1,28.
[175] «Quos diu obcecatos atque uocatos ut a malitia sua conuerterentur, ita tandem in reprobum sensum diuina iustitia tradit, et cecitate percussos a facie sua prorsus

La soddisfazione è il luogo in cui il peccatore ristabilisce il rapporto con il Dio offeso, in cui ha la possibilità di restaurare l'immagine divina deformata, ponendo azioni esteriori di segno inverso a quelle scorrette: e questo sia in vista di un autentico e progressivo processo di conversione, sia per dare una rinnovata visibilità all'ordine divino. Anche se la soddisfazione non può essere posta (ad esempio per una morte improvvisa), ma il desiderio di riconciliarsi con Dio è sincero, essa non viene annullata completamente.

> Sebbene non abbia allora, prevenuto da circostanze di necessità, la possibilità di accostarsi alla confessione o di compiere la soddisfazione, se esce di questa vita con quel pianto nel cuore non può incorrere nel fuoco della geenna; così il peccato viene rimesso da Dio, cioè colui diviene tale da non essere più degno dell'eterna punizione di Dio, come era invece dapprima per il peccato precedentemente commesso [...]. Molti infatti di quelli che si pentono se, prevenuti dalla morte, non hanno avuto tempo di compiere in questa vita la soddisfazione del loro pentimento, vengono assegnati per la vita futura alle pene del purgatorio, non a quella dell'inferno. Perciò non si sa quanto tempo duri il giorno supremo del giudizio nel quale molti fedeli dovranno essere puniti istantaneamente, sebbene la risurrezione avvenga «in un attimo, in un batter d'occhio»[176] e ciò affinché possano in quel momento rendere soddisfazione delle colpe per quel tanto che Dio ha stabilito, se hanno differito o hanno avuto impedita tale soddisfazione fino a quell'istante[177].

Da queste considerazioni emerge un lucido realismo sulla struttura antropologica e morale di ogni uomo: la gradualità della conversione e della comprensione di Dio. Relativamente alla soddisfazione come lento, ma reale, percorso storico e umano di ritorno a Dio, si può proporre uno schema a chiasmo:

---

abicit, ut ne salubris penitentiae notitiam habeant, nec *qualiter* satisfaciendum sit aduertere queant» (*Ethica, Quid proprie dicatur penitentia*, p. 78, rr. 17-21; cfr. Ilg., p. 52, rr. 1351-1355).

[176] 1Cor 15,52.

[177] *Ethica, De fructuosa penitentia*, p. 88, rr. 15-21.22.29; cfr. Ilg., p. 59, rr. 1528-1533.1535-1543.

Il punto centrale del chiasmo, ciò che permette la svolta, la *metanoia*, il cambiamento di mentalità è il pentimento come rinnovato riconoscimento del bene, dapprima disprezzato. Il pentirsi è un nuovo dono, una nuova rivelazione che riequilibra le potenze dell'anima, riordinandole al bene per cui erano state fatte, recuperando così la verità dell'*imago Dei*, in vista di una rinnovata potenza tendente al bene. Il pentimento, inteso come dono, va accolto e realizzato anche nella storia, tramite la soddisfazione, come unica possibilità di reale riavvicinamento a Dio.

La soddisfazione, quindi, presuppone il pentimento. Il pentimento è: «il dolore dell'animo per ciò in cui ha peccato, quando cioè ad uno rincresce di avere commesso qualche eccesso»[178]. L'eccesso appena nominato, nel contesto del presente lavoro, viene inteso come sproporzione tra le potenze dell'anima, uno squilibrio tra di esse.

Sulla base della presente interpretazione del pentimento, risulta interessante la distinzione di Abelardo tra il pentimento efficace e il pentimento inefficace. Il pentimento efficace è così definito: «Questo pentimento poi può derivare dall'amore di Dio e allora è fruttuoso»[179].

---

[178] *Ethica, Quid proprie dicatur penitentia*, p. 76, rr. 22-23; cfr. Ilg., p. 51, rr. 1235-1327.
[179] *Ethica, Quid proprie dicatur penitentia*, p. 76, rr. 23-24; cfr. Ilg., p. 76, rr. 1327-1329.

Mentre del pentimento inefficace Abelardo ci propone questa spiegazione:

> Talvolta invece deriva dalla considerazione di qualche danno da cui non si vorrebbe essere colpiti [...] molti ogni giorno sul punto di morire si pentono delle malvagità commesse e piangono lacrime di amaro pentimento non tanto per amore di Dio che hanno offeso, o per odio al peccato che hanno commesso, quanto per il timore del castigo in cui temono di venire precipitati. Costoro restano malvagi anche nel loro pentimento per il fatto che non dispiace loro tanto la colpa nella sua iniquità quanto la pena nella sua gravità, sebbene essa sia conforme a giustizia; e non hanno in odio quel che hanno commesso in quanto è male, bensì il giusto giudizio di Dio che temono nel castigo, odiando così più la giustizia che l'empietà[180].

È evidente come anche nel pentimento siano coinvolte le facoltà ordinate o in maniera armonica (pentimento efficace) o in maniera non armonica (pentimento non efficace).

L'attività, le azioni esteriori, pertanto, non possono essere ignorate o considerate inconsistenti: sia proprio per il ruolo che la soddisfazione gioca nell'intero sistema etico abelardiano, sia per il fatto che il testo stesso afferma che l'attività possiede una certa importanza. Rimane da stabilire quale.

> Con ciò tuttavia non si vuole negare che in questa vita si attribuisca qualche importanza a simili azioni buone o cattive; ciò avviene affinché per la retribuzione presente, attraverso il premio o il castigo, l'uomo si senta più incitato a compiere il bene o più distolto dal compiere il male; e affinché gli uni prendano esempio dagli altri nel fare ciò che conviene o nell'evitare ciò che è sconveniente[181].

Da notare che si parla di «ciò che conviene» e «ciò che è sconveniente»: l'esempio coinvolge la potenza che si esprime in *ratio* e volontà.

C.3 *La retribuzione presente: giustizia divina e giustizia umana*

L'attività, quindi, possiede «qualche importanza» ed è una duplice importanza. La prima è la retribuzione — umana — in ordine ad una più piena conversione. La seconda è l'importanza dell'esempio, della

---

[180] *Ethica, Quid proprie dicatur penitentia*, pp. 76.78, rr. 24-25.9-17; cfr. Ilg., pp. 51-52, rr. 1328-1329.1342-1351.
[181] *Ethica, De remuneratione operum exteriorum*, pp. 48-50, rr. 32-33.1-3; cfr. Ilg., p. 32, rr. 844-849.

testimonianza, della pedagogia, in relazione all'ordine divino, alla potenza che deve esprimersi armoniosamente.

La retribuzione, per quanto compete al giudizio umano, sempre in analogia con il giudizio divino, e solo relativamente a quanto le compete, vuole aiutare a scoprire, tramite il premio o il castigo (in realtà molto più spesso tramite il castigo), quale sia l'ordine divino, il *cosmos*.

> Uno infatti pecca quasi soltanto in sé quando la sua colpa, non essendo conosciuta, non rende reo che lui e per quanto sta in lui non trascina al male gli altri attraverso l'esempio. Ma anche se non c'è nessuno che imiti la sua cattiva azione, e nemmeno vi sia chi la conosca, tuttavia presso gli uomini deve essere castigata l'azione più che la colpa dell'animo, perché quella poté costituire una sfera più ampia di offesa e divenire, attraverso l'esempio, più pericolosa che la colpa nascosta dell'animo[182].

Anche in questo caso può essere messo in gioco il binomio volontà / *ratio*.

La giustizia umana[183] (sia ecclesiastica che civile) e la retribuzione, si muovono prevalentemente sul piano dell'esteriorità, dell'ordine visibile, dell'attività: pertanto, hanno una risonanza più immediata nell'ambito della *ratio* che in quello della volontà.

> Tutto ciò si fa non tanto secondo un dovere di giustizia, quanto seguendo un criterio di opportunità sociale per provvedere, come si è detto, alla utilità comune, prevenendo i danni pubblici. Infatti spesso peccati minimi sono puniti con pene maggiori perché ci si attiene non tanto all'equilibrio della giustizia esaminando quale colpa abbia preceduto l'azione, quanto piuttosto ad un criterio di prudente preveggenza pensando agli inconvenienti che po-

---

[182] *Ethica, Cur Deus dicatur inspector cordis et renum*, p. 42, rr. 15-21; cfr. Ilg., p. 28, rr. 725-732.

[183] Marenbon dedica un capitolo del suo testo *The philosophy*, intitolato *Ethics, society and practice*, ad esaminare il pensiero abelardiano circa il ruolo della società nell'elaborazione di un pensiero etico, sia a partire dagli autori precedenti cui il Maestro Palatino si ispira, sia nell'evoluzione stessa del pensiero in un'analisi diacronica delle opere. Marenbon afferma che Abelardo sembra rifarsi ad una comunità ideale (*ideal community*), sulla scia di Platone, applicando e modulando le caratteristiche a comunità monastiche cristiane. Tuttavia, quello che interessa ai fini di questo lavoro è il commento di Marenbon del rapporto tra la teoria sociale e la teoria individuale che emergerebbe dallo *Scito te ipsum*, in particolare in base all'esempio della madre che involontariamente soffoca il figlio: «As in Abelard's earlier social theory, the community is put before the individual. But now it is the negative aspects of this position which are emphasized. Such unjust justice is seen as congruent with human limitations and contrasted with God "who examines guilt with true judgement"» (J. MARENBON, *The Philosophy*, 313).

trebbero derivare dall'azione, se fosse punita in modo leggero. Lasciando perciò le colpe dell'animo al giudizio divino, perseguiamo col nostro i loro effetti, su cui ci è possibile emettere un giudizio, e seguiamo a tale riguardo il senso dell'opportunità, cioè ci atteniamo più ad un criterio di prudenza, come si è detto, che alla pura giustizia[184].

Rimane, nondimeno, stabile il fatto che nessuna delle due facoltà — né la *ratio*, né la volontà — si presenta senza l'altra e, quindi, anche la correzione umana, seppure con forza diversa, si pone su entrambi i piani. L'esempio della madre che involontariamente soffoca il figlio può aiutarci a comprendere questo: la punizione è data per prevenire altri casi simili, anche se la donna ha agito per amore. Tale punizione riporta l'attenzione sull'ordine e sulla legge («Non uccidere»), ma permette, nella sua paradossalità, di comprendere come disordinata la volontà priva di *ratio*, anche quando è animata dalla carità; la retribuzione riporta l'attenzione, sia a livello personale, sia a livello comunitario, sul binomio inscindibile volontà / *ratio*. Emerge lo stesso rapporto dall'esempio del vecchio profeta di Betel:

> Così toccò al profeta che mandato contro Samaria si comportò in ordine al cibo contro un comando di Dio[185]; in ciò tuttavia senza aver commesso nulla che volesse significare disprezzo di Dio fu ingannato da un altro profeta; tuttavia la sua innocenza fu colpita con la morte non per una sua colpa quanto per essere egli incorso in un'azione proibita [...]. Nella sua azione non ci fu dunque colpa, poiché egli decise in quel modo di evitare una colpa, né la morte improvvisa gli poté nuocere, poiché, quanto a lui, lo tolse alle calamità della vita presente, mentre servì a rendere avvertiti molti i quali videro così un giusto condannato senza colpa ed ebbro prova dell'adempiersi in lui di ciò che altrove si dice al Signore: «Tu, o Dio, essendo giusto disponi tutto con giustizia, anche quando condanni colui che non deve essere punito»[186]. Tu lo condanni, intende, alla morte corporale, non a quella eterna[187].

Che la giustizia umana non voglia porsi solo sul piano dell'esteriorità, e del *cosmos* visibile e comprensibile tramite la *ratio*, è intuibile dal rapporto che essa instaura con la prudenza[188]. La giustizia

---

[184] *Ethica, Cur Deus dicatur inspector cordis et renum*, p. 44, rr. 3-12; cfr. Ilg., p. 29, rr. 747-758.
[185] 1Re 13,11-32.
[186] Sap 12,15.
[187] *Ethica, Quot modis peccatum dicatur*, p. 60, rr. 12-16.27-34; cfr. Ilg., p. 40, rr. 1036-1041.1053-1060.
[188] Cfr. nota n° 184, p. 142.

umana, nella consapevolezza di non essere sovrapponibile a quella divina, ma di essere soltanto in analogia con essa, assume come criterio fondante la prudenza. Ma la prudenza è un atteggiamento interiore, una virtù, o più precisamente, la madre delle virtù. Come abbiamo visto specularmente per il vizio, la virtù coinvolge sia la volontà che la *ratio*. «La prudenza, cioè la distinzione del bene e del male, è la madre delle virtù più che una virtù. Ad essa spetta fare le distribuzioni in ragione del tempo, del luogo ed a seconda della dignità delle persone»[189].

Emerge quindi un rapporto tra decisione e attività che impedisce di svuotare totalmente l'azione esteriore. La relazione è ancora più limpida nel caso della confessione, ovvero il caso in cui il rapporto con Dio è più esplicito. La responsabilità nei confronti della soddisfazione ricade sia sul singolo, sia sui prelati. Ancora una volta, quindi, l'attività ha un valore intrinseco al rapporto con Dio, all'interiorità del soggetto agente.

La responsabilità del singolo si esprime nella ricerca di colui che maggiormente[190] può essere di aiuto in questo cammino di ritorno a Dio. «Nessuno infatti deve seguire nella fossa una guida che gli è stata data, se si accorge che è cieca; ed è meglio scegliere una guida che vede affinché possa giungere dove vuole andare che seguire malamente nel precipizio una guida che ci è stata malamente assegnata»[191].

---

[189] *Ethica, Incipit secundus*, p. 128, rr. 8-10; cfr. Ilg., p. 85, rr. 2237-2240. Si veda anche: *Dialogus*, 2018-2061.

[190] «Nichil etiam inpedit ne prelati eligant subiectos ad confessionem faciendam uel ad satisfactionem suscipiendam, ut quod agitur tanto Deo fiat acceptius quanto ab illis geritur humilius. Quis etiam uetet quemlibet in talibus personam religiosiorem uel magis discretam eligere, cuius arbitrio satisfactionem suam committat, et orationibus eius plurimuni adiuuetur? Vnde et cum premissum sit: "et orate pro inuicem ut saluemini", statim adiunctum est, "Multum enim ualet deprecatio iusti assidua"» (*Ethica, Quod non numquam confessio dimitti potest*, pp. 102-104, rr. 34-35.1-6; cfr. Ilg., p. 69, rr. 1798-1807).

[191] L'intero passo da cui è tratta la citazione, ribadisce il concetto appena espresso: «Non numquam etiam peccata uel ex ira uel ex leuitate reuelando grauiter aecclesiam scandalizant, et eos qui confessi sunt in pericula magna constituunt. Vnde qui pro his incommoditatibus prelatos suos uitare decreuerunt et alios in talibus eligere quos ad ista commodiores credunt, nequaquam sunt improbandi, sed potius comprobandi quod ad sollertiorem medicum declinant. In quo tamen faciendo si assensum prelatorum inpetrare possunt ut ab eis ad alios dirigantur, tanto id conuenientius agunt quanto humilius per obedientiam hoc faciunt. Sin autem prelati superbi hoc eis interdicunt, tamquam se uiliores estimando si meliores medici requirantur, egrotus tamen de salute sua sollicitus, quod melius credit medicamentum maiori sollicitudine requirat et meliori consilio cedat plurimum» (*Ethica, Quod non numquam confessio dimitti potest*, pp. 104-106, rr. 21-33.1-3; cfr. Ilg., p. 70, rr. 1823-1842).

Nel caso in cui questo non sia possibile, rimane comunque salvo il sincero pentimento, tutelato dalla misericordia divina, anche se la soddisfazione non è del tutto eliminata[192], proprio perché appartenente al processo di conversione.

> I sottoposti non devono tuttavia disperare nella misericordia di Dio se, pronti del tutto alla penitenza, si affidano alla volontà dei loro preposti, sebbene ciechi e se eseguono diligentemente e per obbedienza quello che essi per errore inadeguatamente insegnano. L'errore dei preposti infatti non condanna i fedeli, né il vizio dei primi è accusa per i secondi[193].

Se, al contrario, nel pentimento si insinua una certa accidia relativa alla soddisfazione, una negligenza nel compiere la penitenza, o una certa superficialità nella scelta del confessore, il cammino di conversione subisce un appesantimento, corrispondente all'interiorità del penitente[194].

Il ruolo e la responsabilità dei confessori si esprimono nell'aiuto, da darsi ai penitenti, di una sempre maggiore comprensione del bene da compiersi, nell'esercizio corretto di *ratio* e volontà, nel sostenere — con una soddisfazione corrispondente al male compiuto — il cammino di conversione del peccatore. Sia la *ratio* del penitente che quella del confessore sono coinvolte: entrambe devono tendere ad adeguarsi alla *ratio* divina, seppure l'esercizio differisca nelle modalità. «Bisogna considerare di che natura sia la colpa e quale sia il pentimento che le tiene dietro ed allora la sentenza del pastore assolverà coloro che Dio onnipotente ha visitato con la grazia della contrizione. L'assoluzione del prelato è infatti vera quando tiene dietro al giudizio del giudice interno»[195].

---

[192] «Siquid tamen de pena satisfactionis minus est institutum quam oporteat, Deus qui nullum peccatum impunitum dimittit, et singula quantum debet punit, pro quantitate peccati satisfactionis equitatem seruabit, ipsos uidelicet penitentes non aeternis suppliciis resueruando, sed in hac vita uel in futura penis purgatoriis affligendo, si nos, inquam, in nostra satisfactione negligentes fuerimus» (*Ethica, Quod non numquam confessio dimitti potest*, p. 108, rr. 2-8; cfr. Ilg., p. 71-72, rr. 1877-1884).

[193] *Ethica, Quod non numquam confessio dimitti potest*, p. 106, rr. 27-32; cfr. Ilg., p. 71, rr. 1868-1874.

[194] «Cum ergo indiscreti fuerint sacerdotes qui haec instituta canonum ignorant, ut minus de satisfactione quam oportet iniungant, magnum hinc incommodum penitentes incurrunt, cum male de ipsis confisi grauioribus penis postmodum plectentur, unde hic per leuiores satisfacere potuerunt» (*Ethica, Quod non numquam confessio dimitti potest*, p. 108, rr. 24-30; cfr. Ilg., p. 72, rr. 1904-1909).

[195] *Ethica, Vtrum generaliter ad omnes pertineat prelatos soluere et ligare*, p. 120, rr. 7-11; cfr. Ilg., p. 80, rr. 2103-2107.

Non solo la *ratio*, ma anche la volontà del confessore e del pentitente devono uniformarsi alla volontà divina. Tuttavia possono sorgere dei paradossi. Se il confessore, per diversi motivi (ignoranza, malizia, cupidigia, sete di potere[196]...), non ha come primo interesse la valutazione, l'insegnamento e la correzione di detto rapporto, la sua sentenza non ha valore[197]. Eppure, malgrado ciò, i penitenti sono tenuti a seguire le indicazioni dei confessori, anche quando esse non corrispondono a verità[198]: non solo «in ciò hanno tanto maggiore sicurezza quanto più nell'obbedienza ai propri preposti seguono non la propria, ma la altrui volontà»[199], ma anche: «per coloro che vengono o legati o sciolti quaggiù dai pastori della Chiesa in qualunque modo, come si è detto, la potestà celeste conferma la sentenza giusta o ingiusta, in maniera da comandare che essa venga da parte dei sottoposti osservata per umiltà»[200].

Queste ultime citazioni mi permettono due precisazioni:

1) ancora una volta l'attività, l'esteriorità ha un ruolo di una «certa importanza», che si esplicita nei confronti della decisione, dell'interiorità, vero luogo in cui si compie il peccato. Questo è vero anche nel caso di una soddisfazione ingiusta, imposta da un prelato, che offre comunque la possibilità di esercitare la virtù dell'umiltà e può prevenire colpe maggiori.

2) emerge una certa concezione gerarchica del rapporto con l'autorità umana ed ecclesiastica — anche con quella non modellata sull'autorità divina — che già si era intravista nell'esempio del servo che uccide il

---

[196] Cfr. *Ethica, Quod non numquam confessio dimitti potest*.

[197] «Ex his Gregorii dictis et diuinae auctoritatis exemplis liquidum est nichil episcoporum sentenciam ualere si ab aequitate discrepat diuina, iuxta illud propheticum, "mortificare uel uiuificare uolentes quos non possunt"» (*Ethica, Vtrum generaliter ad omnes pertineat prelatos soluere et ligare*, p. 120-122, rr. 34.1-3; cfr. Ilg., p. 81, rr. 2136-2139).

[198] «Et beatus supra Gregorius, quamuis cum qui iniuste subiectos ligat potestate ligandi et soluendi se priuare dicat, hoc est, ea se sic indignum facere, precipit tamen sentenciam pastoris, quamuis iniustam, a subiectis timendam nec esse uiolandam, ut nemo uidelicet quacumque de causa per excommunicacionem eliminatus ab aecclesia, contra uoluntatem episcopi se in eam intrudere presumat uel in hoc ei contumaciter resistere audeat, ne per hoc culpam incurrat quam prius non habebat» (*Ethica, Vtrum generaliter ad omnes pertineat prelatos soluere et ligare*, p. 124, rr. 11-18; cfr. Ilg., p. 83, rr. 2179-2187).

[199] *Ethica, De confessione*, p. 98, rr. 22-24; cfr. Ilg., p. 66, rr. 1716-1718. Cfr. inoltre nota n° 173, p. 137.

[200] *Ethica, Vtrum generaliter ad omnes pertineat prelatos soluere et ligare*, p. 124, rr. 6-9; cfr. Ilg., pp. 82-83, rr. 2173-2177.

padrone[201]. La sottomissione non vuole inficiare l'autonomia morale del credente ed eliminare la sua *ratio*, ma sottoporre ad un esercizio di umiltà la volontà, nella ricerca di una corrispondenza con la volontà divina.

Abelardo non svuota l'attività, né ignora le conseguenze storiche del male e neppure considera il percorso morale del soggetto come disincarnato. L'interiorità della persona e le sue decisioni rimangono il centro d'attenzione anche nella trattazione dell'attività esteriore, ma quest'ultima non è qualche cosa di aggiunto estrinsecamente, di neutro o secondario nei confronti dell'interiorità e della moralità in genere. Il cammino di ritorno a Dio, la relazione che va dalla creatura al Creatore si dà solo e realisticamente considerando i due piani — decisione / attività — come inscindibili e contemporaneamente come non assimilabili, né per quantità, né per qualità.

In conclusione si può porre attenzione ad un ultimo apparente paradosso: da una parte l'attività non è svuotata (per i motivi sopra enunciati), dall'altra dal testo dell'*Ethica* emerge chiaramente che: «Un'azione qualsiasi pertanto non ha nulla a che vedere con un aumento del peccato»[202]. Non si tratta di un paradosso, ma di un ulteriore indizio della struttura antropologica creata ad immagine e somiglianza di Dio. Infatti: in Dio la bontà non dipende dagli effetti della sua attività; come è stato sottolineato nel primo capitolo, la sua attività spirituale non comporta necessariamente una realizzazione storica.

> Infatti, le cose che accadono non è opportuno che accadano se non per un disegno provvidenziale, ed è necessario che la provvidenza stessa giunga alla realizzazione di ciò che in essa è previsto: tuttavia, non per questo è opportuno affermare che le cose previste non avrebbero potuto non essere affatto. Oppure, se riteniamo impossibile che Dio sia mai stato privo della volontà di creare il mondo o di usare misericordia: anche in questo caso, non per questo siamo costretti ad affermare che il mondo e tutte le cose create non avrebbero potuto anche non essere. Infatti, come è stato già chiarito, nel primo caso «possibile» è utilizzato in riferimento alla natura di Dio, nel secondo caso in riferimento alla natura delle creature. Per cui, pur essendo necessario che Dio

---

[201] I passaggi abelardiani che trattano la questione del rapporto con l'autorità sono i brani che più risentono del momento storico in cui il Maestro Palatino si trova a vivere e pensare. La gerarchia — sociale, civile, ecclesiastica — va comunque rispettata, anche nel caso di un suo evidente difetto di giustizia. L'esempio del servo che uccide il padrone (cfr. nota n° 31, p. 59) ne è chiaro esempio: il servo, benché inizialmente innocente, pecca nel momento in cui, seppur per legittima difesa, uccide il suo padrone, gerarchicamente superiore.

[202] Cfr. nota n° 110, p. 120.

di natura abbia una provvidenza e una volontà benevola riguardo alle cose, perchè proprio questo è ciò che più conviene alla sua dignità: tuttavia non per questo è necessario che la natura delle cose sia tale da implicare la loro esistenza, dal momento che esse avrebbero anche potuto non esistere affatto[203].

L'identico dinamismo, sempre in analogia, può essere affermato per la creatura umana, se gli è impedito — per circostanze esterne — di compiere sia il bene che il male.

Dio infatti nella rimunerazione del bene e del male guarda solo all'animo, non agli effetti delle azioni, non tiene conto di ciò che proviene da colpa o dalla nostra buona volontà ma giudica l'animo stesso nello scopo del suo tendere, non nell'effetto dell'atto esterno [...] Due uomini hanno lo stesso proposito, quello cioè di edificare delle case per i poveri; uno dei due conduce a termine l'opera dettatagli dalla sua pietà, mentre l'altro, essendogli stato rubato con violenza il denaro che aveva messo da parte allo scopo, non può più condurre a termine il suo proposito senza che perciò intervenga alcuna sua colpa, ma solo in conseguenza di un impedimento postogli dalla violenza. Forse che ciò che è stato fatto esternamente poté diminuire il suo merito presso Dio o la malizia di un altro poté rendere meno accettabile a Dio colui che fece in onore di Dio tutto quanto gli fu possibile?[204].

---

[203] La citazione è già stata analizzata, in parte: cfr. nota n° 79, p. 77. «Etsi enim sine prouidentia esse non potuit quia non oportuit, ipsam quoque prouidentiam rerum euentum consequi necesse sit, non tamen ideo res prouisas concedi oportet non potuisse non esse. Aut si eum sine uoluntate creandi mundum, uel uoluntate miserendi ponamus non potuisse non esse, non ideo cogendi sumus uel mundum uel ea quae creata sunt non potuisse deesse. Ibi quippe, sicut iam determinatum est, ad naturam dei, hic ad naturam creaturarum "possibile" sumitur. Vnde necesse non est, ut, cum deus ex propria natura uel prouidentiam rerum uel bonam de eis uoluntatem habere necesse sit, quia hoc uidelicet ei maxime conuenit, non tamen natura rerum ut ipsae sint exigit, quae omnino non esse possunt» (*TSch*, III, 53).

[204] Si tratta del medesimo esempio presentato in *TSch* III, 116. Cfr. p. 70. Per il passaggio dello *Scito te ipsum* appena citato, cfr. *Ethica, Cur Deus dicatur inspector cordis et renum*, p. 44.48, rr. 26-30.13-21; cfr. inoltre Ilg., p. 30.32, rr. 774-778.825-833. Il concetto è riaffermato in un altro passaggio del testo oggetto della presente tesi: «Nec mirum cum e conuerso ipsa peccata uocemus facta, iuxta illud Athanasii, "Et reddituri sunt", inquit, "de factis propriis rationem, et qui bona egerunt ibunt in uitam aeternam, qui uero mala in ignem aeternum". Quid est enim "de factis propriis"? An tamquam de his tantum quae opere impleuerunt faciendum sit iudicium, ut plus accipiat in remuneratione qui plus habuerit in opere, uel a dampnatione sit immunis qui in eo quod indendit effectu caruit, sicut ipse diabolus qui quod presumpsit affectu non obtinuit effectu? Absit. "De factis" itaque "propriis" dicit de consensu eorum, quae implere decreuerunt, hoc est, de peccatis quae apud Dominum pro opere facti depu-

Come in Dio tra la sua decisione e la sua attività non esiste un rapporto meccanicistico, di necessità, così accade anche nell'uomo, sia che egli sia incline al bene, sia che sia incline al male.

Tuttavia con questa affermazione non si vuole svuotare né il piano storico dell'attività spirituale umana e nemmeno il peso dell'effetto dell'azione. Al contrario: il tempo e lo spazio sono e rimangono l'unico luogo in cui l'uomo è chiamato ad esercitare la sua attività spirituale e a dirigere la sua capacità etica verso il Sommo Bene. È la storia ad essere teatro della libertà; solo dopo la morte l'uomo non avrà più possibilità di esercitare la libertà e quindi la sua capacità etica.

C.3.1 Il concetto di «legge» nello *Scito te ipsum*

Snodo cruciale nel campo della tensione nella storia, e dell'impianto etico abelardiano, è la legge, con il concetto ad esso soggiacente. Tuttavia il concetto di «legge» è assai fluttuante nell'*Ethica*, a causa di una scarsa precisione terminologica. Soltanto nel contesto è possibile stabilire se si tratti di legge divina, naturale, antica, nuova o umana[205].

La legge umana si pone soprattutto in relazione all'attività, all'esteriorità; la legge divina (naturale, antica e nuova) soprattutto in relazione alla decisione, all'interiorità del soggetto agente.

La legge umana si relaziona alla legge divina tramite un rapporto di analogia, simile a quello che sussiste tra la giustizia umana e la giustizia divina. La legge e la giustizia umane seguono criteri di convenienza, di prevenzione, di pubblica utilità più che di giustizia e verità. Inoltre si rivolgono massimamente all'attività, dal momento che — come abbiamo visto — è l'unico ambito che l'uomo può giudicare. Pertanto sono fallibili dal punto di vista della reale interiorità del soggetto agente: «spesso per sbaglio, o, come si è detto, per esservi costretti dalla legge, puniamo gli innocenti e assolviamo i rei»[206].

---

tantur, cum ille scilicet sic puniat illa sicuti nos opera» (*Ethica, Quot modis peccatum dicatur*, p. 58, rr. 3-14 ; cfr. Ilg., p. 38, rr. 985-998).

[205] Per curiosità statistica: si può notare che il termine «legge» appare ben 19 volte nel testo, ma, di queste 19 volte, una sola volta è specificato esplicitamente in quanto «legge divina», una volta in quanto «legge naturale» e nessuna volta in quanto «legge antica», «legge nuova» o «legge umana».

[206] *Ethica, Cur opera peccati magis quam ipsum puniatur*, p. 40, rr. 15-16; cfr. Ilg., p. 26, rr. 692-694. Il complesso rapporto tra punizione, legge, interiorità umana è riscontrabile anche nel seguente esempio: «Non numquam etiam contingit aliquem ab inimicis suis apud iudicem accusari, et tale quid illi imponi unde illum innocentem esse iudex cognoscit. Quia tamen illi instant et audientiam in iudicio postulant, statuto

Dio fu chiamato scrutatore dei cuori e dei reni, cioè conoscitore delle intenzioni e dei consensi che da quelle derivano. Noi invece che non siamo in grado di discutere e di giudicare ciò, rivolgiamo il nostro giudizio massimamente alle azioni e puniamo non tutte le colpe, quanto le opere e ci industriamo di colpire in ognuno non tanto quello che è dannoso al suo spirito, quanto quello che può nuocere agli altri; così preveniamo i danni pubblici più che correggere gli individuali, secondo quanto ha detto anche il Signore a Pietro: «Se il tuo fratello ha peccato contro di te, prendilo da parte tra te e lui solo»[207] [...]. Ma anche se non c'è nessuno che imiti la sua cattiva azione, e nemmeno vi sia chi la conosca, tuttavia presso gli uomini deve essere castigata l'azione più che la colpa dell'animo, perché quella poté costituire una sfera più ampia di offesa e di divenire, attraverso l'esempio, più pericolosa che la colpa nascosta dell'animo. Pertanto tutto ciò che può essere di rovina comune, o che può tornare di pubblico detrimento, deve essere punito con un castigo più grave; ciò che costituisce poi una più larga offesa merita nella considerazione umana una pena più grave e uno scandalo maggiore degli uomini incorre in un supplizio maggiore tra di essi, anche se è preceduto da una colpa più leggera[208].

Il ruolo della legge umana sembra essere quello di trovare e mantenere un ordine sociale, più che individuale. Evidentemente l'ordine umano deve in qualche modo riflettere l'ordine divino. La *ratio* quindi è impegnata nello sforzo di comprensione dell'ordine divino, della formulazione dapprima e della applicazione di una legge in seguito, in conformità all'ordine divino, nella consapevolezza del limite intrinseco e della differenza dei piani (interiorità / esteriorità). Ma la logica interna, di partecipazione alla *ratio* divina, di verifica sul piano dell'esteriorità e di ordine sociale, è mantenuta salda, al punto che «qualche volta si infligge ragionevolmente una pena ad uno nel quale prima non ci fu alcuna colpa»[209]. Da sottolineare che la pena è inflitta «ragionevolmente», *racionabiliter*.

---

die causam ingrediuntur, testes proferunt licet falsos ad eum quem accusant conuincendum. Quos tamen testes cum nequaquam iudex manifestis de causis refellere possit, eos suscipere lege compellitur, et eorum probatione suscepta punit innocentem. Debet ergo punire illum qui puniri non debet. Debet utique quia quod ille non meruit hic secundum legem iuste agit. Ex his itaque liquet non numquam penam racionabiliter iniungi ei in quo nulla culpa precessit» (*Ethica, Cur opera peccati magis quam ipsum puniatur*, p. 38-40, rr. 22-28.1-5; cfr. Ilg., p. 26, rr. 668-680).
[207] Mt 18,15.
[208] *Ethica, Cur Deus dicatur inspector cordis et renum*, pp. 42, rr. 2-11.15-25; cfr. Ilg., p. 27-28, rr. 712-721.725-738.
[209] Cfr. nota n° 206, pp. 148-149.

Anche la legge divina, che è comprensibile per l'uomo o in quanto legge naturale o antica o nuova — e, diversamente da quella umana, si rivolge all'interiorità del soggetto agente[210] — è accolta, interpretata e applicata dalla *ratio*. Pertanto ogni uomo, per sua stessa natura, può giungere a riconoscere e a seguire, tramite la *ratio*, almeno la legge naturale[211] e, in essa, Dio e il suo ordine. Abelardo lo nota nell'esempio di Cornelio.

> Sebbene egli (Cornelio) per l'innanzi seguendo la legge naturale avesse riconosciuto l'esistenza di Dio e lo avesse amato, per cui meritò di essere esaudito nella sua preghiera e fu degno che i suoi atti di carità fossero accetti a Dio, tuttavia se gli fosse toccato di passare da questa vita prima di venire alla fede di Cristo, noi non avremmo osato promettergli la salvezza, per quanto fossero evidenti le sue buone azioni e saremmo stati più inclini a porlo tra gli infedeli che non tra i fedeli, per quanto zelo egli avesse spiegato per la sua propria salvezza[212].

Sembra, da questo passo, che la legge naturale non sia sufficiente ai fini della salvezza. Si cade nuovamente nel paradosso già visto a proposito dell'ignoranza: da una parte la salvezza offerta a tutti gli uomini nell'atto della creazione, dall'altra l'unicità dell'evento Cristo ai fini della salvezza[213]. Eppure si delinea altrettanto chiaramente che, anche con la semplice legge naturale, emergente tramite la *ratio*, ogni uomo può conoscere e amare Dio: questo significa anche che può essere in grado di distinguere dove si pone il disprezzo di Dio ed evitare il peccato in senso stretto.

Nei confronti della legge antica Abelardo si pone in polemica, non tanto contro la legge in sé quanto contro una sua interpretazione legalistica,

---

[210] «According to Abelard, then, every moral agent (all normal adult) in all periods of history has know natural law. "Know" here has the sense of habitual knowledge: as will become clear, Abelard thought that we might not bring a precept to mind, even when contemplating a course of action which would infringe it. [...] Although natural law is the most important of the three laws for Abelard's ethical theory, because it provides all moral agents in all periods with habitual knowledge of divine precepts» (J. MARENBON, *The philosophy*, 270).

[211] «Abelard makes clear the universality of this [natural] law» (J. MARENBON, *The philosophy*, 270).

[212] *Ethica, Quot modis peccatum dicatur*, p. 64, rr. 17-23; cfr. Ilg., p. 42-43, rr. 1107-1114.

[213] Questo passo andrebbe letto alla luce dell'intera opera abelardiana, in cui la *ratio* ha anche la capacità di penetrare anche in quella che noi chiamiamo «rivelazione soprannaturale». Cfr. nota n° 85, pp. 109-110.

che sposta l'essenza della medesima dall'interiorità del soggetto agente all'esteriorità.

La legge chiama appunto desiderio questo consenso al desiderio, quando dice: «Non desiderare»[214] [...]. Quando poi la legge proibisce di sposare o di mescolarsi carnalmente alle proprie sorelle[215], è chiaro che non c'è nessuno che possa osservare tale comando dal momento che spesso uno non può riconoscere le proprie sorelle; nessuno, dico, sempre che la proibizione sia fatta in ordine all'azione piuttosto che al consenso. E quando accada che uno per ignoranza sposi sua sorella, forse che è trasgressore della legge, perché fa ciò che la legge ha proibito? Tu mi dirai che non è trasgressore della legge perché non ha prestato il consenso alla trasgressione stessa, in quanto ha agito per ignoranza[216].

La legge antica, se interpretata dal punto di vista dell'esteriorità, genera timore, dal momento che giudica anche fattori che abbiamo visto non ricadere nello spazio di responsabilità etica del soggetto agente. Il peso della interpretazione della legge antica emerge dal confronto con la legge nuova:

Altrimenti avrebbero maggiore merito di fronte a Dio quelli che hanno portato il giogo pesante della legge che non quelli che lo servono secondo la libertà del Vangelo; infatti il timore importa una sofferenza che viene senz'altro scacciata dalla perfetta carità[217]; quanti sono tratti perciò dal timore compiono sforzo maggiore di quelli in cui domina la spontaneità dell'amore. Per questo il Signore esorta quelli che sono affaticati e appesantiti ad assumere il suo giogo soave ed il suo peso leggero[218], affinché passino dalla servitù della legge da cui erano oppressi alla libertà del Vangelo e affinché, avendo iniziato dal timore, compiano l'opera loro nella carità, la quale sopporta[219] e sostiene ogni cosa senza difficoltà[220].

---

[214] Dt 5, 21.
[215] Dt 27,22; Lv 20,17.
[216] *Ethica, Quid sit animi uicium et quid proprie dicatur peccatum*, pp. 24.26, rr. 16-18.16-21; cfr. Ilg., p. 16-17, rr. 407-408.436-444.
[217] Cfr. 1Gv 4,18.
[218] Mt 11,28-30.
[219] Cfr. 1Cor 13,7.
[220] *Ethica, Vtrum melius sit leuioribus culpis quam grauioribus abstinere*, p. 72, rr. 6-14; cfr. Ilg., p. 47-48, rr. 1235-1245.

Il passaggio dalla legge antica alla legge nuova risulta essere il passaggio dal timore alla carità[221]. La carità è quindi il principio informante della legge nuova[222].

Va sottolineato un passaggio di una citazione precedente: «Altrimenti avrebbero maggiore merito di fronte a Dio quelli che hanno portato il giogo pesante della legge che non quelli che lo servono secondo la libertà del Vangelo». Abelardo utilizza il «merito» come riferimento in relazione alla legge antica e nuova: ancora una volta emerge che il merito (frutto di una buona decisione), così come il suo contrario, ovvero il demerito (frutto di un consenso al male) sono in relazione all'interiorità del soggetto agente.

Il Maestro Palatino, come già affermato, non si pone *tout-court* contro la legge antica, ma solo contro quella sua interpretazione tendente al fariseismo. Il *Dialogus* offre diversi spunti circa questo tema, soprattutto nella sezione dedicata alla disputa tra il Giudeo e il Filosofo.

La legge nuova, mai nominata in questi termini, ma sempre come libertà evangelica, può trovare il principio informante nella carità. Anche se mai espresso esplicitamente, appare chiaro che fondante e fondamentale è l'evento Cristo nella sua globalità.

Nel presente lavoro è stato più volte sottolineato l'intimo rapporto in Dio tra la carità, la volontà, la sua benignità. Di conseguenza anche la

---

[221] Il tema è trattato spesso da Abelardo negli Inni e nelle omelie. A puro titolo esemplificativo si possono riportare i seguenti passaggi: «Lex hodie in monte Sinai uni populo, et in una lingua tradita, obscuritatis caligine fuit involuta, et tam fumo potius quam luce referta, sicut et patenter praefigurabatur cum ipsa traderetur. Spiritus vero super apostolos hodie descendens tam legis quam caeterorum divinorum verborum intelligentiam attulit et omnia genera linguarum, quibus haec ubique praedicarentur, discipulis contulit, et notum prius in Iudaea deum universo mundo declaravit, et ipsum ei acquisivit. Die Paschae, Dominum in corpore resurrexisse novimus. Hac vero die, id actum est per sancti Spiritus adventum, per quod universus mundus felicius in anima resuscitaretur» (*Sermo* XVII, PL 178, col. 501 A). Interessante è soprattutto il seguente passaggio, tratto dal terzo Inno di Pentecoste: «Tradente legem Domino / Mens tremens metum attulit, / Spiritus in cenaculo / Susceptus illum abstulit» (*Hym. Par.* 71, *In festo Pentecostes. In 3. Nocturno*, in *Peter Abelard's Hymnarius Paraclitensis*, ed. J. Szövérffy, 154-157).

[222] «Quod et beatus diligenter considerans Augustinus, omne preceptum uel prohibicionem ad karitatem seu cupiditatem potius quam ad opera reducens ait, "Nichil precipit lex nisi karitatem et nichil prohibet nisi cupiditatem". Vnde et Apostolus, "Omnis lex", inquit, "in uno sermone completur, diliges proxmum tuum sicut te ipsum". Et rursum, "Plenitudo legis est dilectio"» (*Ethica, Quid sit animi uicium et quid proprie dicatur peccatum*, p. 26, rr. 26-32; cfr. Ilg., p. 17-18, rr. 450-457).

volontà umana dovrebbe essere contrassegnata dalla carità, essere essa stessa carità.

Il rapporto tra carità (e quindi volontà) e *ratio* emerge distintamente dalla seguente citazione:

> Se qualcuno poi vuole sapere da che cosa noi possiamo supporre che a Dio dispiace di più la colpa dell'adulterio che il peccato di intemperanza nel cibo, io credo che la legge divina ce lo possa insegnare, quella legge che non stabilisce alcuna soddisfazione di pena per castigare l'intemperanza, ma che stabilisce la condanna dell'adulterio non con una pena qualsiasi, ma con il tormento della morte eterna. Infatti quanto più si offende la carità del prossimo che l'Apostolo definisce «la pienezza della legge»[223] e quanto più si agisce contro di essa, tanto più si pecca[224].

È la legge, in quanto espressione della *ratio* che ci permette di verificare, di volta in volta, come e quanto offendiamo il prossimo, in base alla carità[225]. La legge nuova quindi è richiamo e stimolo sia per la *ratio* che per la carità, «pienezza della legge».

Si è instaurato così un intrinseco legame tra *ratio* e volontà / carità, nel quale non è possibile porre una precedenza cronologica od ontologica: la volontà improntà la *ratio* e la *ratio*, a sua volta, è in grado di riconoscerla. Il percorso è duplice ed incessante. La connessione tra i due elementi è talmente forte e talmente equilibrata che la bontà del soggetto agente che agisce correttamente è data solo da questa unione. Infatti possiamo verificare che, quando uno dei due poli sovrasta l'altro, si danno delle situazioni in cui è a rischio la stessa moralità, come è già stato notato nella seconda sezione del presente capitolo.

Pertanto si può affermare che la legge nuova coinvolge in pienezza le facoltà umane, *ratio* e volontà.

---

[223] Rom 13,10.

[224] *Ethica, Vtrum melius sit leuioribus culpis quam grauioribus abstinere*, p. 74, rr. 12-19; cfr. Ilg., p. 49, rr. 1284-1291.

[225] Il passaggio in questione è ancora più sottile, se si considera la legge come possibilità di discernimento tra le azioni di coloro che sono indegni di esercitare il magistero della legge e le parole di Dio: è quindi possibilità di riconoscimento della carità. «Tamquam si diceret, Magisterium legis tales obtinent quorum opera cum sint mala et ob hoc respuenda, uerba tamen Dei quae de cathedra Moysi, hoc est, de magisterio legis, proferunt, suscipienda sunt ut simul quae ipsorum sunt opera reiciamus, et quae Dei sunt uerba retineamus» (*Ethica, Quod non numquam confessio dimitti potest*, p. 106, rr. 16-20; cfr. Ilg., p. 71, rr. 1856-1861).

CAPITOLO III

Verso la sintesi dei temi esplorati

Nello *Scito te ipsum* non appare alcuna definizione della dottrina etica, e neppure alcuna indicazione metodologica circa il suo statuto epistemologico. Addirittura, in tutto lo scritto, non compaiono né il termine «etica», né il termine «morale». Nel *Dialogus inter Philosophum, Iudaeum et Christianum*, invece, proprio all'inizio del confronto tra il Filosofo e il Cristiano, vi è uno scambio di battute alquanto preziose per l'indagine presente. Il loro scambio di teorie nasce proprio dall'esigenza di un confronto sulla dottrina etica[1].

Abelardo, per bocca del Cristiano[2], propone una affermazione assai densa di contenuti.

> CRISTIANO: E ora, per quanto ne sono in grado, procediamo alla definizione del fine e compimento di tutte le discipline: voi la chiamate etica o morale, noi invece siamo soliti chiamarla sapienza divina. Noi le diamo il nome da ciò che mira a raggiungere, cioè Dio, voi invece da ciò attraverso cui giungete a Dio, cioè dai buoni costumi, che chiamate virtù[3].

---

[1] «PHILOSOPHUS: Harum me, ut nosti, collationum tantumodo desiderium hoc adduxit, et hac nos omnes intentione congregati sumus» (*Dialogus*, 1260-1262).

[2] «The Christian becomes not the representative of faith as opposed to reason, but the more perceptive and logically acute of two men engaged in philosophical dispute» (J. MARENBON, *Early Medieval Philosophy*, 158).

[3] «CHRISTIANUS: Nunc profecto, quantum percipio, ad omnium disciplinarum finem et consummationem profiscimur. Quam quidem vos ethicam, id est moralem, nos *divinitatem* nominare consuevimus. Nos illam videlicet ex eo, ad quod

Tre sono le indicazioni utili ai fini del presente lavoro:

a) «*procediamo alla definizione del fine e compimento di tutte le discipline*».

L'etica è considerata come «fine e compimento di tutte le discipline». Questa posizione è sostenuta anche dal Filosofo:

> FILOSOFO: Gli altri studi rimangono certamente ad un livello inferiore di quello che riguarda il sommo bene e non arrivano a trattare della beatitudine, che è ben al di sopra di ogni cosa: sono, dunque, utili soltanto in quanto servono questa somma filosofia, come ancelle attorno alla signora. Nella ricerca della vera beatitudine, che importanza può avere lo studio della grammatica, della dialettica, e delle arti? Tutte queste discipline giacciono molto più basso rispetto all'eccellenza della morale e non hanno la forza di elevarsi ad un tale livello. Ci presentano, tuttavia, i diversi tipi di discorso e trattano della natura delle cose, come preparando dei gradini per salire sino a quell'altezza, dal momento che noi dobbiamo parlare di morale e avvicinarci ad essa tramite paragoni tratti da altre realtà. Così, attraverso la guida di queste ancelle, potremo raggiungere la signora: in esse abbiamo la via che ci conduce di gradino in gradino alla morale in cui troveremo la pace e la fine della nostra fatica[4].

Lo studio della morale è «somma filosofia» e ogni altra disciplina è come «ancella attorno alla signora», per chiunque si avvicini al suo studio: non è prerogativa dei soli cristiani. Il Cristiano dichiara[5] la sua soddisfazione per tale definizione del Filosofo. Il punto comune di partenza è stato così scorto. Il confronto può pertanto avere inizio.

b) «*voi la chiamate e etica o morale, noi invece siamo soliti chiamarla sapienza divina*».

Abelardo, in quanto cristiano e per bocca del Cristiano[6], non definisce la dottrina semplicemente «etica» o «morale», ma «sapienza divina» (*divinitas*). Come ricorda di seguito il Filosofo, la nuova denomi-

---

comprehendendum tenditur, id est Deum, sic nuncupantes vos ex illis, per que illuc pervenitur, hoc est moribus bonis, quas virtutes vocatis» (*Dialogus*, 1263-1269).

[4] *Dialogus*, 1291-1305.

[5] «CHRISTIANUS: Gaudeo te huius philosophie excellentiam tam diligenter attigisse et a ceteris distinxisse, ex quo te in eius studio maxime occupatum intelligo» (*Dialogus*, 1306-1308).

[6] Cfr. nota n° 3, pp. 155-156.

nazione punta l'attenzione della ricerca più sul fine (Dio, Sommo Bene) che sul percorso da compiersi per raggiungerlo.

FILOSOFO: Sono d'accordo, è evidente, con te. Approvo, e non poco, la vostra nuova denominazione, perché esprime il fatto che voi ritenete più degna la meta alla quale si giunge del mezzo attraverso cui si arriva ad essa, e cosa più felice l'essere arrivati del percorrere la strada; il nome che voi usate è più illustre e proprio per la sua origine attrae con più forza il lettore. Sono sicuro che nessuna dottrina le può essere paragonata se questa è superiore nei suoi insegnamenti come lo è nel nome[7].

c) «*Noi le diamo il nome da ciò che mira a raggiungere, cioè Dio, voi invece da ciò attraverso cui giungete a Dio, cioè dai buoni costumi, che chiamate virtù*».

Abelardo pone una importante distinzione tra la ricerca morale dei filosofi[8] e dei credenti in Cristo. Benché la meta sia per entrambi Dio, i filosofi puntano ad analizzare maggiormente la via attraverso la quale si giunge a Lui; per il credente, per il teologo, invece, il primato, anche della ricerca, è — e rimane — sempre Dio.

Anche nella seguente definizione della dottrina etica, data ancora una volta dal Cristiano, il percorso è scandito dai due ritmi, il Sommo Bene e la via attraverso cui lo si raggiunge: «L'essenziale di questa dottrina sta, io credo, in questo: nel mostrare che cosa sia il sommo bene e attraverso quale via dobbiamo giungervi»[9].

1. Il soggetto Dio: il Sommo Bene

Cosa è dunque il Sommo Bene? Come viene affrontata la questione nel *Dialogus*? Evidentemente la trattazione non ripercorre pedissequa-

---

[7] *Dialogus*, 1270-1276.

[8] De Libera sostiene con forza le caratteristiche del Filosofo, in quanto musulmano: «Même s'il n'est pas precisé, le caractère arabo–musulman du philosophe intervenat dans le Dialogue ne fait pas de doute [...] parmi ces trois monothéistes, le philosophe, qui n'est doc pas un païen, a des singulières particularités: comme les Arabes vus pas Adélard de Bath, c'est l'homme qui cherche la verité par des arguments et qui en suit en tout la raison plutôt que l'opinion des hommes» (A. DE LIBERA, *La philosophie*, 326). Nel contesto del presente lavoro non importa molto l'appartenenza del Filosofo alla religione Islamica, quanto piuttosto notare come effettivamente sia un monoteista e imposti la propria indagine e il confronto con il Cristiano a partire dall'argomentazione razionale.

[9] *Dialogus*, 1280-1283.

mente lo sviluppo del medesimo tema così come appare nella *Theologia Scholarium*.

Se nella *Theologia Scholarium* Abelardo si preoccupa di capire e analizzare cosa sia il Sommo Bene in sé, nel *Dialogus* la riflessione prende avvio dal Sommo Bene per l'uomo[10]. Se nella *Theologia Scholarium* Abelardo è impegnato — all'interno di un discorso cristiano — a comprendere cosa sia il Sommo Bene e come si articoli la Trinità, nel *Dialogus* — a causa delle esigenze del confronto con un non cristiano — l'attenzione è puntata maggiormente sulla interpretazione delle differenze e delle similitudini tra le due posizioni riguardanti la definizione di Sommo Bene. Le due analisi non si annullano, ma, al contrario, si completano a vicenda.

Il Sommo Bene è, sia per il Cristiano che per il Filosofo, fine — meta, completamento e perfezione — del bene: «CRISTIANO: Ecco a che punto è arrivata la nostra discussione: poniamo come sommo bene per l'uomo, ossia come fine del bene, la beatitudine della vita futura e come via per giungervi le virtù»[11].

> FILOSOFO: Il sommo bene o la meta del bene, cioè il suo completamento e la sua perfezione, è stato definito, come molti dei nostri ricordano, come ciò che, posseduto, rende beati. Il sommo male, al contrario, come ciò che, quando lo segue, rende infelici. Meritiamo l'uno e l'altro con i nostri costumi, che, com'è noto, sono detti virtù o, al contrario, vizi[12].

Il Sommo Bene per l'uomo è, quindi, sia per il Filosofo che per il Cristiano, la beatitudine.

Per il Filosofo il sommo bene[13] per l'uomo — la beatitudine — può essere identificato con la virtù (o con il piacere): «Alcuni dei nostri,

---

[10] Da notare che il confronto attorno al concetto di «Sommo Bene» avviene solo tra il Filosofo e il Cristiano: il Giudeo non entra direttamente nella questione.

[11] *Dialogus*, 1665-1668.

[12] *Dialogus*, 1519-1524.

[13] «Il Sommo Bene del Filosofo appare però senz'altro troppo relativo al Cristiano che rimprovera al primo di fermarsi a metà strada mentre è necessario, per misurare i vari beni umani, un criterio assoluto e divino. Ma è proprio il Filosofo ad indicare nella carità (definita con Agostino) la comprensione di tutte le altre virtù e la ragione della coincidenza dell'etica filosofica e di quella cristiana. Le analogie indicate dal conciliante Filosofo impallidiscono di nuovo quando il Cristiano sottolinea quello che di fatto è il divario più profondo tra le due morali: per il Filosofo il bene morale è — stoicamente — non perturbazione, assenza di male, ma il male, osserva l'avversario, è — cristianamente — più colpa che pena e implica quindi una relazione dell'uomo con Dio» (M.T. FUMAGALLI BEONIO BROCCHIERI, *Introduzione*, 92-93).

come ricorda lo stesso Agostino nell'ottavo libro del "De civitate Dei"[14], chiamarono sommo bene la stessa virtù, altri lo identificarono con il piacere»[15]. In un certo senso vi è una identificazione tra il sommo bene e la via che si intraprende per raggiungerlo: «FILOSOFO: Essere beato significa per loro aver agito bene. Il beato, cioè, è colui che agisce moralmente in ogni cosa senza difficoltà: è, dunque, lo stesso essere beato ed essere capaci di buoni costumi, cioè di virtù»[16].

Più precisamente: per il Filosofo la virtù è contemporaneamente sommo bene e via che si deve intraprendere per raggiungere il sommo bene. Per arrivare alla virtù la via che si deve intraprendere è la seguente: «FILOSOFO: Chiaramente lo studio dell'etica e l'esercizio volto a raggiungere il dominio sulla carne: virtù può essere chiamata così quella buona volontà che è diventata una disposizione costante»[17].

Per il Cristiano, invece, il Sommo Bene è la felicità — o gloria — divina.

CRISTIANO: Nessuno parla correttamente di sommo bene se è possibile trovarne uno maggiore. Ciò che è inferiore o minore di qualcos'altro, non può essere detto a nessuna condizione supremo o sommo. È evidente che ogni felicità o gloria umana è completamente superata in modo ineffabile da quella divina, nessuna perciò può essere correttamente detta somma oltre a quella divina, ovvero oltre quella niente è detto a buon diritto sommo bene[18].

Il Cristiano introduce così una distinzione tra il Sommo Bene in sé e il sommo bene per l'uomo[19]: Sommo Bene è Dio, sommo bene per l'uomo la visione di Dio, la partecipazione ad esso, la beatitudine.

CRISTIANO: Per esprimerci in modo più vero, o piuttosto più probabile, poniamo allora lo stesso Dio, che solo, propriamente e in modo assoluto, è detto il sommo bene, anche sommo bene dell'uomo: è infatti certamente attraverso la sua visione, che Egli ci comunica, che diventiamo veramente beati. Da Lui medesimo, che vediamo in se stesso, si diffonde su di noi

---

[14] *De civitate Dei*, VIII, 3, CCSL 47, 219.
[15] *Dialogus*, 1524-1526.
[16] *Dialogus*, 1558-1560.
[17] *Dialogus*, 1552-1556.
[18] *Dialogus*, 1725-1731.
[19] «Dunque, Abelardo, sembra non potere fare a meno di parlare della verità del Sommo Bene come di una verità intrinsecamente trinitaria: sia che si proceda dal sommo bene dell'uomo al Sommo Bene, come nel *Dialogus*, sia che si proceda in senso inverso, come nella *Scholarium*, il ritmo triadico risulta comunque costitutivo» (S.P. BONNANI, *Parlare della Trinità*, 347).

quel sommo amore per Lui e perciò più correttamente Egli, che è in se stesso e che ci rende beati, deve essere detto sommo bene dell'uomo[20].

Si tratta di una distinzione non di una divisione: Dio è Sommo Bene sia in sé, sia per l'uomo. Tuttavia si tratta di un dato teologico estremamente importante. In esso non solo rinveniamo la chiamata alla partecipazione alla vita divina, ma anche la specificazione che questa chiamata non comporta una dissoluzione della creatura.

Inoltre è distinto il Sommo Bene — Dio — dalla via che conduce a Lui: il piano morale dipende e partecipa del piano teologico. Non può esserci né separazione, né identificazione, né inversione di priorità tra i due piani. Si apre così lo spazio per l'attività spirituale umana: l'esercizio etico consiste nella tensione alla partecipazione al Sommo Bene[21].

Il fine di Dio è la propria gloria (come già notato in diversi passaggi del presente lavoro), ma a questo fine è invitato, nel senso che è chiamato a farlo proprio, ogni uomo. Il fine di ogni uomo, quindi, è la partecipazione al Sommo Bene.

CRISTIANO: Tutte le cose che fa, Dio le volge non tanto alla nostra beatitudine, quanto alla sua gloria, anche quelle che portano danno a qualcuno. Per questo Salomone dice: «Dio creò ogni cosa per il suo scopo, anche l'empio per il giorno infausto»[22]. Infatti anche la stessa pena dell'empio,

---

[20] *Dialogus*, 2587-2594.

[21] «Il pensiero teologico procede quindi secondo una intrinseca dialettica, da capirsi, per Abelardo [...] nella chiave di un continuo confronto tra la parzialità di un aspetto che cerchiamo di chiarire con tutti gli strumenti offerti dall'argomentare umano nell'approfondimento di un dato problema, e la globalità di un quadro, quello teologico, inteso a presentare una Verità intuita come sempre più grande della somma degli aspetti che di essa ci è dato di percepire. Un confronto che non potrà che indurci ad un cammino mai finito di approfondimento, teso alla conoscenza della semplicità del Sommo Bene come ad un limite mai raggiunto ma sempre perseguito: Dio, manifestandosi, spinge l'uomo all'amore di sé, perché l'uomo non può non intuire che questo è il Sommo Bene a cui tende nella sua continua ricerca di felicità. In questo cammino la ragione è impegnata in un'opera incessante di analisi e sintesi: considera l'onnipotenza divina (ma potremmo descrivere, considerando gli ambiti particolari del teologare, un percorso analogo anche partendo dalla sapienza o dalla benignità), la approfondisce, arriva a delle conclusioni, ed è poi chiamata a recuperarle all'interno di un panorama più ampio, con un movimento di composizione con la sapienza e la benignità che è anche, in qualche modo, una relativizzazione di ciò che è stato conseguito per riconoscerlo come punto di partenza di un ulteriore approfondimento» (S.P. BONANNI, *Parlare della Trinità*, 324-325).

[22] Pr 16,4.

con la quale Dio punisce la sua iniquità, loda la giustizia di Dio e così lo glorifica[23].

2. Il soggetto uomo: partecipazione al Sommo Bene

Nelle pagine precedenti, a partire, sia dalla *Theologia Scholarium*, sia dall'*Ethica*, è stato evidenziato come ogni uomo possieda una struttura ontologica analoga a quella divina. Lo sforzo etico umano è risultato essere la tensione nel mettere sempre più in risalto l'immagine divina che ciascuno ha impressa in sé.

La sezione che segue ha lo scopo di riprendere gli elementi già analizzati sia per un confronto diretto, sia per un loro completamento.

Sezione A: L'analogia creaturale

A.1 *L'armonia e la disarmonia delle facoltà umane*

Anche il Filosofo ricorda lo sforzo che ciascuno deve compiere per conformare sempre più la propria natura a Dio e in corrispondenza della Creazione: «Ciascuno deve imitare secondo la sua propria natura Dio che, non avendo bisogno di nulla, non si prende cura di sé, ma di tutti, e non provvede le cose che sono necessarie a Lui, ma tutti, governando tutta la struttura del mondo come un solo grande stato»[24].

Lo sforzo di una conformità a Dio, quindi, non è compito solo del credente in Cristo. Ma Abelardo non si limita ad affermare un identico ruolo della libertà nella ricerca del bene e di Dio; egli — per bocca del Filosofo — sottolinea anche come in ogni ricerca di Dio, del bene, sia necessaria l'assistenza della grazia. Ogni forma reale o larvata di pelagianesimo è soffocata alla radice.

> FILOSOFO: Preoccupati per la nostra salvezza, cerchiamo, per quanto possiamo, Dio; la sua grazia, comunque sia, ci aiuta là dove le nostre capacità non arrivano: Egli aiuta coloro che hanno, per sua stessa ispirazione, buona volontà, affinché abbiamo forze sufficienti per giungere a Lui. Colui che molte volte trae a sé coloro che resistono, non allontana coloro che lo ricercano, e offre la destra a chi si sforza, a chi non può rimproverare di negligenza. Vi rende sicuri di questo la stessa, come voi la chiamate, Verità, cioè Cristo, che dopo aver premesso un'utile similitudine aggiunse[25]:

---

[23] *Dialogus*, 2604-2610.
[24] *Dialogus*, 2203-2207.
[25] Per la citazione biblica che segue, cfr. Mt 7,7-8.

«Chiedete e vi sarà dato, bussate e vi sarà aperto, perché chiunque chiede riceve, chi cerca trova e a chi bussa sarà aperto»[26].

La grazia ispira «buona volontà» e sostiene nella ricerca della Verità, della sapienza: nuovamente le facoltà sono in gioco.

Il Filosofo, in questa citazione, identifica la Verità con Cristo[27]. In altri due distinti passaggi, il Filosofo sottolinea inoltre sia l'identità tra la Sapienza / Figlio e la legge nuova, «E voi non avete nessun dubbio che questo sia il caso di Cristo, vostro legislatore, che chiamate la stessa sapienza di Dio»[28], ma anche il rapporto analogico sussistente tra la sapienza divina e la *ratio* umana, «E voglia il cielo che come dici, tu possa persuaderci che voi vi presentate veramente razionali e armati di ragioni e argomentazioni in virtù di quella suprema sapienza, che in greco è detta *logos* e in latino *verbum Dei*»[29].

È curioso notare come sia proprio il Filosofo a sottolineare ripetutamente la specificità della *ratio* del suo interlocutore e dei cristiani in genere, soprattutto se si considerano anche la parole che Abelardo stesso — in qualità di giudice — indirizza al Filosofo all'inizio del *Dialogus*:

> Tu, tuttavia, filosofo, che non riconosci nessuna legge scritta e ti pieghi solo alla ragione, non sopravvalutarti se in questa disputa sembrerai prevalere: tu hai due spade per affrontare la battaglia, contro di te gli altri possono brandirne solo una. Tu puoi portare contro di loro tanto la ragione quanto la parola rivelata, mentre quelli non possono portarti obiezioni in base ad una legge che tu non segui. Ancor meno sono in grado di combattere contro di te con argomentazioni razionali: tu hai molta più dimestichezza con queste, la tua armatura filosofica è più potente[30].

Il Cristiano, quindi, può rispondere al Filosofo solo usando la ragione, la quale, tuttavia, partecipa della sapienza riconosciuta come suprema proprio dal Filosofo.

Ancora una volta, da quanto appena rimarcato, è possibile sottolineare come la Rivelazione, per il Maestro Palatino (che, di fatto, è celato dietro ciascuno degli interlocutori del *Dialogus*), non sia un dato aggiunto estrinsecamente alla ragione: la ragione partecipa profondamen-

---

[26] *Dialogus*, 2203-2207.
[27] È frequente, in Abelardo, sulla scia di Agostino, l'identificazione tra Cristo e la verità.
[28] *Dialogus*, 1229-1230.
[29] *Dialogus*, 1369-1372.
[30] *Dialogus*, 57-64.

te della Rivelazione, in quanto è il maggior contrassegno dell'*imago Dei*. Ugualmente, in questo contesto, non si devono dimenticare i due dati che Abelardo vuole salvaguardare contemporaneamente: l'unità della creazione e l'imprescindibilità dell'evento Cristo. La questione, con le problematiche ad essa connesse, è già stata vista, a più riprese, durante il presente lavoro, in particolare nel paragrafo dedicato all'ignoranza[31]: ma nemmeno nel *Dialogus* viene risolta in modo pieno.

Il Cristiano, infatti, dichiara al Filofoso: «Mi rendo conto che non è certamente l'ignoranza della nostra fede a condannarti, quanto piuttosto la tua ostinata incredulità»[32]. I fattori richiamati in gioco sono quelli già visti (ignoranza, fede, *ratio* riconosciuta anche dal Filosofo), cui si aggiunge l'incredulità (che sembra rimandare allo spazio del libero arbitrio analizzato nel corso del primo capitolo).

Volendo portare all'estremo alcune affermazioni del Maestro Palatino si potrebbe affermare che il Filosofo non crede, e quindi compie il maggior *contemptus Dei* (secondo quanto abbiamo visto nel corso del secondo capitolo, sia nella sezione sull'analogia, sia nella sezione dedicata al peccato), non per «ignoranza» (e quindi non per un difetto di *ratio*) ma per «ostinata incredulità». Dal momento che il Filosofo stesso definisce «il peccato dell'anima» come «colpa della volontà»[33], si potrebbe accostare l'incredulità ad una *mala voluntas*. Il che riporterebbe l'attenzione al come *ratio* e volontà debbano sempre muoversi in una dinamica armonica per aderire e partecipare all'*imago Dei*. Tuttavia non ritengo che l'incredulità (o il suo opposto, la fede) possa essere ricondotta al solo ambito della volontà. La seguente citazione indica il suo rapporto anche con la *ratio*:

> FILOSOFO: Se per non perdere il merito la fede non deve essere discussa dalla ragione, se non bisogna esaminare con il giudizio dell'animo ciò che bisogna credere, ma assentire immediatamente a ciò che ci viene detto, non avrebbe nessuna importanza accettare qualsiasi errore seminato dalla predicazione: non sarebbe consentito respingere alcunché con la ragione, dal momento che non è lecito ricorrere ad essa. [...]. Se contro l'idolatra (il cristiano) afferma che le sue argomentazioni razionali non devono essere ascoltate, vietando così che qualcuno impugni correttamente la ragione nel

---

[31] Cfr. pp. 106-112 del presente lavoro.
[32] *Dialogus*, 1245-1246.
[33] *Dialogus*, 1441-1442.

campo della fede contro di lui, non permette allo stesso tempo a se stesso di servirsene[34].

Se il richiamo tra *mala voluntas* e incredulità può sembrare azzardato, più evidente appare il richiamo, sempre a proposito del tema del peccato, tra *ratio* e consapevolezza: «FILOSOFO: Infatti quando evitiamo consapevolmente ciò che dovremmo fare, siamo più colpevoli di quanto lo saremmo se questi comportamenti, che possono nascondersi dietro qualche scusa, fossero dovuti all'ignoranza»[35].

In modo diverso da come viene presentato nell'*Ethica*, il *Dialogus* comunque riporta note che indicano come *ratio* e volontà debbano muoversi in una dinamica armoniosa.

Sezione B: L'analogia alla prova

B.1 *Al bivio tra bene e male:* «bonum facere» / «bene facere»

Come si è visto, nell'*Ethica*, Abelardo non affronta la genesi del male naturale, né offre una spiegazione esauriente circa la sua esistenza nel mondo. Il male viene analizzato in quanto male morale (il peccato); l'esistenza del male naturale viene riconosciuta — nelle questioni relative alla *mala voluntas* o al rapporto Dio/male — ma non viene affrontata direttamente.

Nel *Dialogus*, al contrario è il male naturale, più che il male morale, a generare la discussione: la questione appare più urgente ed esplicita. Dall'esperienza del male, si coglie la questione sul male. La logica dello scambio di battute tra il Filosofo e il Cristiano conduce il Filosofo, verso la fine del testo, a chiedere al suo interlocutore una definizione generale di «bene» e «male»[36].

La risposta che Abelardo offre, per bocca del Cristiano[37], rivela innanzi tutto l'inadeguatezza del linguaggio[38]: non sempre l'essere in

---

[34] *Dialogus*, 1380-1384.1390-1394.

[35] *Dialogus*, 2049-2052.

[36] «PHILOSOPHUS: Sed quia, quid summum bonum vel summum malum sit, nondum videtur satis intelligi posse, ut primo determinatum sit, quid bonum vel malum generaliter sit dicendum, id quoque, si vales, definire desidero» (*Dialogus*, 3126-3130).

[37] Per quanto riguarda la questione dell'analisi del bene e del male e il metodo adottato da Abelardo nell'affrontare il tema, mi trova concorde un'affermazione di Marenbon: «He was a Christian thinker who used his sophisticated logic to discuss goodness and evil in the light of his revealed knowledge of God» (J. MARENBON, *Early Medieval Philosophy*, XI).

grado di distinguere le realtà corrisponde ad una definizione della medesima realtà.

CRISTIANO: Credo che ritenessero difficile dare definizioni di quelle entità i cui nomi non sono univoci [...] è certamente molto difficile, soprattutto ora che non ci è dato tempo per escogitarne di nuove, dare definizioni appropriate per ogni singola realtà, in modo da poter distinguere una dall'altra. Apprendiamo a far corrispondere nomi e cose, attraverso il parlare vivo, ma non siamo in grado di dire che cosa significhino o di comprenderle appieno. Usiamo molti termini dei quali non riusciamo a indicare la capacità denotativa, né una definizione precisa[39].

Pur scusandosi dell'incapacità di dare una definizione di «bene» e «male», Abelardo abbozza una proposta[40].

Il bene — o meglio: una cosa buona — è quanto «porta vantaggio a uno, senza andare necessariamente contro l'utile o la dignità di un al-

---

[38] «It seems, then, that Abelard's Christian envisages himself as being (or, at least, as expected to be) not an investigator of language, but an enquirer into a truth which, at present, is hidden and unexpressed. Yet there remains a linguistic side to his search. First, it seems from the parallel case of "stone" that ordinary usage will be a guide to where to look, if not for what. Just as, for Abelard, the natural scientist begins from particulars of the kind we call "stones" and asks what it is that makes them similar; so the starting point for the moral philosopher is the fact that various sorts of things, intentions and dicta are called "good" or "evil" in ordinary speech. Second, Abelard finds not just the use of a word illuminating, but also (as so often) the grammatical constructions in which it is employed. This is evident from the way Abelard structures his analysis and from how he begins it» (J. MARENBON, *The philosophy*, 236).

[39] *Dialogus*, 3136-3138.3169-3176.

[40] Senza voler entrare in questioni squisitamente filosofiche, è opportuno, però, accennare al fatto che la risposta del Maestro Palatino alla presente questione è relativa — però — alle realtà (*res*) e non al concetto in sé. In altre parole: per Abelardo né la *nominatio*, né la *significatio* sono adeguate a descrivere il male (o il bene). Molto sommariamente e superficialmente si possono descrivere la *nominatio* come una definizione nel campo della realtà e la *significatio* come una definizione nel campo concettuale. Il bene e il male possono essere definiti sia in base alle realtà, sia in base al loro spettro concettuale: ma, in questi passaggi del *Dialogus*, si può vedere come per Abelardo sia impossibile una definizione piena, in un senso e/o nell'altro. La questione si inserisce nella ampia opera logica del Maestro Palatino, ed in particolare nella questione degli universali, che non è il primo interesse del presente lavoro. Si rimanda pertanto ad un'iniziale bibliografia: J.F. BOLER, «Abaelard and the Problem»; M.T. BEONIO BROCCHIERI FUMAGALLI, *La logica*; M.M. TWEEDALE, *Abailard on Universals*; M. DAL PRA, «Sul nominalismo»; H. WEIDEMANN, «Zur Semanitik»; J. JOLIVET, *Abélard ou la philosophie*; ID., «Comparaison».

tro»[41]. Il male — o meglio: una cosa malvagia — è «ciò che si oppone necessariamente al vantaggio o al decoro[42] di un altro»[43].

L'inadeguatezza del linguaggio riappare nell'esempio del movimento casuale di un dito che precisa il tentativo di definizione delle realtà indifferenti: «penso che sia indifferente, cioè né buona né malvagia, quella cosa che, per il fatto di esserci, non sottrae necessariamente dei beni, né impedisce di ottenerli, come il movimento casuale di un dito o qualsiasi azione di questo tipo»[44]. L'esplicitazione chiama in causa un'azione e non una *res*[45] (di cui aveva parlato fino a questo momento). Ma detto esempio porta il Maestro Palatino ad affermare che «le azioni sono giudicate buone o malvagie in base alla loro profonda intenzione»[46].

---

[41] *Dialogus*, 3154-3156.

[42] I termini latini che Abelardo utilizza per definire l'utile e la dignità (il vantaggio e il decoro) sono *dignitas* e *commodum*. Marenbon, dopo un'accurata analisi linguistica e filosofica dei termini medesimi, giunge ad affermare: «when Abelard's Christian speaks of dignitas, he means a thing's intrinsic worth. When he refers to its commodum he is talking not absolut intrinsic value, but value in terms of the meeting of desired ends [...] Abelard uses as his starting point the idea that things can have value instrumentally (commudum) — they are what is desired — and also (what some philosophers would find harder to accept) that they can have intrinsically (dignitas). He is not concerned with the problem of determining which things have intrinsic value and which lack it: indeed, he seems to think that such valuations can be made uncontroversially and unproblematically. He is working from inside a world of values. What he wishes to do is to use his two most basic evaluative terms — those for intrinsic and for instrumental wotrh — in order to reach a definition of "good (things)" which has a wider extension than that of both "commodum" and dignitas together and, correspondingly, a definition of "evil (thing)" which is narrowed than one which would include anything lacking in both intrinsic and instrumental worth» (J. MARENBON, *The philosophy*, 240-241). Il riferimento a questo passaggio di Marenbon, oltre a completare l'analisi in corso, vuole mostrare come, anche da un altro punto di vista, non sia possibile svuotare il piano oggettivo del sistema etico abelardiano.

[43] *Dialogus*, 3156-3157.

[44] *Dialogus*, 3158-3161.

[45] Tre sono le difficoltà, legate a questo esempio, che Marenbon segnala: «First, it seems strange that Abelard should give, as his example of a type of things, a sort of action. Second, it might seem that the definitions of "good thing" and "evil thing" which have already been given are such as together to comprehend everything. Third, the transition from talking about unconsidered actions ("the chance movement of a finger") to every action whatsoever is abrupt and unexplained» (J. MARENBON, *The philosophy*, 245).

[46] *Dialogus*, 3161-3163.

CAP. III: VERSO LA SINTESI DEI TEMI ESPLORATI 167

Questa ultima affermazione, ricollocata nel suo contesto, lascia intendere quanto nella «profonda intenzione» il soggetto umano sia coinvolto ontologicamente e moralmente. O meglio: di come la moralità incida sul suo essere e il suo essere incida sulla sua moralità. Non è sufficiente — quindi — osservare l'azione esteriore per giudicare la moralità della persona, come non lo è sapere che un atto viene posto: «CRISTIANO: Non è importante — a questo fine — sapere che viene fatto qualche cosa, ma conoscere con quale animo viene fatto»[47].

Il discorso del Cristiano prosegue con un'affermazione chiave ai fini del presente lavoro: «Infatti un uomo buono è alieno dal male, così almeno sembra, non semplicemente tanto se fa il bene (*bonum facere*), ma piuttosto se agisce bene (*bene facere*)»[48].

Fare qualcosa di bene, il *bonum facere*, il «cosa fare», rimanda al *cosmos* divino e quindi alla *ratio* umana, per aderire sempre più al disegno divino nel concreto. Esso è riconoscibile nell'esteriorità, nella storia.

L'agire bene, il *bene facere*, il «come agire», rimanda alla *benignitas* e all'*affectus* divini e quindi alla *voluntas* umana. Si situa nell'interiorità, nella tensione ad una corrispondenza sempre più piena con l'intenzione di Dio.

Non è sufficiente un *bonum facere* svincolato dal *bene facere*: ritorna in controluce la questione del rapporto tra giudizio umano e giudizio divino affrontati nel corso del secondo capitolo. Una volta di più appare l'intrinseco legame tra la *ratio* e la volontà in ordine al bene (o all'essere «alieni» dal male). Diversi passaggi mostrano anche come l'attività spirituale umana sia armoniosa (o tendenzialmente armoniosa) solo quando vi sia un *bonum et bene facere*.

Tuttavia il *bonum facere* e il *bene facere*, sebbene non possano essere separati in ordine alla moralità del singolo soggetto agente, vanno distinti. La distinzione tra *bonum* e *bene facere* permette due considerazioni:

a) la realtà è difficile da giudicare nella sua verità;
b) la moralità è l'attività spirituale umana che tende a modellarsi su quella divina.

Esplicitando:

---

[47] *Dialogus*, 3225-3226.
[48] «CHRISTIANUS: non enim bonus homo a malo in eo dissidere videtur, quod id, quod *bonum* sit, *facit*, sed potius, quod *bene facit*» (*Dialogus*, 3229-3230).

a) la realtà è difficile da giudicare perché il bene può essere causa di male e *vice versa*: «Il male, come è noto, può provenire dal bene e frequentemente anche il bene è causa di male»[49]. Gli esempi che Abelardo riporta per spiegare questa affermazione sono due.

Relativamente al bene che non giova l'esempio proposto è quello dell'uomo che si esercita nelle opere buone ma può diventare superbo: «un uomo che si è già da tempo esercitato nelle opere buone, può tuttavia diventare superbo e far crescere negli altri l'invidia, perché le molte lodi che ha ricevuto gli hanno dato fiducia nelle sue virtù. Il male, come è noto, può provenire dal bene e frequentemente anche il bene è causa di male»[50]. Sulla stesa scia, ma illuminati dalla riflessione del *Dialogus*, possono essere riletti due esempi dell'*Ethica*: quello della donna che involontariamente soffoca il figlio per eccesso di amore[51] e quello dell'uomo che perde tutti i suoi beni che aveva predisposti per compiere gesti di carità[52].

Relativamente al male che si trasforma in bene, l'esempio proposto è quello della penitenza del peccato necessaria per il perdono dei peccati e quindi della salvezza:

> CRISTIANO: Viceversa spesso, come tutti abbiamo occasione di constatare, gli uomini, dopo essere caduti in grandi peccati, si rialzano attraverso l'umiltà e la penitenza più forti e migliori di prima. La stessa penitenza del peccato, infine, poiché è tristezza del cuore e non può stare insieme alla perfetta beatitudine, in quanto porta dolore, è evidente che è un male piuttosto che un bene e, tuttavia, è certamente necessaria per il perdono dei peccati[53].

Così non necessariamente il *bonum facere* si risolve in un *bene facere*; vice versa non sempre il *bene facere* si risolve in un *bonum facere*: «come infatti si usa spesso «buono» invece di «bene», ossia secondo una buona intenzione, così sembra anche che si possa fare il bene anche se non si agisce bene»[54]. Si era già visto — nell'*Ethica* — come talora le facoltà non siano in armonia.

La difficoltà di giudizio sulla realtà non dipende solo dalla difficile definizione dei termini «bene» e «male» o dalla derivazione del male da un bene o un male. Essa dipende anche dal fatto che uno stesso atto può es-

---

[49] *Dialogus*, 3201-3202.
[50] *Dialogus*, 3198-3202.
[51] Cfr. pp. 94-95 del presente lavoro.
[52] Cfr. pp. 71-72 del presente lavoro.
[53] *Dialogus*, 3207-3211.
[54] *Dialogus*, 3233-3235.

sere posto con due intenzioni completamente differenti ed essere quindi un *bene facere* per uno e un *male facere* per un altro[55].

b) È stato più volte affermato — nel corso del presente studio — come l'attività spirituale umana debba conformarsi sempre più a quella divina; è stato inoltre appena aggiunto come l'attività spirituale umana debba essere un *bonum et bene facere*.

L'esempio di Giuda[56] — già visto nell'*Ethica* — ci permette non solo di stabilire cosa sia il *bene facere* ma anche di verificare come la piena moralità umana debba corrispondere all'attività spirituale divina e alla sua intenzione, che sia nel contempo partecipazione di *ratio* (*bonum facere*) e di volontà (*bene facere*).

Sembra che il diavolo e Giuda abbiano fatto qualcosa di «buono» nel consegnare Gesù, dal momento che anche il Padre consegnò il Figlio e il Figlio consegnò se stesso. L'atto del diavolo e di Giuda sembra essere «buono» perché è il medesimo (almeno esteriormente) di Dio[57]. Tuttavia non lo è (infatti è affermato che sembra — *videtur*), o almeno non lo è completamente, perché essi non agirono bene[58]. Il non agire bene quindi inficia l'azione buona.

Giuda e il diavolo non agirono bene, non perché non ebbero la medesima intenzione di Dio. In realtà il testo è molto più sottile nella spiegazione: Abelardo parla di «stessa volontà» ma introduce l'intenzione proprio quando deve esplicitare la differenza. È la conferma del fatto che l'intenzione dice nel contempo volontà e motivazioni, fine dell'azione.

> CRISTIANO: O se anche avessero fatto questo e avessero voluto che accadesse ciò che Dio vuole che accada, e avessero avuto nell'agire la stessa volontà di Dio, non si dovrebbe comunque assolutamente affermare per questo che agiscono bene perché fanno ciò che Dio vuole, o che hanno una buona

---

[55] «CHRISTIANUS : quippe et tirannus et principes eodem gladio male uti possunt et bene, ille quidem ad violentiam, ille ad vindictam [...] sic et cum eadem sit actio diversorum, quia videlicet idem agunt, pro diversitate tamen intentionis actio huius bona est et illius male, quia, quamquam idem operentur, tamen bene hic, ille male id ipsum facit» (*Dialogus*, 3220-3222. 3267-3270).

[56] Cfr. pp. 133-134 del presente lavoro.

[57] «CHRISTIANUS: traditio Domini nostri Ihesu in manus Iudeorum tam ab ipso Ihesu quam a Deo Patre vel a Iuda traditore fieri memoratur; nam et Pater Filium et Filius se ipsum et Iudas eundem tradidisse dicitur, cum tamen in talibus vel diabolus vel Iudas id ipsum fecerit, quod Deus» (*Dialogus*, 3250-3254).

[58] «CHRISTIANUS: et si forte "bonum" aliquod videantur fecisse, non tamen dicendi sunt "bene" fecisse» (*Dialogus*, 3254-3255).

volontà perché vogliono ciò che Dio vuole. E se anche facessero o volessero fare ciò che Dio vuole che sia fatto, tuttavia non è che lo facciano o lo vogliano fare perché credono che sia la volontà di Dio: la loro intenzione e quella di Dio sono in questo completamente diverse. E sebbene vogliano ciò che Dio vuole, sebbene possa essere detto perciò che la loro volontà è la stessa di Dio, perché vogliono la stessa cosa, tuttavia la loro volontà è malvagia, quella di Dio buona: diverse sono infatti le motivazioni che stanno alla base di queste volontà[59].

La *bona voluntas* non è volere ciò che Dio vuole, ma piuttosto volere **come** Dio vuole. Da ricordare che l'intenzione — nell'*Ethica* — è stata definita come «l'animo con cui si fanno le cose»[60]. Intenzione e volontà sono quindi inscindibili. Ma il *Dialogus* completa il quadro indicando il profondo legame con le motivazioni e qundi il fine dell'azione, fine che — dall'analisi dell'*Ethica* — è stato messo in stretta relazione con la *ratio*.

La profonda intenzione che permette di giudicare come buone o malvagie le opere (*bonum facere*) è quindi lo sforzo morale umano di far corrispondere la propria attività spirituale a quella divina, in un *facere* che sia contemporaneamente un *bonum et bene facere*. Ancora una volta appare chiaro come *ratio* e volontà si debbano muovere armoniosamente, anche se il *Dialogus* esplicita maggiormente il legame tra volontà e *bene facere* che quello tra *ratio* e *bonum facere*, il quale risulta più evidente nell'*Ethica*.

Risulta quanto mai pertinente affrontare il ruolo delle virtù nella formazione della moralità personale e il concetto di intenzione che emerge dal *Dialogus*.

B.1.1 Il ruolo delle virtù

Dell'*Ethica* possediamo solo il I libro — quello relativo al vizio e al peccato -, mentre manca il II libro — relativo alle virtù e al merito. Nel *Dialogus*, al contrario, è sviluppato maggiormente il versante del bene, delle virtù. È quindi possibile mettere a confronto i due testi, per tentare di integrare i dati.

FILOSOFO: la virtù è sufficiente a raggiungere la felicità e, poiché solo le virtù rendono l'uomo beato, nessuno diventa beato per altra via. Così al

---

[59] *Dialogus*, 3250-3270.
[60] Cfr. *Ethica, Quid sit animi uicium et quid proprie dicatur peccatum*. Cfr. nota n° 151, p. 130.

contrario è noto che nessuno è reso in verità infelice se non dei vizi. Perciò è evidente che questi sono vie che conducono al sommo male, come le virtù sono vie che conducono al sommo bene[61].

Virtù e vizi sono le vie che conducono rispettivamente al sommo bene e al sommo male. La definizione di virtù nel *Dialogus* corrisponde a quella dell'*Ethica*[62]:

> FILOSOFO: La virtù, dicono, è un'eccellente disposizione dell'animo, dunque penso che il vizio sia, al contrario, una pessima disposizione dell'animo [...]. Con disposizione si intende perciò una qualità non naturalmente insita in una cosa, ma acquisita con l'applicazione assidua e riflessione, che muta difficilmente[63].

Nell'*Ethica* è esplicitamente affermato che madre delle virtù è la prudenza[64], nel *Dialogus* che lo è la sapienza: «FILOSOFO: Alcuni tuttavia chiamano la sapienza, per la sua capacità di discernere, madre od origine delle virtù, piuttosto che virtù singola. La sapienza, infatti, è questa stessa scienza dei costumi che, come tramanda un trattato di etica, è detta scienza dei beni e dei mali»[65]. Tuttavia, in altri passaggi del *Dialogus,* nonché in altri passaggi di altre opere, Abelardo sembra dare nuovamente il primato alla prudenza. In diversi passaggi, inoltre, sembra che il primato spetti alla carità: anzi, come vedremo poco più avanti, la carità è la sola che può essere definita virtù a pieno titolo. Ci troviamo nuovamente di fronte a quella vivacità del pensiero abelardiano, ripetutamente sottolineata, che cerca sempre nuove soluzioni e non esita a rivedere i risultati ottenuti, in vista di una sempre maggior comprensione.

In realtà *prudentia* e *sapientia* sono definite allo stesso modo: sono la capacità di discernere: «FILOSOFO: La capacità di distinguere questi beni e mali si dice sapienza, e poiché può essere propria degli uomini buoni come dei malvagi, non è mai correttamente detta virtù od ottima disposizione dell'animo»[66]. Quello che importa ai fini di questo lavoro è che la capacità di discernere il bene dal male è comune sia ai buoni che ai malvagi e che non è propriamente una virtù ma una guida per essa: «FILOSOFO: La sapienza perciò, come la fede e la speranza, che

---

[61] *Dialogus*, 1971-1975.
[62] Cfr. pp. 124-126.
[63] *Dialogus*, 1986-1987.1990-1992.
[64] Cfr. nota n° 189, p. 143.
[65] *Dialogus*, 2018-2023.
[66] *Dialogus*, 2034-2037.

sono proprie sia degli uomini buoni sia di quelli malvagi, non devono essere definite virtù, quanto piuttosto una guida e uno stimolo atti a far nascere le virtù»[67].

Nel *Dialogus*, per bocca del Filosofo, Abelardo ricorda l'intrinseco legame che deve sussistere tra la legge e la prudenza, già visto nell'*Ethica*[68]: «FILOSOFO: Coloro che composero le nuove leggi ebbero la possibilità di scriverle con più prudenza, in modo più perfetto»[69]. Si manifesta, così, il ruolo della *ratio* nell'esercizio e nella formazione delle virtù e nel percorso verso il bene. La *ratio* non è una virtù in quanto non si forma in noi per nostra applicazione, ma è dono del Creatore a tutti gli uomini creati a sua immagine e somiglianza, quindi comune ai buoni e ai malvagi. È — o può essere — guida nella nascita delle virtù, non solo perché la *ratio*, in prima battuta, permette di riconoscere il bene e il male e il *cosmos* divino, ma anche perché la virtù si ottiene con «l'applicazione assidua e riflessione»[70]. Risulta chiaro, quindi, che la *ratio* ha un ruolo determinante ai fini delle virtù, che sono via al Sommo Bene.

Ma nel *Dialogus* appare percepibile anche il rapporto tra la virtù e la volontà: «FILOSOFO: Chiaramente lo studio dell'etica e l'esercizio volto a raggiungere il dominio sulla carne: virtù può essere chiamata così quella buona volontà che è diventata una disposizione costante»[71].

La virtù è definita anche come «buona volontà» divenuta disposizione costante. Evidentemente la volontà è definita *bona* in quanto corrispondente a quella tensione verso il sommo bene che è la virtù. Una affermazione del Cristiano ci permette di approfondire la questione: «Se intendiamo virtù nel suo senso più proprio, ossia come ciò che ottiene merito presso Dio, davvero soltanto alla carità deve essere dato il nome di virtù»[72]. Solo la carità è detta propriamente virtù. Unendo i due dati si può affermare che solo la carità, in quanto buona volontà costante, è via verso il Sommo Bene.

I due interlocutori si interrogano anche su quali siano le virtù, rifacendosi alla tradizione filosofica precedente. Molti sono i filosofi che

---

[67] *Dialogus*, 2059-2061.
[68] Cfr. nota n° 119, p. 123.
[69] *Dialogus*, 1221-1222.
[70] «PHILOSOPHUS : Est igitur habitus qualitas rei non naturaliter insita, sed studio ac deliberatione conquisita et difficile mobilis» (*Dialogus*, 1990-1992).
[71] *Dialogus*, 1554-1556.
[72] *Dialogus*, 1824-1826.

citano, ma il Cristiano ricorda in particolar modo la distinzione fatta da Plotino:

> CRISTIANO: Inoltre, si tralasci l'opinione degli stolti e si considerino le eccellenti dottrine dei filosofi più stimati a proposito delle virtù, rivolgi la tua attenzione alla distinzione in quattro gruppi che ne fece con molta cura il grande maestro Plotino[73]. Sarai costretto, dagli stessi nomi (le divide in virtù politiche, virtù purificatrici, virtù dell'animo purificato, virtù esemplari) e dalla loro descrizione, ad ammettere che gli uomini differiscono molto fra di loro per quanto riguarda le virtù[74].

Tuttavia l'analisi delle singole virtù contenuta nel *Dialogus* parte dalla indagine di Socrate[75], riportata dal Filosofo:

> FILOSOFO: Quali che siano le singole specie di virtù, che alcuni stabilirono in un numero maggiore, altri in numero minore, ottima è in realtà quella disposizione dell'animo che ci forma per renderci degni della vera beatitudine. Socrate, grazie a cui per la prima volta e in sommo grado lo studio della disciplina morale acquistò valore, distingue quattro specie di virtù: la sapienza, la giustizia, la fortezza, la temperanza[76].

Le virtù quindi sono: la sapienza — già considerata madre delle virtù —; la giustizia — che comprende il rispetto, la generosità, la lealtà, la giusta vendetta[77] —; la fortezza — includente la grandezza d'animo e la perseveranza[78] —; ed infine la temperanza — le cui parti sono l'umiltà, la parsimonia, la mansuetudine, la castità, la sobrietà[79].

La giustizia[80] è così definita: «La giustizia è una volontà costante dell'animo che riserva a ciascuno ciò che è suo»[81].

---

[73] Cfr. MACROBIO, *In Somnium Scipionis*, I, 8, 37 ss.
[74] *Dialogus*, 1880-1886.
[75] Marenbon nota come, nell'affrontare il tema delle virtù, Abelardo si inserisca in una tradizione ampia e ben fondata per quanto riguarda la loro classificazione, mentre abbia un approccio originale nella loro trattazione. Più di altri autori — anche cristiani — cerca di integrarle nel suo sistema di pensiero e di dar loro connotati che rispecchino il suo sistema teologico e abbiano riferimenti alla rivelazione cristiana (cfr. J. MARENBON, *The philosophy*, 282-287).
[76] *Dialogus*, 2012-2017.
[77] Cfr. *Dialogus*, 2143-2216.
[78] Cfr. *Dialogus*, 2250-2557.
[79] Cfr. *Dialogus*, 2558-2291.
[80] «The virtues of justice and temperance, as will be explained, were held by Abelard not to be natural but acquired» (J. MARENBON, *The philosophy*, 258).
[81] *Dialogus*, 2270-2271.

La fortezza è così spiegata: «La fortezza, infatti, è considerata una ragionevole capacità di sopportare le fatiche e di affrontare i pericoli. Questa virtù, che ci rende pronti a tutto questo per quanto è opportuno, dipende soprattutto dall'amore per la giustizia, che riteniamo sia un positivo e costante impegno nel respingere e punire i mali»[82].

Infine la temperanza è descritta nel modo seguente: «La temperanza, invece, è un saldo e moderato dominio della ragione sul piacere e sugli altri impulsi non retti dell'animo. Spesso, infatti, oltrepassiamo la giusta misura: ci sembra di essere temperanti ma stiamo varcando i confini della temperanza, miriamo alla sobrietà, ma ci affliggiamo con digiuni smodati»[83].

Come nei vizi erano coinvolte le due facoltà — in quanto tendenti al male, talvolta in maniera equivalente, talora nello sbilanciamento di una comportante il trascinamento dell'altra -, così, simmetricamente, sul versante del bene, nelle virtù sono coinvolte le facoltà. Dalle definizioni appena riportate risulta che trascinano immediatamente o la *ratio*, o la volontà, nel coinvolgere contemporaneamente l'altra.

In realtà i termini delle facoltà (*ratio*, volontà) non appaiono sempre in modo esplicito, ma appaiono espressioni che rimandano al loro contesto: ad esempio riecheggiano i temi visti nell'analisi dei «fattori che possono creare disarmonia tra le facoltà», come quello sulla «giusta misura».

Allo stato attuale della mia riflessione, posso affermare, dopo aver analizzato sia il versante del male (in particolare legato alla riflessione contenuta nell'*Ethica*), sia il versante del bene (più esplicito nel *Dialogus*), che il mondo dello spirito (sia quello divino, sia quello umano creato a sua immagine) si articola in due momenti. Il primo è legato all'individuazione, cui sono legati i termini e i concetti di *ratio*, decisione, consiglio, consenso..; il secondo è legato all'espansione, cui sono legati i termini e i concetti di volontà, affetto, desiderio... I due momenti, nel mondo dello Spirito divino, nell'attività «etica» di Dio si danno sempre in armonia. Nel mondo dello spirito umano possono esplicitarsi in un'armonia (che deve sempre più adeguarsi a quella divina) o in una disarmonia.

Sia la fortezza che la temperanza sono ulteriormente precisate:

FILOSOFO: Le diciamo dunque entrambe una certa costanza e fermezza dell'animo per le quali siamo resi capaci di compiere ciò che vogliamo at-

---

[82] *Dialogus*, 2109-2113.
[83] *Dialogus*, 2113-2118.

CAP. III: VERSO LA SINTESI DEI TEMI ESPLORATI 175

traverso quella virtù della giustizia che è in noi. Chiamiamo dunque correttamente il contrario di queste una certa debolezza d'animo e incapacità di resistere ai vizi, come l'ignavia e la pusillanimità che rendono l'uomo indolente, o come l'intemperanza che ci fa illanguidire in piaceri osceni o turpi desideri[84].

Appare nuovamente il tema della «debolezza»: la potenza si esprime come «debolezza» quando le facoltà non sono in armonia in ordine al bene.

Le facoltà possono essere sollecitate al male da quei fattori qui definiti come «fattori che possono creare disarmonia tra le facoltà». Nei confronti di detti fattori il soggetto può cedere — o per vizio o per un peccato momentaneo — oppure può combattere opponendo delle facoltà stabilmente rivolte al bene (ovvero le virtù):

FILOSOFO: Difficilmente, però, può sfuggire il fatto che qualche volta si è costretti a tirarsi indietro perché è intervenuta una causa importante, come ad esempio quando questa stessa buona volontà che è detta giustizia svanisce di fronte a qualche timore o desiderio. Infatti se la paura di qualcosa che non vogliamo o il desiderio di ciò che vogliamo sono così forti da avere il sopravvento sulla ragione, possono facilmente allontanare la mente da un buon proposito e spingerla verso ciò che è contrario a questo. Per questo la fortezza usa lo scudo contro il timore, la temperanza il freno contro il desiderio, affinché, resi forti da queste virtù, siamo capaci per quanto è in noi di portare a termine quei propositi che ci siamo posti attraverso la virtù della giustizia[85].

Questa citazione è il versante simmetrico sul bene di quanto visto a proposito di «i fattori che possono creare disarmonia tra le facoltà»[86].

Come poi le virtù non siano solo in relazione alle facoltà, ma anche alla potenza, è intuibile dalla seguente citazione[87]:

FILOSOFO: E bisogna notare che, se la giustizia è una volontà costante dell'animo che riserva a ciascuno ciò che è suo, la fortezza e la temperanza sono, per così dire, le potenze e la forza dell'animo che, come sopra abbiamo ricordato, rinsaldano la buona volontà della giustizia. Che queste siano potenze emerge poi con evidenza dal fatto che i loro contrari sono forme di impotenza, di mancanza di forza dell'animo. Tale è, in verità, quella debo-

---

[84] *Dialogus*, 2101-2108.
[85] *Dialogus*, 2091-2101.
[86] Cfr. pp. 99-112.
[87] Da notare la difficoltà di traduzione e interpretazione, dal momento che il termine italiano «facoltà» è traduzione del termine *«potentia»*.

lezza dell'animo, che il contrario della fortezza, che possiamo chiamare ignavia o pusillanimità. Tale è pure l'intemperanza, che è l'opposto della temperanza, che si può definire come la scarsa capacità di resistere agli impulsi irrazionali. Da questi la mente malferma è attratta come da alcuni complici nella misera prigionia dei vizi e, mentre dovrebbe diventare signora, diventa ancella. Come poi la giustizia è quella volontà buona di cui abbiamo detto, così l'ingiustizia è la volontà contraria. La giustizia senza dubbio rende l'uomo buono, la fortezza e la temperanza lo rendono retto, poiché ciò che grazie a quella vogliamo, grazie a queste siamo resi capaci di compierlo[88].

Da notare che in questa citazione si parla sia di bontà che di rettitudine: sia l'aspetto soggettivo, sia l'aspetto oggettivo della morale sono in gioco nelle virtù.

Il confronto con il *Dialogus*, in particolare per il tema delle virtù, è estremamente utile, non solo perché ampio spazio è dedicato alla tensione al bene — non esplicitamente affrontato nel I libro dell'*Ethica* — ma anche perché permette di verificare come anche nella tensione al Sommo Bene sia coinvolta la struttura dell'uomo creato ad immagine e somiglianza di Dio.

B.2 *L'orizzonte intenzionale*

Si è visto, nell'*Ethica*, come a stabilire la qualità morale del soggetto agente sia l'intenzione. Nel *Dialogus* appare la medesima struttura etica, sostenuta sia dal Filosofo che dal Cristiano.

> FILOSOFO: Quelli che giudicano gli effetti delle opere più che la qualità della moralità e premiano proprio in base a ciò che appare all'esterno, pensano che alcuni siano più giusti, o più forti o migliori o peggiori: questo è giudicare secondo le cose e non secondo l'intenzione[89].
>
> CRISTIANO: Credo che tutti gli strumenti e tutte le cose di cui ci serviamo possano essere usati bene o male a seconda della qualità morale dell'intenzione: non è dunque importante a questo fine sapere che viene fatto qualcosa, ma conoscere con quale animo è fatto [...]. Supponiamo che due persone impicchino entrambe un malfattore e che una lo faccia in verità soltanto perché lo odia, l'altra perché sente il dovere di compiere questo atto di giustizia: il secondo ha agito giustamente, perché la sua intenzione era retta, il primo ingiustamente, perché non ha agito per amore della giustizia,

---

[88] *Dialogus*, 2270-2285.
[89] *Dialogus*, 1799-1883.

CAP. III: VERSO LA SINTESI DEI TEMI ESPLORATI

ma lasciandosi trascinare dall'odio e dall'ira[90].

Non solo l'intenzione discrimina la qualità morale del soggetto agente, ma permette di giudicare anche le azioni: «FILOSOFO: quest'ultimo caso è quello delle azioni che compiamo: in sé sono indifferenti, si dicono tuttavia buone o cattive a seconda dell'intenzione da cui procedono»[91].

> CRISTIANO: Le azioni infatti sono giudicate buone o malvagie in base alla loro profonda intenzione: di per sé sono tutte indifferenti, e se le osserviamo con attenzione, non hanno nessun merito, poiché in sé non sono né buone né malvagie e possono essere compiute in ugual modo sia dai reprobi, sia dagli eletti[92].

L'intenzione, che ho già ricollegato al fine, è quindi sia per il Filosofo che per il Cristiano il Sommo Bene, la beatitudine come partecipazione al Sommo Bene, pur nella differenza della loro concezione. Di conseguenza per il Filosofo l'intenzione tende alla virtù, per il Cristiano a Dio. Per il Cristiano, quindi, l'intenzione tende ad una sempre maggiore conformazione della propria attività spirituale a quella di Dio, nella tensione ad una sempre maggiore corrispondenza della propria *ratio* e della propria volontà alla Sapienza e alla Benignità divine.

> CRISTIANO: Così anche quando persone differenti compiono la stessa azione, in quanto agiscono nello stesso modo, a seconda della diversa intenzione l'azione di una è buona, quella dell'altra malvagia, perché fanno sì che la stessa cosa, ma una bene, l'altra male. E anche se sembra strano a dirsi, può essere buona la volontà di chi vuole che un altro compia qualcosa di male, poiché, è evidente, la sua intenzione può essere buona[93].

Pertanto se è possibile affermare che sia per il Filosofo che per il Cristiano vi è conformità nel porre alla base e al culmine della moralità l'orizzonte intenzionale, è nel contempo altrettanto possibile affermare che l'orizzonte intenzionale è radicalmente diverso.

> CRISTIANO: Proprio al contrario io penso che in questo la nostra e la vostra intenzione, come del resto i meriti, siano diversi e che abbiamo pareri

---

[90] *Dialogus*, 3222-3226.3237-3241.
[91] *Dialogus*, 2025-2027.
[92] *Dialogus*, 3161-3164.
[93] *Dialogus*, 3267-3272.

molto differenti anche proposito del sommo bene[94].

Tuttavia la diversità di orizzonte intenzionale non si traduce in opere concrete, in azioni specifiche riservate a talune categorie di uomini piuttosto che ad altre. I motivi per i quali Abelardo non può affermare altrimenti riprendono il percorso della presente ricerca.

Nella natura umana è inserita la possibilità di conoscere Dio e se stessi, e quindi di agire moralmente. Si tratta di una precisa opzione antropologica. Questa possibilità, nel caso specifico, consiste nella *ratio*, e più precisamente nella *ratio* teologicamente determinata.

> CRISTIANO: Aggiungi anche, ed è evidente, che la legge naturale, disciplina morale completa, sulla quale soltanto affermate di fondarvi e che credete sufficiente alla salvezza, ci fu donata da Colui dal quale viene la vera *sophia*, cioè la sapienza di Dio. Chiunque coltivò questa vera sapienza deve essere chiamato filosofo, cioè amante della sapienza[95].

Detta possibilità non è possesso esclusivo del credente in Cristo, ma appartenente alla struttura umana di ogni uomo. Anche in questo caso si tratta di una precisa opzione di teologia della creazione, che rimanda indissolubilmente alla teologia della redenzione. A ciascuno è offerta la salvezza, pur nella garanzia della libertà umana:

> CRISTIANO: preghiamo allora tutti i due affinché il Signore, che vuole che tutti gli uomini si salvino e arrivino a conoscerlo, ispiri a te ciò che mi devi chiedere e a me ciò che devo risponderti[96].

In un certo senso si può quindi affermare che è la *ratio*, così come il Maestro Palatino la intende, a far sì che non vi siano azioni riservate solo ai cristiani piuttosto che ai filosofi o a qualsiasi altro gruppo di persone. Il *cosmos*, il bene sono — e devono essere — compresi da tutti. Eppure non vi è uno svuotamento dell'evento Cristo: la dottrina cristiana, la legge nuova, è in qualche modo migliore:

> CRISTIANO: Tu che hai appreso dalle stesse Scritture la perfezione della nostra legge, vai ancora in cerca della strada da seguire, come se non avessi in essa un insegnamento perfetto è più elevato tutti gli altri di quelle virtù che - non puoi in nessun modo dubitarne - sono sufficienti per la felicità[97].

---

[94] *Dialogus*, 1721-1723.
[95] *Dialogus*, 1363-1368.
[96] *Dialogus*, 1203-1207.
[97] *Dialogus*, 1246-1250.

CAP. III: VERSO LA SINTESI DEI TEMI ESPLORATI

La legge nuova non prescrive opere nuove e pur tuttavia introduce una novità, uno specifico, ovvero «un motivo e una speranza migliori». In altri termini: un orizzonte intenzionale migliore.

> CRISTIANO: Passa in rassegna tutte le istituzioni della vostra etica per vedere se erano tali, ma se non puoi attribuire loro affermazioni simili, ammetti che la dottrina di Cristo è migliore e più perfetta nella misura in cui ci esorta la virtù con un motivo e una speranza migliori, mentre voi pensate piuttosto che si debbano cercare le virtù ed evitare i vizi per se stessi, più che in vista di un altro fine[98].

D'altra parte è il dinamismo etico umano stesso che impedisce sia al Maestro Palatino, sia a noi suoi lettori, di svuotare la specificità della morale cristiana. Il piano creaturale deve essere «completato», «arricchito» dal piano della redenzione. Si percepisce, in questi passaggi, un'eco di Mt 5, 17: «Non pensate che io sia venuto ad abolire la Legge e i Profeti; non sono venuto per abolire, ma per dare compimento».

> CRISTIANO: Mentre dettava il Nuovo Testamento il Signore parlò ai suoi discepoli proprio di questa perfezione che mancava per completare l'Antico. Cominciò così: «Se la vostra giustizia non sarà maggiore...»[99]. E proseguendo nell'analisi punto per punto, espresse chiaramente la ricchezza della nuova legge, che permetteva di supplire alle mancanze e di raggiungere la perfezione morale e completò la vera dottrina etica. Se la confrontiamo accuratamente con le dottrine precedenti, ci convinceremo facilmente che, a paragone di questa, perde ogni valore tutto ciò che ci è stato tramandato dagli antichi padri e dai profeti sulle regole della morale e sulla distinzione delle virtù[100].

«Perfezione», «completamento», «un motivo e una speranza migliori», «insegnamento perfetto e più elevato»: queste sono le novità apportate da Cristo. In altre parole: Cristo ha rivelato la natura trinitaria di Dio e questo ha due ripercussioni sul piano morale. La prima è una maggior comprensione del Sommo Bene («perfezione», «completamento»). La seconda è in ordine alla volontà intesa come dinamismo affettivo («motivo e speranza migliori», «insegnamento più perfetto ed elevato di quelle virtù...»). Cristo ha annunciato la volontà di Dio, la carità, la Benignità, cui deve conformarsi la volontà umana. A Corne-

---

[98] *Dialogus*, 1685-1693.
[99] Mt 5,20.
[100] *Dialogus*, 1250-1259.

lio[101], pur riconoscendo Dio e compiendo atti retti, faceva difetto proprio la carità specificatamente cristiana.

Pur ponendo le facoltà su due versanti diversi, la *ratio* sul piano della comunicabilità del bene e della salvezza offerta a tutti e la volontà sul piano dello specifico cristiano, rimane valido il fatto che le due facoltà non possono essere separate nell'attività spirituale. Ne consegue che, ancora una volta, una *ratio* senza volontà non può essere totalmente retta e la volontà senza *ratio* non può essere completamente *bona*.

Credo che si possa affermare che lo specifico cristiano, nella dottrina etica abelardiana, debba porsi sul piano del dinamismo; del continuo sforzo di adeguamento della attività spirituale umana in corrispondenza a quella divina; dell'incessante rapporto tra analogia fondante (l'armonia e l'unità) e l'analogia delle singole facoltà su cui il soggetto agente deve continuamente vigilare.

Ancora una volta si pone la questione del conciliare il dato che il dinamismo, che segue la struttura dell'*imago Dei*, è quello cui tutti sono chiamati ma solo chi segue Cristo può aderivi in maniera piena.

In conclusione vale la pena riportare un passo del Filosofo, in cui divide le opere in precetti naturali e in precetti simbolici.

> FILOSOFO: Anche le stesse leggi che voi chiamate divine, cioè il Vecchio e il Nuovo Testamento, tramandano alcuni precetti naturali che voi chiamate morali, come amare Dio e il prossimo, non commettere adulterio, non rubare, non ammazzare; altri, in verità, si potrebbero dire quasi leggi positive: fra questi, quelli legati a particolari circostanze, come la circoncisione per i giudei e il battesimo per voi e molti altri di quelli che chiamate precetti simbolici. Anche i pontefici romani e i sinodi ogni giorno stabiliscono nuovi decreti o accordano qualche dispensa, secondo i quali pensate che ciò che prima era lecito sia diventato ora illecito, o viceversa, come se Dio avesse posto in loro potere di fare che per i precetti e permessi siano buone o cattive azioni che prima non lo erano, come se la loro autorità potesse decidere della nostra legge[102].

I precetti naturali[103] sono chiaramente appartenenti al *cosmos*, raggiungibili e comprensibili alla luce della *ratio* e pertanto comuni a tutti

---

[101] Cfr. *Ethica, Quot modis peccatum dicatur*, cfr. nota n° 212, p. 151.
[102] *Dialogus*, 2234-2246.
[103] Dai precetti simbolici, invece, separo i sacramenti («battesimo»), da altre opere di ispirazione religiosa e dai decreti ecclesiastici. I sacramenti non sono semplicemente o unicamente un atto morale, non ricadono semplicemente sotto la trattazione etica.

gli uomini e ricadenti immediatamente sotto l'orizzonte intenzionale. Rimane valido quanto affermato a proposito della legge naturale.

Al termine affermo che ritengo proprio il tema dell'intenzione e dell'intenzionalità, così come espresso nel *Dialogus*, uno dei maggiori punti apologetici contro chi voglia intendere l'*Ethica* come opera filosofica. La peculiarità teologica dell'intenzione e dell'intenzionalità, coinvolgente l'intero sistema etico abelardiano, seppur espressa in modo diverso nelle due differenti opere, emerge con decisa chiarezza. Così come, di contro, si deve riconoscere un «non fondamentalismo cristiano» abelardiano. Mentre il concetto di «ignoranza» lascia aperta la questione del rapporto tra piano creazionale e redentivo, il concetto di «intenzione/intenzionalità» ci propone un ammirevole equilibrio.

B.2.1 Dio e il male

Nel corso del secondo capitolo di questo lavoro, nel paragrafo che affronta l'orizzonte intenzionale, nel confronto tra consenso e intenzione, è stato sottolineato un passaggio dell'*Ethica* in cui Abelardo compie una piccola nota apologetica nei confronti di Dio. Sempre nell'*Ethica*, quando descrive i fattori che possono creare disarmonia nelle facoltà umane (specialmente il desiderio e il piacere), il Maestro Palatino vuole salvaguardare la bontà del creazione, e quindi del Creatore[104].

Nel *Dialogus*, dove il tema del male viene affrontato a partire dalla questione del male naturale più che morale, il rapporto tra Dio e l'esistenza del male nel mondo appare più urgente.

Come nell'*Ethica*, anche nel *Dialogus* il tema è non affrontato direttamente — non vi è uno scambio di battute esplicite su detta questione tra il Filosofo e il Cristiano; eppure in diversi passaggi è possibile rinvenire il medesimo intento apologetico, già sottolineato:

Pertanto meriterebbero un'analisi differente che, tuttavia, i testi presi in esame — e la natura stessa della presente ricerca — non consentono di compiere in questa sede. Relativamente, invece, ad altre opere rientranti nella sfera ecclesiale ed ecclesiastica, rimando alla parte di confronto tra la giustizia divina e la giustizia ecclesiastica. I motivi sono i seguenti: il ruolo della volontà (che deve imparare l'umiltà e l'obbedienza alla volontà divina); il ruolo formativo che ha la comunità (la testimonianza per la *ratio*); il tema della storia/storicità come unico luogo in cui è possibile conoscere e realizzare il bene, pur nella consapevolezza dei limiti esistenti.

[104] Marenbon, che definisce questa posizione del Maestro Palatino come *Abelard's optimism*, ricorda come anche in altre opere, ed in particolare nel commento all'*Hexameron*, sia sempre difesa l'eccellenza della divina provvidenza (cfr. J. MARENBON, *The philosophy*, 247-250).

«CRISTIANO: infatti i nostri vizi e i nostri peccati, che devono essere detti propriamente dei mali, stanno nell'anima e negli esseri buoni per la loro stessa creazione, e la corruzione non può essere se non corruzione di qualcosa che è bene»[105].

La creazione è sollevata dal sospetto di essere una creazione difettosa, imperfetta. Eppure la domanda rimane: *unde malum?* Se da una parte è possibile — in parte — ricollegare il male morale alla libertà umana, rimane aperta la questione del male naturale. Ancora più incalzante appare il quesito: come Dio si pone di fronte al male? Perché lo permette?

CRISTIANO: Tutti poi sanno che la somma bontà di Dio, che non permette che qualcosa accada senza una causa, preordina bene anche i mali, servendosene nel miglior modo possibile, a tal punto che è bene che vi siano anche i mali, anche se il male non è per nulla un bene. Come infatti la somma malvagità del diavolo si serve spesso nel peggior modo possibile anche degli stessi beni, tanto da essere causa attraverso questi di pessimi effetti e da compiere grandi malvagità, così al contrario Dio opera facendo derivare dagli stessi mali molti beni e servendosi spesso nel miglior modo possibile di quelle stesse cose che il diavolo usa in malvagissime macchinazioni[106].

Dio, Sommo Bene, non rimane indifferente ai mali (relativi e non sommi) presenti nel mondo, siano essi morali, siano essi naturali: Egli li preordina al bene, anche se rimangono mali in sé[107].

Appaiono quanto mai evidenti la trascendenza, l'assolutezza, la provvidenza di Dio: in quanto Sommo Bene egli può disporre i beni e i mali relativi secondo il suo progetto eterno, verso cui tutto converge, nel tempo e nella storicità (i mali che rimangono mali). Proprio per la distanza tra il Creatore e la creatura, non è sempre possibile per l'uomo un'intelligenza piena della realizzazione (meglio: del modo di realizza-

---

[105] *Dialogus,* 3202-3205.
[106] *Dialogus,* 3211-3220.
[107] Al termine della sezione dedicata alla teodicea abelardiana, Marenbon pone un'affermazione che mi trova concorde: «Abelard does not, of course, reject the pattern of sacred history, but he does not bring it to bear in answering the problem of evil; and his markedly un-Augustinian theory of grace makes efficacy a matter of the individual's choice, not God's. In handling the question of the theodicy, he picks just those passages from Augustine which seem to reflect on the problem in a timeless and generalized manner: those which offer the picture of a God who has so organized every event that, even where the free will of rational creatures intends evil, all that happens is part of best possible providence» (J. MARENBON, *The philosophy,* 235).

zione) del progetto divino, pur essendo evidente che si tratta di un destino di bene.

CRISTIANO: Se poi ammettiamo che il Signore permette che il diavolo infierisca contro i santi come contro gli empi, è evidente, senza dubbio, che Egli lo permette ai fini di bene, poiché è bene che sia permesso, e che invece il diavolo fa solo il male che è un bene che sia fatto: se accade, dunque, è perché c'è alla base una causa, che è razionale, anche se a noi ignota[108].

Laddove l'uomo non comprende, Dio è comunque scusato: dall'intenzione nell'*Ethica*, da un motivo razionale — seppure ignoto agli uomini — nel *Dialogus*.

Abelardo è consapevole che le sue note di teodicea[109] non sono destinate tanto a risolvere la questione della presenza del male nel mondo, quanto a rendere gloria a Dio e a salvaguardare la sua trascendenza. Egli infatti afferma, per bocca del Filosofo: «Vedo che, come hai fatto a proposito della gloria degli eletti, così cerchi di volgere la pena di dannati a lode della gloria divina e predichi grandi cose di Dio anche nei sommi mali»[110].

Mysterium iniquitatis, il male, realtà quotidiana, non decifrabile fino in fondo, ma distinguibile come «male morale» o come «male naturale». Entrambi, in quanto credenti, in quanto persone, ci interpellano. Ma è il primo, il «male morale» come sinonimo di peccato, che coinvolge direttamente e inesorabilmente l'*imago Dei* e la nostra risposta etica[111], l'armonia del nostro dinamismo, la nostra *ratio* e la nostra volontà nella storia nella continua adesione a quel Dio che, comunque, è Sommo Bene.

---

[108] *Dialogus*, 3302-3306.

[109] «Since Augustine bases his theodicy on the Neoplatonic tradition, it might seem that, by combining texts from Plato with those from Augustine, Abelard would do no more than show his adherence to a certain, single tradition» (J. MARENBON, *The philosophy*, 234).

[110] *Dialogus*, 3115-3117.

[111] «Come ogni reale domanda etica, anche le questioni sul male hanno una loro specifica implicazione teologica per il credente. Non da oggi, come vedremo interrogando alcuni momenti delle tradizioni bibliche. E non marginalmente, perché appartiene alle pretese della fede, nel suo esplicitarsi in discorso, di illuminare la comprensione della vita nei suoi fondamenti di senso e valore, nelle sue finalità, nel suo *eschaton*. L'esperienza del male, particolarmente nella sua dimensione di peccato, continua a porre questioni radicali cui sempre è legata l'immagine che abbiamo di Dio, nella sua intenzionalità di bene e di salvezza come la fede afferma» (S. BASTIANEL, «Il male morale: persona e storia», 37-38).

Sezione C: La tensione nella storia

C.1 *La distinzione tra la decisione e l'attività*

Nel *Dialogus*, il rapporto che sussiste tra la decisione — che si compie nell'interiorità — e l'attività — che si compie nella storia — è il medesimo che rinveniamo nell'*Ethica*. La qualità della moralità è specificata dalla decisione, che quindi risulta determinante ai fini dell'attività spirituale, ma questa non svuota il peso dell'attività pratica. Quello che appare interessante è che questa posizione è sostenuta non dal Cristiano, ma dal Filosofo e anche dal Giudeo. «FILOSOFO: Quelli che giudicano gli effetti delle opere più che la qualità della moralità e premiano proprio in base a ciò che appare all'esterno, pensano che alcuni siano più giusti, o più forti o migliori o peggiori: questo è giudicare secondo le cose e non secondo l'intenzione»[112].

Dalle parole del Giudeo emerge, inoltre, il medesimo rapporto non meccanicistico che sussiste tra la decisione e l'attività che, durante il percorso della presente ricerca, si è visto e analizzato sia nella *Theologia Scholarium* (a proposito di Dio), sia nell'*Ethica* (a proposito dell'uomo): «Dall'amore di Dio e del prossimo scaturiscono tutte le altre virtù dell'animo e il merito di una volontà buona e perfetta non è in nessun modo diminuito se mancano le opere»[113].

C.2 *Il processo di conversione: soddisfazione e pentimento*

Come il rapporto tra decisione e attività è identico nell'*Ethica* e nel *Dialogus*, così possiamo ritrovare la medesima struttura nel pentimento e nella soddisfazione nelle due opere. Entrambi mirano ad una rinnovata somiglianza della creatura con il creatore, tramite una conversione del cuore, interiore, che non può prescindere, però dalla storia in cui si compie. «CRISTIANO: La stessa penitenza del peccato infine poiché è tristezza del cuore e non può stare insieme alla perfetta beatitudine, in quanto porta dolore, è evidente che è un male piuttosto che un bene e, tuttavia, è certamente necessaria per il perdono dei peccati»[114].

Si può intuire quanto la soddisfazione sia importante nel sistema etico di Abelardo — contro qualsiasi interpretazione che voglia svuotare

---

[112] *Dialogus*, 1799-1803.
[113] *Dialogus*, 841-843.
[114] *Dialogus*, 3207-3211.

l'attività, l'azione esteriore nel pensiero del Maestro Palatino — dal fatto che quanto affermato nell'*Ethica* venga ripreso nel *Dialogus*, nel confronto tra il Filosofo e il Giudeo. L'attività, quindi, ha una rilevanza nella struttura etica di ogni uomo, non solo del credente in Cristo.

> FILOSOFO: Quelle cose invece che sono chiaramente peccati, come l'omicidio, l'adulterio e altre cose simili, sono punite con la morte piuttosto che purificate attraverso sacrifici: non è concesso alcun rito purificatorio in grado di salvare chi ha commesso questi peccati. Da tutto ciò si capisce che questi purificazioni mirano più a una certa dignità della vita presente che alla salvezza dell'anima. E quando si dice che si condonano i peccati, è evidente che si sospendono quelle pene corporali che sono state istituite per coloro che si sono separati dal consorzio civile. Che cosa mai si deve intendere con l'espressione «rimettere peccati», se non che vi viene rimessa la pena, corporale o capitale che sia? Ma è vero invece che il peccato dell'anima, che è colpa della volontà, è condonato subito e non porta più in nessun modo alla dannazione, quando il cuore è contrito e c'è un vero pentimento, come dice la Scrittura: «Ho detto: *confesserò contro me stesso*». Dopo che il peccatore ha deciso di accusare se stesso in un'intima confessione, per lo stesso fatto che ha ammesso la colpa della sua perversa volontà, per la quale peccò, non è più colpevole e la sua pena eterna è condonata, anche se la pena temporale viene conservata per la correzione della vita presente, come altrove ricorda il vostro profeta dicendo[115]: «Il Signore mi ha punito duramente, ma non mi ha consegnato alla morte»[116].

C.3 *La retribuzione futura: beatitudine e dannazione*

Se nell'*Ethica* il risultato dell'attività spirituale umana è analizzata più in termini temporali, storici, nel *Dialogus* l'esito dell'esercizio etico è affrontato dal punto di vista escatologico. Il discorso non verte più, quindi, sul rapporto analogico tra giustizia divina e giustizia umana, quanto sulle caratteristiche della beatitudine e della dannazione.

Sia per il Filosofo che per il Cristiano, beatitudine e dannazione sono in stretta relazione all'esercizio etico di ciascuno. «FILOSOFO: Meritiamo l'uno e l'altro con i nostri costumi, che, com'è noto, sono detti virtù o, al contrario, vizi»[117].

CRISTIANO: Secondo te, quella pace della vita celeste deve essere intesa come il sommo bene e al contrario la futura dannazione dei malvagi come

---

[115] Per la citazione biblica che segue, cfr. Sal 117,18.
[116] *Dialogus*, 1133-1153.
[117] *Dialogus*, 1523-1524.

il sommo male. Ci guadagniamo l'uno o l'altro, come hai ricordato, con i nostri meriti: attraverso questi, come seguendo delle vie, vi arriviamo[118].

Sembra che il Filosofo sostenga due posizioni cui il Cristiano si oppone con fermezza. Dapprima il Filosofo sembra ritenere che a tutti sarà data la medesima beatitudine: «Proprio per questo non vi sarebbe differenza fra tutti gli uomini buoni nei meriti della vita e nella ricompensa della beatitudine. Se per caso fosse così, una identica beatitudine sarebbe data in ricompensa a tutti, e tutti, una volta raggiunto il sommo bene, sarebbero ugualmente beati»[119].

Il Cristiano dissente dalle affermazioni del suo interlocutore: «Da questo è chiaro che né i buoni, né i malvagi sono fra loro uguali, né devono essere equiparati i loro meriti e di conseguenza non si deve intendere che la ricompensa è uguale per tutti»[120].

La differenza di beatitudine non sarà una differenza quantitativa, ma qualitativa, sempre in rapporto alla attività etica di ciascuno e quindi con il livello di comprensione e adesione al Creatore ottenuto in vita, grazie all'esercizio dell'attività spirituale.

> CRISTIANO: La diversità sta soprattutto nel modo di vedere, non in ciò che si vede: nella visione di Dio la nostra beatitudine aumenta il rapporto alla migliore comprensione che abbiamo di Lui [...]. La realtà che viene conosciuta è la stessa, tuttavia non la si è compresa allo stesso modo. Così avviene anche per l'essenza divina che è assolutamente indivisibile: malgrado tutti la vedano e la comprendano, tuttavia non tutti percepiscono la sua natura allo stesso modo, ma Dio, a seconda dei meriti, rende partecipe in modo migliore e più perfetto questo piuttosto che quello che si rivela di più all'uno che all'altro. Può infatti accadere che uno conosca tutto ciò che un altro conosce e tuttavia che uno dei due conosca meglio e in modo più perfetto dell'altro singoli aspetti: anche se entrambi conoscono tutto in un campo determinato, uno può non avere tante conoscenze quante l'altro o non conoscere altrettanto bene quello che l'altro conosce[121].

In seguito il Filosofo pare essere convinto che vi sia la possibilità di beatitudine già nella vita presente e un aumento di beatitudine nella vita ultraterrena:

> FILOSOFO: La quiete di quella vita è grandissima, immune, come hai detto, da ogni sofferenza, ma essi dicono che quando cessa il dolore la beatitu-

---

[118] *Dialogus*, 1964-1968.
[119] *Dialogus*, 1769-1773.
[120] *Dialogus*, 1876-1879.
[121] *Dialogus*, 2510-2512.2519-2528.

dine aumenta solo se aumenta la virtù, e, secondo loro, non si può diventare più beati se non ci si rende migliori per virtù. Definiscono, infatti, come ho detto, l'essere beati come l'essere capaci di virtù. Perciò, anche chi soffre per la giustizia e sopporta la sofferenza, e per questo si dice che abbia meriti più grandi, è detto ugualmente beato, tanto quanto prima, pur nei tormenti, perché la sua bontà è rimasta identica [...]. Non bisogna perciò assolutamente pensare che saremo più beati, perché li cesseranno queste afflizioni corporali, lo saremo solo se saremo anche più virtuosi[122].

Il Cristiano, al contrario, ribatte che la beatitudine è uno stato della vita futura, che non consente mutamenti:

> CRISTIANO: Voglio farti capire che la vita futura è migliore: è chiaro che è del tutto immune da questi mali e così lontana dal peccato che non solo non vi si pecca, ma non c'è nemmeno la possibilità di peccare. D'altra parte, se non fosse migliore della vita presente e non fosse più desiderabile, sarebbe possa invano come ricompensa. Se non la si desiderasse di più, né fosse migliore, sarebbe irragionevole preferirla a questa e ben poco saggio desiderarla di più[123].

Come affermato in precedenza, dopo la morte non vi sarà più spazio per la libertà umana e per un'attività spirituale etica: è la storia il luogo in cui si decide della bontà o della malizia del singolo essere umano. Questo dato è sostenuto dal fatto che Abelardo afferma non solo che «non vi si pecca», ma anche che «non c'è nemmeno la possibilità di peccare». Pertanto, dopo la morte — o dopo quelli che la tradizione cattolica chiama novissimi — non vi saranno più mutamenti. Inoltre sarà anche vissuto in pienezza il risultato dell'attività etica, dal momento che non vi saranno più i limiti dati dalla creaturalità, come appare evidente da questo scambio di battute:

> FILOSOFO: perché dite che è necessario che le anime sante riprendano alla fine i loro corpi, come se per questo la loro beatitudine e gloria dovesse aumentare? Se, infatti, come dite, Dio la dona nella stessa misura all'uomo e all'angelo[124], a che serve per la vostra felicità la resurrezione dei corpi, dal momento che per gli angeli la mancanza di un corpo non è di ostacolo alla beatitudine, né la diminuisce?

> CRISTIANO: Perciò anche se ponessimo che la resurrezione dei corpi non aggiunge nulla alla beatitudine delle anime sante, non dovremmo tuttavia ritenerla superflua: ha molto valore perché loda la potenza di Dio. Quei

---

[122] *Dialogus*, 1569-1576.1583-1585.
[123] *Dialogus*, 1637-1643.
[124] Cfr. Ap 21,17.

corpi che abbiamo conosciuto in un primo tempo deboli e schiavi della sofferenza, mostreranno poi con tanta più evidenza che bisogna glorificare Dio: li vedremo rinforzati e resi incorruttibili, nessuna sofferenza potrà più venirci da loro, niente potrà più intaccarli. Sembra che da tutto questo derivi anche un po' di beatitudine per le anime sante, perché non si deve negare che più fanno esperienza della grandezza e della potenza divina, più amano Dio e sono beate[125].

Da notare il riferimento alla potenza divina, in relazione alla beatitudine, e quindi al raggiunto fine del Sommo Bene, tramite una potenza tendenzialmente armoniosa.

Il Filosofo, alle obiezioni del Cristiano sulle sue opinioni relative alla beatitudine, riconosce la correttezza del ragionamento del suo interlocutore e aggiunge una nota importante:

> FILOSOFO: A dire il vero, trovo che tu sei veramente filosofo e non conviene contestare sfrontatamente argomentazioni così evidenti. Secondo ciò che hai dimostrato bisogna attendersi il sommo bene nell'altra vita piuttosto che in questa [...] poiché in quella vita la tranquillità dell'anima è così grande che nessuna afflizione corporale esternamente, né alcuna coscienza di peccato interiormente turba la mente, né il vizio si oppone a che la buona volontà si realizzi interamente. Non c'è vera beatitudine fino a che qualcosa si oppone o manca la nostra volontà[126].

Alla volontà, in questa vita, sempre «si oppone o manca» qualche cosa: torna la questione della *mala voluntas*, sia come responsabilità personale («coscienza di peccato / vizio»), sia come facoltà che nella storia risulta inficiata.

Dalle pagine del *Dialogus* prese in considerazione appare più chiaramente di quanto non lo sia nell'*Ethica*, che il fine dell'uomo è il Sommo Bene. La visione di Dio e la partecipazione alla vita divina darà proporzionata ai meriti e alla conoscenza di Lui, ottenuti nella storia, unico luogo in cui è possibile esercitare la competenza etica di ciascuno.

---

[125] *Dialogus*, 2598-2621.
[126] *Dialogus*, 1644-1648.1649-1653.

CONCLUSIONE

Maestro Pietro, nel contempo figlio e padre del XII secolo, uomo di fede, dotato di una vivacità intellettuale fuori dal comune e di una grinta coraggiosa — al limite del temerario —, consumò la sua esistenza in continua tensione verso quell'Assoluto alla cui immagine e somiglianza siamo stati creati, verso quel Dio che mai rinuncia a farsi conoscere dalle sue creature e che noi possiamo riconoscere Uno — e in quanto tale: armonioso — e Trino — e in quanto tale: potente, sapiente, benigno.

Il confessare l'uomo, come *imago Dei*, a partire da tale comprensione e riconoscimento di Dio, è testimonianza solo apparentemente semplice. È piuttosto stimolo denso, ricco di spunti e conseguenze, coinvolgenti diversi ambiti della riflessione teologica; è invito a porre continuamente l'attenzione sull'essenza di Dio e sull'essenza dell'uomo, in continuo rimando.

Il Maestro Palatino affronta questa riflessione senza sconti, senza accomodamenti, anche quando le vicissitudini personali si fanno pesanti, quando la speculazione intellettuale è ardua, quando la banalità abituale sembra avere la meglio. Senza illusioni di poter mai definire il Mistero cui partecipiamo, di trovare la soluzione definitiva, di cessare la continua *metanoia* (intellettuale, morale, di fede) cui ciascuno è invitato. Ricapitolazione continua tra Assoluto e limite, tra comprensione di Dio e comprensione dell'uomo. Ricapitolazione cui invita anche i suoi lettori e che, in queste pagine, si è sviluppata, avendo come oggetto il mondo etico umano, in un continuo rimando reciproco dal piano divino al piano umano, attraverso le lettura continua delle pagine della *Theologia Scholarium*, dell'*Ethica*, del *Dialogus*.

Rapporto tra fede e ragione, rapporto tra piano di fede e piano morale: sono le questioni con cui ogni credente, di ogni epoca, singolarmente e in comunità, si deve confrontare. Il Maestro Palatino non si ritrae ma le affronta con gli strumenti della sua epoca, nella originalità e continuità delle sue proposte. Con una peculiarità: distinzione delle questioni ma loro profonda correlazione, talora evidente, talora nascosta. Il Mistero di cui partecipiamo è Unico ma la storia non ci consente ancora di coglierlo con semplicità e unità; piuttosto ci costringe ad un continuo rimando da una questione all'altra, in uno sforzo di semplificazione e di unità, ma anche di coesione e di non contraddizione interna. Instancabile ricercatore, coraggioso precursore, attento revisore della tradizione cristiana, Abelardo ci lascia una ricca eredità, che i secoli seguenti non sempre hanno saputo accogliere. E l'*Ethica seu liber dicitus Scito te ipsum*, soprattutto a causa della travagliata storia del suo manoscritto-testo, non possiede quel rilievo, all'interno della storia della teologia in genere e della teologia morale *in specie*, che si merita. In essa troviamo, seppure espresse secondo la conformità del XII secolo, questioni di sempre, destinate però a scoppiare solo nel XX secolo.

A titolo esemplificativo si può accennare al come, ben prima del Concilio Vaticano II[1], Abelardo riporti l'attenzione sul primato della coscienza, intesa come coscienza morale, la quale non è un sentire vago, un arbitrarietà, ma il luogo del profondo dialogo tra Dio e l'uomo. Oppure si può ricordare come il Maestro Palatino faccia dialogare il Filosofo e il Cristiano circa la specificità della morale cristiana[2], tema che è divenuto oggetto di analisi esplicita solo dopo il 1966, anno in cui si sono svolte sia la «Settimana degli intellettuali cattolici francesi», sia la «conferenza della *Societas Ethica*» e che ha visto coinvolti, in un vivace dibattito durato diversi anni, grandi personalità della teologia morale contemporanea, quali F. Boeckle, A. Auer, J. Fuchs, K. Demmer, S. Bastianel e Ph. Delahye, G. Ermecke, B. Stoeckle. Ovvio che con questa affermazione non si vuole annullare il lavoro teologico del XX secolo: anzi, probabilmente senza di esso neppure la ricchezza dei temi dell'*Ethica* sarebbe emersa in tutta la sua potenzialità. Altresì è evidente che lo *Scito te ipsum* necessita di un'accurata ermeneutica per essere compreso ed espresso nei termini odierni, come apporto della *traditio* al dibattito contemporaneo e quindi a quella *traditio* che noi consegneremo alle future generazioni di credenti e pensatori.

---

[1] «Conscientia est nucleus secretissimus atque sacrarium hominis, in quo solus est cum Deo, cuius vox resonat in intimo eius» (GS 16).
[2] Per un'iniziale panoramica circa il tema, si rimanda a: S. BASTIANEL, «Specificità», 1271-1278.

D'altro canto la non separazione, ma distinzione, tra piano morale e piano di fede emerge con forza dalle pagine dello *Scito te ipsum*. Questo non può non ricordare un altro tema caratterizzante il XX secolo, ovvero quello del rapporto tra autonomia e teonomia[3]. Il testo gode di una sua autonomia epistemologica, rispetto alle altre opere abelardiane, rimandando all'autonomia morale, alla *ratio* che in essa vi è coinvolta: le pagine del *Dialogus* ne sono ulteriore conferma. Ma la *ratio* morale non può essere considerata «altro» rispetto a quella *ratio* che è il segno della nostra maggior somiglianza con Dio. Dio si fa conoscere e offre all'uomo — che deve accettare tramite la sua responsabilità morale — la possibilità di conoscerlo, di ri-conoscerlo, anche nell'attività etica: non è in gioco solo il piano ontologico. La conoscenza, nella sua duplice dinamica, è quindi divenuta quel *fil rouge* della presente ricerca che ha permesso la messa in luce di molti elementi, di molte pieghe, di molte potenzialità del pensiero abelardiano. Sulla base di Gen 1,26, dell'*imago Dei*, snodo della riflessione del Maestro Palatino, è possibile affermare sia che nel riconoscere l'attività «etica» di Dio possiamo dire una parola significativa sull'agire umano sia che, vice versa, nell'impegno etico possiamo abbozzare anche una parola su Dio. Armonia e peculiarità della funzione, anche per la *ratio*.

La comprensione del bene e del male viene prima della comprensione di Dio. Ma la comprensione di Dio non è neutra ai fini della comprensione del bene e del male. Ecco quindi delineata la possibilità di dialogo tra il Filosofo e il Cristiano: dialogo che trova enormi elementi di condivisione ma non annulla la fede. Il comprendere e il comprendersi e l'agire si rimandano incessantemente. Il comprendere-comprendersi all'interno del piano creazionale e redentivo mette in evidenza le due caratteristiche etiche cristiane imprescindibili: esigenza e sforzo di comunicabilità, illuminati proprio dalla specificità. Non sono le opere concrete, il bene o il male a dividere la comprensione del Filosofo o del Cristiano: è piuttosto l'orizzonte intenzionale, dove l'incontro personale con Gesù Cristo offre criteri interpretativi specifici[4], dove Cristo, *homo perfectus*[5], ci richiama al come partecipare e ri-

---

[3] Per un'iniziale panoramica circa il tema, si rimanda a: S. BASTIANEL, «Autonomia e teonomia», 70-82.

[4] «Ci riferiamo direttamente al vivere la fede, dunque a quella realtà personale che è esperienza capita e voluta di personale relazione con Dio in Gesù Cristo. Esperienza di essere amati e salvati, di essere chiamati. Esperienza che coinvolge l'interpretazione del senso della propria vita: essa si pone alla radice dell'interiorità personale, dove si radicano la comprensione di sé e del mondo, la percezione dei va-

spondere, per mezzo dello Spirito, alla chiamata alla partecipazione cui il Padre ci invita. L'esistenza del cristiano, per Abelardo, non è solo vita di fede ma vita di fede che è nel contempo compimento morale.

Al termine di queste pagine, le due domande che mi hanno accompagnata ricevono entrambe risposta positiva: Abelardo è profondamente teologo, anche quando scrive l'*Ethica* e il suo sistema si basa su una profonda unità interna. Ma questo mi porta, inoltre, ad affermare che l'*Ethica seu scito te ipsum* è, a mio parere, la prima vera opera di teologia morale fondamentale che la storia ci consegna: le pagine di questa ricerca hanno messo in luce come il legame con il piano divino sia intrinseco, e come, tuttavia, la ricerca etica non sia confondibile con la ricerca di fede, in un continuo dialogo con la Scrittura, la tradizione (cristiana e pagana) e con gli altri uomini, nel proprio contesto storico. Lo spazio per un'ulteriore ricerca e approfondimento, che compirò in tempi e modalità differenti, è aperto.

---

lori, la definizione e l'assunzione pratica delle proprie finalità. [...] La relazione a Gesù Cristo nel decidere morale è quindi in primo luogo questione di profonda assimilazione dei suoi criteri come criteri di decisoine personale. È questione di essere in questo senso "con lui", nel capire e nel valutare, nel decidere e nell'operare concreto. A volte questo comporterà anche un riferimento esplicito a lui, ma non sempre e non necessariamente» (S. BASTIANEL, «Il rapporto a Gesù Cristo», 13.25).

[5] «Qui est "imago Dei invisibilis", Ipse est homo perfectus, qui Adae filiis similitudinem divinam, inde a primo peccato deformatam, restituit. Cum in Eo natura humana assumpta, non perempta sit, eo ipso etiam in nobis ad sublimem dignitatem evecta est. Ipse enim, Filius Dei, incarnatione sua cum omni homine quodammodo Se univit» (GS 22).

SIGLE E ABBREVIAZIONI

AHDL	*Archives d'histoire docrinale et littéraire du Moyen Age*
Anton.	*Antonianum*
BSHT	Breslauer Studien zur historischen Theologie
CCCM	Corpus Christianorum Continuatio Medievalis
Cdios	*La ciudad de Dios*
Cfr.	Confronta
col. / coll.	colonna / colonne
Dialogus	*Dialogus inter Philosophum, Iudaeum et Christianum*
DS	*Enchiridion Symbolorum, Defintionum et Declarationum de rebus fidei et morum*, ed. H. Denzinger – A. Schönmetzer, Freiburg – Bologna 1995^{37}.
Ethica	*Ethica seu liber dicitus Scito te ipsum*
GCFI	*Giornale critico di filosofia italiana*
GS	*Gaudium et Spes*. Costituzione pastorale del Concilio Vaticano II sulla Chiesa nel mondo contemporaneo (7 dicembre 1965)
HJ	*Historisches Jahrbuch*
HZ	*Historische Zeitschrift*
Ilg.	*Scito te ipsum* o *Ethica*, ed. R.M. Ilgner, CCCM 190, Turhout 2001.
JHP	*Journal of the history of philosophy*
LMA	*Lexicon des Mittelalters*
MeLa	*Medioevo latino*
MGH	Monumenta Germaniae Historica
n°	Numero
NDTM	*Nuovo dizionario di teologia morale*, ed. F. Compagnoni – G. Piana, Cinisello Balsamo 1990.
p. / pp.	pagina / pagine
PL	*Patrologia Latina*, ed. J.P. Migne, Paris
RCCM	*Rivista di cultura classica e medievale*
RCSF	*Rivista critica di storia della filosofia*
RFNS	*Rivista di filosofia neoscolastica*

RHE	*Revue d'histoire ecclésiastique*
rr.	Righe
RSPhTh	*Revue des sciences philosophiques et theologiques*
RTAM	*Revue de théologie ancienne et médiévale*
ScC	*Scuola cattolica*
ss.	Seguenti
StMor	*Studia Moralia*
Tr.	*Traditio*
TSch	*Theologia Scholarium*

BIBLIOGRAFIA

1. **Opere di Pietro Abelardo**

Conosci te stesso – etica, ed. M. Dal Pra, Vicenza 1941.
Peter Abelard's ethics, ed. D. Luscombe, Oxford, 1971.
Conosci te stesso o etica, ed. M. Dal Pra, Firenze 1976 (testo latino in appendice).
Conosci te stesso – etica, ed. M. Parodi – M. Rossini, Milano 1995.
Scito te ipsum o Ethica, ed. R.M. Ilgner, CCCM 190, Turnhout 2001.

Petri Abaelardi Opera omnia, iuxta editionem parisiensem anni 1616, suppletis quae in ea desiderabantur opuscolis... accurante J.P. Migne, PL 178, Parigi 1855.
Petri Abaelardi Opera Theologica II. *Theologia Christiana. Theologia Scholarium (recensiones breviores)*. Accedunt *Capitula haeresum Petri Abaelardi*, ed. E.M. Buytaert, CCCM 12, Turnhout 1969.
Hymnarius Paraclitensis. I. *Introduction to Peter Abelard's Hymns*. II. *The Hymnarius Paraclitensis Text and Notes*, ed. J. Szövérffy, Albany N.Y. – Brookline Mass. 1975.
Petri Abaelardi Opera Theologica III. *Theologia «Scholarium». Theologia «Summi Boni»*, ed. E.M. Buytaert – C.J. Mews, CCCM 13, Turnhout 1987.
Dialectica, ed. L.M. De Rijk, Assen 1956.
Dialogus Inter Philosophum, Iudaeum et Christianum, ed. R. Thomas, Stuttgart – Bad Cannstatt 1970.
Dialogus inter Philosophum, Iudaeum et Christianum, M.T. Fumagalli Beonio Brocchieri (introduzione), C. Trovò (traduzione), Milano 1992.
Lettere di Abelardo e Eloisa, M.T. Fumagalli Beonio Brocchieri (introduzione), C. Scerbanenco (traduzione e note), Milano 1996.
Theologia Summi Boni, ed. M. Rossini, Milano 1996.

Collationes, ed. J. Marenbon - G. Orlandi, Oxford 2001.
Theologia Scholarium – libro III, ed. S.P. Bonanni, Roma 2004.

2. Studi e articoli

ALLEGRO, G., *La teologia di Pietro Abelardo fra letture e pregiudizi*, Palermo 1990.
ANGELINI, G. – VALSECCHI, A., *Disegno storico della teologia morale*, Bologna 1972.
ANGELINI, G., *Teologia morale fondamentale*, Milano 1999.
ARISTOTELE, *Categorie*, ed. G. Colli, Bari 1970.
BALLANTI, G., *Pietro Abelardo – la rinascita scolastica del XII secolo*, Scandicci 1995.
BASTIANEL, S., «Strutture di peccato. Riflessione teologico-morale», in ID., ed., *Strutture di peccato – una sfida teologica e pastorale*, Casale Monferrato 1989, 15-38.
——, «Autonomia e teonomia», *NDTM*, 70-82.
——, «Specificità (della morale cristiana)», *NDTM*, 1271-1278.
——, «Il male morale: persona e storia», in G.L. BRENA, ed., *Mysterium iniquitatis - il problema del male*, Padova 2000, 35- 44.
——, «Il rapporto a Gesù Cristo nella decisione morale», *Didaskalia*, 31 (2001) 13-25.
BENSON, R.L. – CONSTABLE G., ed., *Renaissance and Renewal in the Twelfth Century*, Oxford 1982.
BERTOLA, E., «Il socratismo cristiano nel XII secolo», *RFNS* 51 (1959) 252-264.
——, «Le critiche di Abelardo ad Anselmo di Laon e a Guglielmo di Champeaux», *RFNS* 52 (1960) 495-522.
——, «La dottrina morale di Pietro Abelardo», *RTAM* 55 (1988) 53-71.
BLOMME, R., *La doctrine du péché dans les écoles théologiques de la première moitié du XIIe siècle*, Louvain – Gembloux 1958.
BOLER, J.F., «Abaelard and the Problem of Universals», *JHP*, 20 (1963) 37-51.
BONANNI, S.P., *Parlare della Trinità – lettura della «Theologia Scholarium» di Abelardo*, Roma 1996.
——, «Pietro Abelardo», in G. D'ONOFRIO, ed., *Storia della Teologia nel Medioevo*, II, Casale Monferrato 1996, 73-117.
——, *Abelardo*, Cinisello Balsamo 2003.
BORST, A., «Abälard und Bernhard», *HZ* 186 (1958) 497-526.

BRASA DIEZ, M., «Metodología Filosófica de Abelardo», *CDios* 192 (1979) 393-405.

BUYTAERT, E.M., «The anonimous Capitula haeresum and the synod of Sens», *Anton.* 43 (1968) 419-460.

———, «Thomas of Morigny and the "Apologia" of Abelard», *Anton.* 42 (1967) 25-54.

CHENU, M.-D., *La teologia nel XII secolo*, Milano 1992².

CLAREMBALDO DI ARRAS, *Commento al «De Trinitate» di Boezio*, ed., W. Jansen, *Der Kommentar des Clarembaldus von Arras zu Boethius, De Trinitate*, BSHT 8, Breslau 1926.

CORRADINO, C., ed., *I canti dei Goliardi o Studenti vaganti del medioevo*, Milano 1928².

COTTIAUX, J., «La conception de la théologie chez Abélard», *RHE* 28 (1932) 247-295.533-551.788-828.

COURCELLE, P., *Connais-toi toi-même. De Socrate à Saint Bernard*, Paris 1974.

CROCCO, A., *Abelardo l'altro versante del Medioevo*, Napoli 1979.

D'ONOFRIO, G., «Gli studi teologici e il progresso culturale dell'Occidente», in ID., ed., *Storia della Teologia nel Medioevo*, II, Casale Monferrato 1996, 9-72.

DAL PRA, M., «Sul nominalismo di Abelardo», *RCSF* 34 (1979) 439-451.

DE GHELLINCK, J., *Le mouvement théologique du XII siècle*, Bruxelles – Bruges - Paris 1948².

DE GIULI, G., «Abelardo e la morale», *GCFI* 12 (1931) 33-44.

DE LIBERA, A., *La philosophie médiévale*, Paris 1993.

DE LUBAC, H., *Exégèse médiévale*, Paris 1959.

DE RIJK, L.M., «Abelard and moral philosophy», *MeLa* 12 (1986) 1-27.

DECHANET, J.M., «L'amitié d'Abélard et de Guillaume de Saint Thierry», *RHE* 35 (1939) 761-773.

DELAHYE, P., «La place de l'éthique parmi les disciplines scientifiques au XII siècle», *Miscellanea Moralia in honorem eximii Arthur Janssen*, Louvain – Gembloux 1948, 29-44.

———, «L'organisation scolaire au XXe siècle», *Tr.* 5 (1947) 211-268.

ECO, U., *Il secondo diario minimo*, Milano 1999⁴.

FUMAGALLI BEONIO BROCCHIERI, M.T., *La logica di Abelardo*, Firenze 1964.

———, M.T., «Sull'unità dell'opera abelardiana», *RCSF* 34 (1979) 429-438.

FUMAGALLI BEONIO BROCCHIERI, M.T., *Introduzione a Abelardo*, Bari 1988².

GERHOH DI REICHERSBERG, *Liber de novitatibus*, XX, 301, ed. E. Sackur, *Libelli selecti*, MGH *Libelli de lite*, III, 1897.

GILBERT, P., *Introduzione alla teologia medievale*, Casale Monferrato 1992.

GILBERTO PORRETANO, *Expositio in Boethii librum primum De Trinitate*, ed. N.M. Häring, Toronto 1966.

GNEO, C., «L'educazione morale di Pietro Abelardo "ortodosso ribelle"», *Aquinas* 15 (1972) 562-575.

GRILL, L., «Die neunzehn "capitula" Bernahrds von Clairvaux gegen Abälard», *HJ* 80 (1961) 230-239.

HÄRING, B., *La legge di Cristo*, Brescia 1972.

HÄRING, N.M., «Die vierzehn Capitula heresum Petri Abaelardi», *Cîteaux* 31 (1980) 35-52.

HASKINS, C.H., *La rinascita del XII secolo*, Bologna 1972.

HEITZ, T., «La philosophie et la foi dans l'oeuvre d'Abélard», *RSPhTh* 1 (1907) 703-726.

——, *Essai historique sur le rapports entre la philosophie et la foi*, Paris 1909.

ISIDORO DI SIVIGLIA, *Etymologiarum libri XX*, ed. W.M. Lindsay, Oxford 1911.

JOLIVET, J., «Sur quelques critiques de la théologie d'Abélard», *AHDL* 30 (1963) 7-51.

——, *Abélard ou la philosophie dans le language*, Paris 1969.

——, «Comparaison des théories du language chez Abélard et chez les Nominalistes du XIVᵉ siècle», in E.M. BUYTAERT, ed., *Peter Abelard*, Proceedings of the International Conference, Lovanio, 10-12 maggio 1972, Louvain 1974, 163-178.

——, *Abélard, ou la philosophie dans le language*, Fribourg 1994.

KNOWLES, D., *L'evoluzione del pensiero medievale*, Bologna 1984.

LASSERE, P., *Un conflit religieux au XIIᵉ siècle. Abélard contre saint Bernard*, Paris 1930.

LECLERQ, J., «L'uomo medievale tra "sapienza" e "scienza". Bernardo e Abelardo», *Synesis* 3 (1986) 45-60.

Lexikon des Mittelalters, München – Zürich 1989.

LE GOFF, J., *Gli intellettuali nel Medioevo*, Milano 1959.

Le lettere contro Pietro Abelardo, ed. A. Babolin, Padova 1969.

LOMBARDO P., *Sententiae in IV libris distinctae*, tomus I, pars I, in *Spicilegium Bonaventurianum IV*, Grottaferrata 1971.

LOTTIN, O., *Psychologie et morale aux XIIe et XIIIe siècles*, Gembloux 1948.

LUSCOMBE, D., *The school of P.Abelard – The influence of Abelard's thoughtin the early scholastic period*, Cambridge 1969.

MACROBIO, *In Somnium Scipionis*, ed., J. Willis, Leipzig 1963.

MARABELLI, C., «Confronto San Bernardo-Abelardo sul fondamento dell'etica», *ScC* 120 (1992) 94-112.

MARENBON, J., *Early Medieval Philosophy*, London – New York 1988².

———, *The philosophy of Peter Abaelard*, Cambridge 1997.

MARITAIN, J., *Le problème de la classification des sciences d'Aristote à Saint Thomas*, Paris 1901.

Messale Romano, Città del Vaticano 1983².

MEWS, C., «On dating works of Peter Abelard», *AHDL* 52 (1985) 73-134.

———, *Reason and Belief in the Age of Roscelin and Abelard*, Ashgate 2002.

Monumenta Germaniae Historica, Hannover 1897.

MURRAY, A.V., *Abelard and saint Bernard. A Study in twelfth century «modernism»*, Manchester – New York 1967.

NIGGLI, U., ed., *Peter Abaelard – Leben, Werk, Wirkung*, Freiburg 2003.

Nuovo dizionario di teologia morale, ed. F. Compagnoni – G. Piana, Cinisello Balsamo 1990.

OTTAVIANO, C., «Frammenti abelardiani», *RCCM* 12 (1931) 442-445.

PADELLARO DE ANGELIS, R., *Dialettica e mistica nel XII secolo: Abelardo e Bernardo*, Roma 1967.

PARE G. – BRUNET A. – TREMBLAY P., *La renaissance du XII siècle. Les écoles et l'enseignement*, Paris – Ottawa 1933.

PARODI M., «L'etica abelardiana. Un impossibile progetto filosofico», in *Conosci te stesso – etica*, ed. M. Parodi – M. Rossini, Milano 1995, 159-174.

PERNOUD, R., *Eloisa e Abelardo*, Milano 1982.

Pierre Abélard-Pierre le Vénérable, Actes du Colloque de Cluny 1972, Paris 1972.

RAGNISCO, P., «Pietro Abelardo e San Bernardo di Chiaravalle. La cattedra e il pulpito. Esame di alcuni giudizi su Abelardo come logico, moralista, teologo», in *Atti del Reale Istituto Veneto di scienze, lettere ed arti*, 64/2 (1905) 1497-1527.

RAUNER, E., «Florilegien», *LMA*, IV, coll. 566-572.

———, «Moralium dogma philolosophorum», *LMA*, VI, col. 827.

RENNA, T.J., «Abelard versus Bernard: an event in monastic history», *Cîteaux* 27 (1976) 189-202.

―――――, «Bernard versus Abelard: an ecclesiological conflict», in *Simplicity and Ordinariness. Studies in Medieval Cistercian History*, Kalamazoo 1980, 32-51.

RIVIERE, J., «Les "capitula" d'Abélard condamnés au concile de Sens», *RTAM* 5 (1931) 5-22.

ROBERT, G., «Abélard créateur de la méthode de la théologie scolastique», *RSPhTh* 3 (1909) 60-83.

SANTIAGO-OTERO, H., «El termino "theologia" en Pedro Abelardo», *Sprache und Erkenntnis im Mittelalter*, International Kongress für mittelalterliche Philosophie (Bonn, 29 august-3 september 1977), Berlin – New York 1981, 881-889.

―――――, «La cätedra y el pulpito frente a frente: Pedro Abelardo y San Bernardo», *Cuadernos de investigación histórica* 8 (1984) 277-289.

SCHROETER-REINHARD, A., *Die Ethica des Peter Abaelard: Übersetzung, Hinführung, Deutung*, Freiburg 1999.

SOMMERFELDT, J. R., «Abelard and Bernard of Clairvaux», *Papers of the Michigan Academy of Sciences, Arts and Letters* 46 (1961) 493-501.

STARNES, K.M., *Peter Abelard: his place in history*, Washington 1981.

TEODORICO DI CHARTRES – GUGLIELMO DI CONCHES – BERNARDO SILVESTRE, *Il divino e il megacosmo. Testi filosofici e scientifici della scuola di Chartres*, ed. E. Maccagnolo, Milano 1980, 211-240.

Thesaurus anecdotorum novissimus, ed. B. Pez, Augusta 1721

TOSTI, L., *Storia di Abelardo e dei suoi tempi divisa in quattro libri*, Napoli 1851.

TWEEDALE, M.M., *Abailard on Universals*, Amsterdam – New York 1976.

VAN DEN BERGE, R.J., «La qualification morale de l'acte humain: ébauche d'une réinterprétation de la pensée abelardienne», *StMor* 13 (1975) 143-173.

VERGER, J. – JOLIVET, J., *Bernard-Abélard ou le cloître et l'école*, Parigi 1982.

WEIDEMANN, H., «Zur Semanitik der Modalbegriffe bei Peter Abelard», *Medioevo* 7 (1981) 1-40.

INDICE AUTORI

Allegro: 40
Angelini – Valsecchi: 18
Angelini: 22, 30
Aristotele: 124
Ballanti: 7
Bastianel: 116, 183, 190, 191, 192
Benson – Constable: 7
Bertola: 24, 32
Blomme: 41, 107, 111, 120, 127, 131
Boler: 165
Bonanni: 27, 44, 53, 56, 60, 74, 77, 83, 110, 160
Borst: 18
Brasa Diez: 32
Buytaert: 27, 35
Chenu: 7
Clarembaldo di Arras: 28
Corradino: 33
Cottiaux: 25
Courcelle: 32
Crocco: 16
D'Onofrio: 8, 13
Dal Pra: 9, 15, 20, 25, 28, 30, 32, 34, 37, 42, 105, 165
De Ghellinck: 7, 12
De Giuli: 30
De Libera: 157
De Lubac: 10
De Rijk: 12
Déchanet: 26
Delahye: 12, 21
Eco: 5
Fumagalli Beonio Brocchieri: 30, 31, 131, 158, 165
Gerhoh di Reichersberg: 28

Gilbert: 52
Gilberto Porretano: 11
Gneo: 43
Grill: 35
Häring B.: 17
Häring N.M.: 11, 35
Haskins: 7
Heitz: 32
Isidoro di Siviglia: 105
Jolivet: 16, 18, 165
Knowles: 8, 16, 31
Leclerq: 18
Le Goff: 33
Lombardo: 13
Lottin: 41, 134
Luscombe: 28, 30, 37
Macrobio: 173
Marabelli: 18
Marenbon: 29, 30, 31, 58, 67, 86-87, 94, 107, 108, 110, 111, 128, 129, 130, 133, 134, 141, 150, 155, 164, 165, 166, 173, 181, 182, 183
Maritain: 10
Mews: 11, 29
Murray: 18
Niggli: 29
Ottaviano: 36
Padellaro De Angelis: 18
Paré – Brunet – Tremblay: 8
Parodi: 16
Parodi – Rossini: 30
Pernoud: 23
Ragnisco: 18
Rauner: 20
Renna: 18

Rivière: 35
Robert: 16
Santiago-Otero: 16, 18
Schroeter-Reinhard: 42
Sommerfeldt: 18
Starnes: 7
Teodorico di Chartres – Guglielmo di Conches – Bernardo Silvestre: 21
Tosti: 35
Tweedale: 165
Van Den Berge: 43
Verger– Jolivet: 18
Weidemann: 165

INDICE GENERALE

PREFAZIONE 5

INTRODUZIONE 7

1. Il XII secolo: alcune coordinate 7
2. Lo «status» della Teologia Morale 16
3. Abelardo: note biografiche 22
4. L'«Ethica seu Scito te ipsum» 29
5. Vicissitudini di un testo 34
6. La letteratura sull'*Ethica* di Pietro Abelardo 39
7. La presente ricerca 43
    7.1 Attenzione e scopo della ricerca 43
    7.2 Struttura della ricerca 45
    7.3 Metodo e strumenti della ricerca 47
    7.4 Limiti della ricerca 48
    7.5 Nota alla presente pubblicazione 48

CAPITOLO I: *Il soggetto Dio, Sommo Bene* 51

1. Dio Sommo Bene e fondamento razionale di tutta la creazione 53
2. La Potenza divina 57
3. La Sapienza divina 64
4. La Benignità divina 72
5. Ricapitolando 76

CAPITOLO II: *Il «soggetto» uomo, partecipazione al Sommo Bene* 79

Sezione A: L'analogia creaturale 79
    A.1 Potenza, «ratio», volontà nell'uomo 80
        A.1.1 La potenza umana 80
        A.1.2 La «ratio» umana 82
        A.1.3 La volontà umana 85
        A.1.4 «Imago Dei» 89
    A.2 L'armonia e la disarmonia delle facoltà umane 92

        A.2.1 «Ratio» e volontà 94
Sezione B: l'analogia alla prova..98
    B.1 I fattori che possono creare disarmonia tra le facoltà......................99
        B.1.1 Il piacere, la tentazione 99
        B.1.2 Il desiderio e la concupiscenza..................................102
        B.1.3 La suggestione..104
        B.1.4 L'ignoranza 106
    B.2 Al bivio tra bene e male:
        il peccato in senso largo o in senso stretto....................................112
        B.2.1 Il ruolo dei vizi 123
    B.3 L'orizzonte intenzionale: il consenso e l'intenzione 126
        B.3.1 Ricapitolando 131
Sezione C: la tensione nella storia..135
    C.1 La distinzione tra la decisione e l'attività......................................135
    C.2 Il processo di conversione: soddisfazione e pentimento 136
    C.3 La retribuzione presente: giustizia divina e giustizia umana............140
        C.3.1 Il concetto di «legge» nello «Scito te ipsum» 148

CAPITOLO III: *Verso la sintesi dei temi esplorati*.................................155
1. Il soggetto Dio: il Sommo Bene...157
2. Il soggetto uomo: partecipazione al Sommo Bene.............................161
Sezione A: L'analogia creaturale 161
    A.1 L'armonia e la disarmonia delle facoltà umane 161
Sezione B: L'analogia alla prova 164
    B.1 Al bivio tra bene e male: «bonum facere» / «bene facere» 164
        B.1.1 Il ruolo delle virtù...170
    B.2 L'orizzonte intenzionale..176
        B.2.1 Dio e il male 181
Sezione C: La tensione nella storia 184
    C.1 La distinzione tra la decisione e l'attività......................................184
    C.2 Il processo di conversione: soddisfazione e pentimento 184
    C.3 La retribuzione futura: beatitudine e dannazione...........................185

CONCLUSIONE 189

SIGLE E ABBREVIAZIONI 193

BIBLIOGRAFIA 195

INDICE AUTORI 201

INDICE GENERALE 203

TESI GREGORIANA

Dal 1995, la collana «Tesi Gregoriana» mette a disposizione del pubblico alcune delle migliori tesi elaborate alla Pontificia Università Gregoriana. La composizione per la stampa è realizzata dagli stessi autori, secondo le norme tipografiche definite e controllate dell'Università.

Volumi pubblicati [Serie: Teologia]

Per i volumi pubblicati prima dell'anno 2000 si consulti il sito web dell'Università: *www.unigre.it/TG/teologia.htm*

58. BARRIOCANAL GÓMEZ, José Luis, *La relectura de la tradición del éxodo en el libro de Amós*, 2000, pp. 332.
59. DE LOS SANTOS GARCÍA, Edmundo, *La novedad de la metáfora κεφαλή – σῶμα en la carta a los Efesios*, 2000, pp. 432.
60. RESTREPO SIERRA, Argiro, *La revelación según R. Latourelle*, 2000, pp. 442.
61. DI GIOVAMBATTISTA, Fulvio, *Il giorno dell'espiazione nella Lettera agli Ebrei*, 2000, pp. 232.
62. GIUSTOZZO, Massimo, *Il nesso tra il culto e la grazia eucaristica nella recente lettura teologica del pensiero agostiniano*, 2000, pp. 456.
63. PESARCHICK, Robert A., *The Trinitarian Foundation of Human Sexuality as Revealed by Christ according to Hans Urs von Balthasar. The Revelatory Significance of the Male Christ and the Male Ministerial Priesthood*, 2000, pp. 328.
64. SIMON, László T., *Identity and Identification. An Exegetical Study of 2Sam 21–24*, 2000. pp. 386.
65. TAKAYAMA, Sadami, *Shinran's Conversion in the Light of Paul's Conversion*, 2000, pp. 256.
66. JUAN MORADO, Guillermo, *«También nosotros creemos porque amamos». Tres concepciones del acto de fe: Newman, Blondel, Garrigou-Lagrange. Estudio comparativo desde la perspectiva teológico-fundamental*, 2000, pp. 444.
67. MAREČEK, Petr, *La preghiera di Gesù nel vangelo di Matteo. Uno studio esegetico-teologico*, 2000, pp. 246.
68. WODKA, Andrzej, *Una teologia biblica del dare nel contesto della colletta paolina (2Cor 8–9)*, 2000, pp. 356.

69. LANGELLA, Maria Rigel, *Salvezza come illuminazione. Uno studio comparato di S. Bulgakov, V. Lossky, P. Evdokimov*, 2000, pp. 292.
70. RUDELLI, Paolo, *Matrimonio come scelta di vita: opzione – vocazione – sacramento*, 2000, pp. 424.
71. GAŠPAR, Veronika, *Cristologia pneumatologica in alcuni autori cattolici postconciliari. Status quaestionis e prospettive*, 2000, pp. 440.
72. GJORGJEVSKI, Gjoko, *Enigma degli enigmi. Un contributo allo studio della composizione della raccolta salomonica (Pr 10,1–22,16)*, 2001, pp. 304.
73. LINGAD, Celestino G., Jr., *The Problems of Jewish Christians in the Johannine Community*, 2001, pp. 492.
74. MASALLES, Victor, *La profecía en la asamblea cristiana. Análisis retórico-literario de 1Cor 14,1-25*, 2001, pp. 416.
75. FIGUEIREDO, Anthony J., *The Magisterium-Theology Relationship. Contemporary Theological Conceptions in the Light of Universal Church Teaching since 1835 and the Pronouncements of the Bishops of the United States*, 2001, pp. 536.
76. PARDO IZAL, José Javier, *Pasión por un futuro imposible. Estudio literario-teológico de Jeremías 32*, 2001, pp. 412.
77. HANNA, Kamal Fahim Awad, *La passione di Cristo nell'Apocalisse*, 2001, pp. 480.
78. ALBANESI, Nicola, *«Cur Deus Homo»: la logica della redenzione. Studio sulla teoria della soddisfazione di S. Anselmo arcivescovo di Canterbury*, 2001, pp. 244.
79. ADE, Edouard, *Le temps de l'Eglise. Esquisse d'une théologie de l'histoire selon Hans Urs von Balthasar*, 2002, pp. 368.
80. MENÉNDEZ MARTÍNEZ, Valentín, *La misión de la Iglesia. Un estudio sobre el debate teológico y eclesial en América Latina (1955-1992), con atención al aporte de algunos teólogos de la Compañía de Jesús*, 2002, pp. 346.
81. COSTA, Paulo Cezar, *«Salvatoris Disciplina». Dionísio de Roma e a* Regula fidei *no debate teológico do terceiro século*, 2002, pp. 272.
82. PUTHUSSERY, Johnson, *Days of Man and God's Day. An Exegetico-Theological Study of ἡμέρα in the Book of Revelation*, 2002, pp. 302.
83. BARROS, Paulo César, *«Commendatur vobis in isto pane quomodo unitatem amare debeatis». A eclesiologia eucarística nos* Sermones ad populum *de Agostinho de Hipona e o movimento ecumênico*, 2002, pp. 344.
84. PALACHUVATTIL, Joy, *«He Saw». The Significance of Jesus' Seeing Denoted by the Verb εἶδεν in the Gospel of Mark*, 2002, pp. 312.
85. PISANO, Ombretta, *La radice e la stirpe di David. Salmi davidici nel libro dell'Apocalisse*, 2002, pp. 496.
86. KARIUKI, Njiru Paul, *Charisms and the Holy Spirit's Activity in the Body of Christ. An Exegetical-Theological Study of 1Cor 12,4-11 and Rom 12,6-8*, 2002, pp. 372.

87. CORRY, Donal, *«Ministerium Rationis Reddendae». An Approximation to Hilary of Poitiers' Understanding of Theology*, 2002, pp. 328.

88. PIKOR, Wojciech, *La comunicazione profetica alla luce di Ez 2–3*, 2002, pp. 322.

89. NWACHUKWU, Mary Sylvia Chinyere, *Creation–Covenant Scheme and Justification by Faith. A Canonical Study of the God-Human Drama in the Pentateuch and the Letter to the Romans*, 2002, 378 pp.

90. GAGLIARDI, Mauro, *La cristologia adamitica. Tentativo di recupero del suo significato originario*, 2002, pp. 624.

91. CHARAMSA, Krzysztof Olaf, *L'immutabilità di Dio. L'insegnamento di San Tommaso d'Aquino nei suoi sviluppi presso i commentatori scolastici*, 2002, pp. 520.

92. GLOBOKAR, Roman, *Verantwortung für alles, was lebt. Von Albert Schweitzer und Hans Jonas zu einer theologischen Ethik des Lebens*, 2002, pp. 608.

93. AJAYI, James Olaitan, *The HIV/AIDS Epidemic in Nigeria. Some Ethical Considerations*, 2003, pp. 212.

94. PARAMBI, Baby, *The Discipleship of the Women in the Gospel according to Matthew. An Exegetical Theological Study of Matt 27:51b-56, 57-61 and 28: 1-10*, 2003, pp. 276.

95. NIEMIRA, Artur, *Religiosità e moralità. Vita morale come realizzazione della fondazione cristica dell'uomo secondo B. Häring e D. Capone*, 2003, pp. 308.

96. PIZZUTO, Pietro, *La teologia della rivelazione di Jean Daniélou. Influsso su Dei Verbum e valore attuale*, 2003, pp. 630.

97. PAGLIARA, Cosimo, *La figura di Elia nel vangelo di Marco. Aspetti semantici e funzionali*, 2003, pp. 400.

98. O'BOYLE, Aidan, *Towards a Contemporary Wisdom Christology. Some Catholic Christologies in German, English and French 1965-1995*, 2003, pp. 448.

99. BYRNES, Michael J., *Conformation to the Death of Christ and the Hope of Resurrection: An Exegetico-Theological Study of 2 Corinthians 4,7-15 and Philippians 3,7-11*, 2003, p. 328.

100. RIGATO, Maria-Luisa, *Il Titolo della Croce di Gesù. Confronto tra i Vangeli e la Tavoletta-reliquia della Basilica Eleniana a Roma*, II edizione riveduta e corretta, 2005, pp. 392.

101. LA GIOIA, Fabio, *La glorificazione di Gesù Cristo ad opera dei discepoli. Analisi biblico-teologica di Gv 17,10b nell'insieme dei capp. 13–17*, 2003, pp. 346.

102. LÓPEZ-TELLO GARCÍA, Eduardo, *Simbología y Lógica de la Redención: Ireneo de Lyón, Hans Küng y Hans Urs von Balthasar leídos con la ayuda de Paul Ricœur*, 2003, pp. 396.

103. MAZUR, Aleksander, *L'insegnamento di Giovanni Paolo II sulle altre religioni*, 2003, pp. 354.

104. SANECKI, Artur, *Approccio canonico: tra storia e teologia, alla ricerca di un nuovo paradigma post-critico. L'analisi della metodologia canonica di B.S. Childs dal punto di vista cattolico*, 2004, pp. 480.

105. STRZELCZYK, Grzegorz, *«Communicatio idiomatum», lo scambio delle proprietà. Storia, «status quaestionis» e prospettive*, 2004, pp. 324.
106. CHO Hyun-Chul, *An Ecological Vision of the World: Toward a Christian Ecological Theology of Our Age*, 2004, pp. 318.
107. VLKOVÁ, Gabriela Ivana, *Cambiare la luce in tenebre e le tenebre in luce. Uno studio tematico dell'alternarsi tra la luce e le tenebre nel libro di Isaia*, 2004, pp. 316.
108. GHIO, Giorgio, *La deliberazione vitale come origine ultima della certezza applicata a Dio. Indagine sugli elementi d'ignoranza presenti nella certezza*, 2004, pp. 258.
109. MORRA, Stella, *«Pas sans toi». Testo, parola e memoria verso una dinamica della esperienza ecclesiale negli scritti di Michel de Certeau*, 2004, pp. 264.
110. SCORDAMAGLIA, Domenico, *Il Padre nella teologia di Sant'Ireneo*, 2004, pp. 366.
111. PLANELLAS BARNOSELL, Joan, *La recepción del Vaticano II en los manuales de eclesiología españoles. I. Ruidor, J. Collantes, M.M. Garijo-Guembe, S. Pié-Ninot, E. Bueno*, 2004, pp. 598.
112. FILIPPI, Nicola, *Essenza e forma di esercizio del ministero petrino. Il Magistero di Giovanni Paolo II e la riflessione ecclesiologica*, 2004, pp. 298.
113. PEGUERO PÉREZ, Javier, *La figura de Dios en los diálogos de Jesús con las autoridades en el Templo. Lectura de Mc 11,27–12,34 a partir de su instancia comunicativa*, 2004, pp. 426.
114. LÓPEZ BARRIO, Mario, *El tema del «Agape» en la primera carta de San Juan. Estudio de 1Jn 4,7-21: una perspectiva antropológico-social*, 2004, pp. 266.
115. BOREK, Wacław, *Unità e reciprocità delle membra della Chiesa. Studio esegetico-teologico di 1Cor 12,21-26; Rom 12,3-8; Ef 4,24–5,2*, 2004, pp. 352.
116. VIVES PÉREZ, Pedro Luis, *La singularidad de Cristo. Perspectivas convergentes en la cristología católica contemporánea*, 2004, pp. 464.
117. WITEK, Bernard, *Dio e i suoi figli. Analisi retorica della Prima Raccolta Salomonica (Pr 10,1–22,16)*, 2005, pp. 416.
118. BORGHINO, Angelo, *La «Nuova Alleanza» in Is 54. Analisi esegetico-teologica*, 2005, pp. 480.
119. URSO, Filippo, *«Imparò l'obbedienza dalle cose che patì» (Eb 5,8). Il valore educativo della sofferenza in Gesù e nei cristiani nella Lettera agli Ebrei*, 2005, pp. 514.
120. KIM, Jeong Rae, *«...perché io sono mite e umile di cuore» (Mt 11,29). Studio esegetico-teologico sull'umiltà del Messia secondo Matteo. Dimensione cristologica e risvolti ecclesiologici*, 2005, pp. 334.
121. DE VECCHI, Gaia, *L'Etica o* Scito te ipsum *di Pietro Abelardo. Analisi critica di un progetto di teologia morale*, 2005, pp. 208.